Renate Kirmse
Praxishandbuch Kompetenztraining

Renate Kirmse

Praxishandbuch Kompetenztraining

Projektarbeit in Schul- und Öffentlichen Bibliotheken

DE GRUYTER
SAUR

ISBN 978-3-11-109433-5
e-ISBN (PDF) 978-3-11-067676-1
e-ISBN (EPUB) 978-3-11-067680-8

Library of Congress Control Number: 2021932959

Bibliografische Information der Deutschen Nationalbibliothek
Die Deutsche Nationalbibliothek verzeichnet diese Publikation in der Deutschen Nationalbibliografie; detaillierte bibliografische Daten sind im Internet über http://dnb.dnb.de abrufbar.

© 2022 Walter de Gruyter GmbH, Berlin/Boston
Dieser Band ist text- und seitenidentisch mit der 2021 erschienenen gebundenen Ausgabe.
Coverabbildung: ArtistGNDphotography/E+/Getty Images
Satz: Integra Software Services Pvt. Ltd.
Druck und Bindung: CPI books GmbH, Leck

www.degruyter.com

Vorwort

Schulbibliotheken sind unersetzlich. Nach zwanzig Jahren Schulbibliotheksarbeit haben sich in meinen Ordnern viele Projektideen und Arbeitsblätter angesammelt, mit denen sich eine (Schul-)Bibliothek noch unersetzlicher machen kann. So entstand die Idee zu diesem Buch aus der Notwendigkeit, das Projekt-Portfolio der Sekundarschulbibliothek der Europäischen Schule RheinMain (Bad Vilbel) zu überarbeiten. Die Schulbibliothek bot bereits viele bunt gemischte Projekte an, welche Lehrerinnen und Lehrer mit ihren Klassen nach Bedarf buchen konnten. In der Praxis hatte sich jedoch gezeigt, dass nur einige davon auch tatsächlich angenommen wurden und sinnvoll in den Schulalltag zu integrieren waren. Der Plan war daher, sich auf weniger Projekte zu konzentrieren, diese aber genauer zu dokumentieren und passende Arbeitshilfen wie z. B. Arbeitsblätter und Präsentationen gleich mit anzubieten.

Der Aufwand und Umfang dieser Dokumentationsarbeit war erheblich, und so wurde schnell klar, dass es sinnvoll wäre, diese Projekte zur Förderung von Lese-, Informations-, Bibliotheks- und Medienkompetenz auch Bibliothekarinnen und Bibliothekaren sowie Lehrerinnen und Lehrern (der besseren Lesbarkeit halber von nun an als Trainerinnen und Trainer bezeichnet) außerhalb unserer Schule zur Verfügung zu stellen.

Die Projekte, einschließlich der Arbeitsblätter und Präsentationen, sind – teils seit mehreren Jahren – mehrfach in der Praxis erprobt und wurden anhand der Erfahrungen bei der Durchführung immer wieder überarbeitet. Einige sind für diesen Band neu entwickelt und werden hier erstmals vorgestellt. Sie können mit minimalem zeitlichem und personellem Zusatzaufwand realisiert werden und ermöglichen so vor allem auch kleineren Bibliotheken und Schulbibliotheken, solche Trainings anzubieten.

Klar ist: Es kann hier keine methodisch-didaktische oder bibliothekarische Grundausbildung nachgeholt werden. Vieles hängt vom eigenen Engagement und der Experimentierfreude der Trainerinnen und Trainer ab. Es ist sehr bedauerlich, dass die Arbeit mit und in (Schul-)Bibliotheken in Deutschland nicht Bestandteil der Lehrerausbildung ist. Genauso kritikwürdig ist, dass es nicht wie in den angelsächsischen Ländern eine Zusatzqualifikation zum „Teacher Librarian" für Bibliothekare und Bibliothekarinnen gibt. So muss man sich das eine oder das andere mit der Methode *Learning by doing* selbstständig aneignen. Ein durchaus unbefriedigender Zustand.

Zahlreiche (Schul-)Bibliotheken in Deutschland arbeiten mit einem sogenannten Spiralcurriculum. Das Spiralcurriculum ordnet Lerninhalte nicht linear aufeinander aufbauend an, sondern in Form einer Spirale, so dass einzelne Themen im Laufe der Zeit mehrfach auf jeweils höherem Niveau wiederholt werden.[1]

---

[1] Vgl. MENZEL, SONHILD: Spiralcurriculum: Ein Masterplan für die Leseerziehung. – In: BIS: das Magazin der Bibliotheken in Sachsen, Sächsische Landesbibliothek – Staats- und Universitätsbibliothek Dresden (SLUB) (2015), Nr. 2, S. 114–117.

https://doi.org/10.1515/9783110676761-202

Die breit gestreuten Bedürfnisse und Voraussetzungen der verschiedenen Schulen und Schulformen in den einzelnen Bundesländern erschweren es sicherlich, ein einheitliches Spiralcurriculum für alle (Schul-)Bibliotheken zur erarbeiten. So wurde hier bewusst darauf verzichtet, dieses didaktische Prinzip zu verwenden. Stattdessen kann sich jede (Schul-)Bibliothek aus den angebotenen Bausteinen individuelle Curricula zusammenstellen, die alle Kompetenzbereiche abdecken, und viele davon an unterschiedliche Altersgruppen anpassen.

Zu jedem Kapitel finden Sie eine Ablaufmatrix, mit deren Hilfe Sie die Unterrichtssequenz einteilen können und die wichtigsten Punkte vor Augen haben. Außerdem finden Sie fertige, aber individuell anpassbare Arbeitsblätter, Quiz und Präsentationen zur Verwendung bei den Projekten.

Mithilfe der angegebenen Links und QR-Codes können Sie die Dokumente direkt online abrufen und nach den eigenen Wünschen bearbeiten oder – unter Nutzung der Vergrößerungsfunktion – Kopien davon erstellen.

Alle Arbeitsblätter finden Sie HIER.

https://drive.google.com/drive/folders/1SNuk_bX7m-vLBT4-Sh8UPSlpi7Jjp1Xb?usp=sharing

Inhaltsverzeichnis

Vorwort —— V

1	**Projektarbeit in der (Schul-)Bibliothek: eine Vorbemerkung** —— 1	
1.1	Ausleihbibliothek vs. „Teaching Library" – Lernort Bibliothek —— 1	
1.2	Planung vs. Realität – Warum Projekte unterschiedlich funktionieren —— 3	
1.3	Frontalunterricht vs. Eigenaktivität – Wenn Schweigen Gold ist —— 4	
1.4	Beharrlichkeit vs. Flexibilität – Wenn jede Gruppe anders tickt —— 4	
1.5	Schwellenpädagogik vs. Lehrplan – Wenn es schnell gehen muss —— 5	
2	**Lesekompetenz** —— 7	
2.1	Vorlesen – Einmal anders —— 7	
2.1.1	Große für Kleine – Vorlesen lassen —— 7	
2.1.2	Bunt gemischt – Anlesen querbeet —— 20	
2.1.3	Exklusiv – Ein (fast) ganzes Buch vorlesen —— 26	
2.2	Lesepower – Freie Lektüre, nicht ganz frei —— 32	
2.3	Bingo – Neue Genres entdecken —— 40	
2.4	Book Casting – Eine neue Art der Blindverkostung —— 49	
2.5	E-Book-Kampagne – Nicht nur für Technikfreaks —— 61	
2.6	Autorinnen und Autoren kennenlernen – Die Sahnehaube —— 68	
3	**Informationskompetenz** —— 77	
3.1	Die Basis online – Wenn man Hunde bei den Gebrauchtwaren findet —— 77	
3.2	Die Basis offline – Wenn der Dackel im Tierlexikon steht —— 84	
3.3	Plagiarismus – Was Minister mit Jugendlichen gemeinsam haben —— 92	
3.4	Präsentationen – Von Aufzählungszeichen erschlagen —— 98	
3.5	Exkursion in die UB – Der Blick in die Welt der Wissenschaft —— 105	
4	**Medienkompetenz** —— 113	
4.1	Bücher und Zeitschriften – Die analoge Welt der Medien —— 113	
4.2	Hörfunk und Fernsehen – Klassische Medien —— 122	
4.3	Das Internet – Ein Weblog für die (Schul-)Bibliothek —— 130	
4.4	Medienkritik – Informationsimperien im Blick —— 137	
4.5	Medienteilhabe – Ein Video-Tutorial für die Bibliothek —— 143	
4.6	Bevor es schiefgeht – Kommunikation im Netz und anderswo —— 152	

5	**Bibliothekskompetenz —— 175**	
5.1	Alles vor Ort finden – Die Logik der Bibliothek verstehen —— 175	
5.1.1	Mehr als nur Bibliotheksführung – Der Einstieg —— 175	
5.1.2	Die Bibliothek erforschen – Die Vertiefung —— 182	
5.1.3	Die Ordnung verstehen – Eine Etiketten-Rallye —— 188	
5.2	Alles online finden – Den Bibliothekskatalog nutzen —— 193	
5.2.1	Erste Klicks – Der Einstieg in die OPAC-Recherche —— 193	
5.2.2	Navigation im OPAC – Katalogrecherche für Profis —— 200	
5.3	Alles Elektronische finden – E-Books im Fokus —— 207	
5.3.1	Mit E-Book-Readern lesen – E-Books mit ADE downloaden —— 208	
5.3.2	Smartphone oder Tablet – E-Books mit einer App herunterladen —— 214	
5.4	Alles selbst ausprobieren – Bibliothekspraktikum „light" —— 220	

Bibliographie —— 229

Weiterführende Links und Literatur – Eine Auswahl —— 233

Digitale Werkzeuge – Eine Auswahl —— 235

Register —— 237

1 Projektarbeit in der (Schul-)Bibliothek: eine Vorbemerkung

1.1 Ausleihbibliothek vs. „Teaching Library" – Lernort Bibliothek

Während es in vielen Bibliotheken und Grundschulen zahlreiche Veranstaltungen zur Förderung von Lese- und anderen Kompetenzen für Kinder im Kindergarten- und Grundschulalter gibt, sind Projekte mit älteren Kindern und Jugendlichen deutlich seltener, vor allem wenn es über die reine Leseförderung hinausgeht. Meist sind es große Öffentliche Bibliotheken, die Angebote wie Leseclubs, Gaming-Events, Trainings für die Informationsrecherche, Unterstützung bei der Abiturvorbereitung und vieles mehr bieten. Kleine Bibliotheken mit wenig personellen und technischen Ressourcen und eingeschränkten Öffnungszeiten können dies kaum leisten.

Schulbibliotheken und Bibliotheken, die eng mit Schulen kooperieren, könnten mit durchdachten Konzepten jedoch durchaus auch ältere Schülerinnen und Schüler mit Kompetenztrainings unterstützen. Sie würden damit nicht nur neue Kundinnen und Kunden gewinnen, sondern auch Eigenmarketing gegenüber dem Träger und der Öffentlichkeit betreiben.

Gerade im Bereich Informationskompetenz bleibt viel zu tun, denn obgleich die Digital Natives selbst von ihren Fähigkeiten in diesem Bereich durchaus überzeugt sind, erkennt man als Trainerin oder Trainer sehr schnell, wie begrenzt die Kenntnisse in manchen Bereichen sind. An Universitätsbibliotheken wird dann sehr viel unternommen, diesen Mangel auszugleichen. Warum beginnen wir also nicht viel früher, die für die Zukunft der Schülerinnen und Schüler so wichtigen Kompetenzen zu vermitteln? Warum nutzen wir nicht viel stärker die Neugierde von Zehnjährigen, die Technikbegeisterung von Zwölfjährigen, das Streben nach guten Noten (mit möglichst wenig Aufwand) von Vierzehnjährigen, um sie in vielen Schritten, mit reichlich Wiederholungen und viel Ausprobierendürfen auf die Zukunft vorzubereiten?

Der Begriff der „Teaching Library" ist aus dem Bibliothekswesen nicht mehr wegzudenken. Das Portal informationskompetenz.de[1] versammelt zum Beispiel zahlreiche Vermittlungs- und Forschungsaktivitäten zur Informationskompetenz. Doch schaut man genauer hin, so findet man zum Beispiel auf der Internetplattform Bibliothek und Schule des Kultusministeriums Baden-Württemberg bei der Recherche nach einem E-Learning-Angebot für die Gymnasiale Oberstufe lediglich ein einziges Online-Tutorial (FIT-GYM, Universität Heidelberg).[2]

---

1 DEUTSCHER BIBLIOTHEKSVERBAND E.V.: Informationskompetenz – Vermittlungs- und Forschungsaktivitäten zur Informationskompetenz. URL http://www.informationskompetenz.de/. – abgerufen am 28.07.2020.
2 MINISTERIUM FÜR WISSENSCHAFT, FORSCHUNG UND KUNST BADEN-WÜRTTEMBERG (MWK): Bibliothek & Schule. URL http://www.bibliothek-und-schule.info. – abgerufen am 28.07.2020.

Während also große Stadt- und Universitätsbibliotheken durchaus in der Kompetenzförderung von Jugendlichen aktiv sind, ist es – wie in vielen Bereichen – in zahlreichen Regionen von der Initiative einzelner aktiver Personen in Bibliotheken und Schulen abhängig, ob in (Schul-)Bibliotheken entsprechende Angebote stattfinden. Oft bleiben gerade die kleineren Bibliotheken reine Ausleihbibliotheken – und das liegt sicher nicht an der Motivation der Bibliothekarinnen und Bibliothekare, sondern vor allem an den begrenzten personellen Ressourcen. Die Kooperation zwischen Bibliothek und Schule – idealerweise in der Form einer Schulbibliothek – bietet hier die Chance, durch eine enge Abstimmung zwischen Lehrkörper und Bibliothek Kompetenztrainings zu etablieren.[3]

Das Stadt-Land-Gefälle, derzeit in aller Munde, sollte unbedingt auch an dieser Stelle ausgeglichen werden. Etablieren sich gerade kleinere Bibliotheken, Zweigstellenbibliotheken auf dem Land und Schulbibliotheken als wichtiger Lernort und nicht nur als Ausleihbibliothek, wird ihre Existenz eher gesichert, werden sie als integraler Bestandteil von Schule und Lernen wahrgenommen und können vielleicht sogar vom Träger mit guten Argumenten mehr Ressourcen fordern. Ausleihzahlen allein können dies in der heutigen Zeit sicher nicht mehr leisten.

Die Pädagogik muss in die (Schul-)Bibliothek Einzug halten – ein schwieriges Unterfangen in einem Land, das keine „Teacher Librarians" kennt, wie sie in vielen anderen Ländern selbstverständlich sind. So erscheint in Großbritannien eine eigene Zeitschrift für Schulbibliotheken, die in Deutschland Vergleichbares sucht.[4] Die britische School Library Association bietet mit ihrer Zeitschrift *The School Librarian* nicht nur ein Rezensionsorgan für Schulbibliotheken, sondern es werden auch Online-Kurse für die Weiterbildung angeboten, die sowohl die Organisation von Schulbibliotheken betreffen als auch Informationskompetenz und Leseförderung.[5] Wenngleich die Situation auch in Großbritannien nicht immer zufriedenstellend ist, so ist ein Vergleich mit der traurigen Situation in Deutschland praktisch unmöglich. „9 in 10 schools in England that participated in the research have access to a designated library space, falling to 67 % in Wales and 57 % in Northern Ireland, however; …"[6]

---

[3] Vgl. DANNENBERG, DETLEV; HAASE, JANA: In 10 Schritten zur Teaching Library – erfolgreiche Planung bibliothekspädagogischer Veranstaltungen in ihre Einbindung in Curricula. In: KRAUß-LEICHERT, U. (Hrsg.): *Teaching Library – eine Kernaufgabe für Bibliotheken*. 2. Auflage. Frankfurt am Main: Peter Lang, 2008, S. 101–135.

[4] SCHOOL LIBRARY ASSOCIATION: The School Librarian. URL https://www.sla.org.uk/the-school-librarian. – abgerufen am 28.07.2020.

[5] *Find the right course for you*. URL https://www.sla.org.uk/online-course. – abgerufen am 16.02.2020. – School Library Association.

[6] *"Could do better" – School Librarians deliver their report card to Education Minister Nick Gibb*. URL https://www.cilip.org.uk/news/474012/Could-do-better–School-Librarians-deliver-their-report-card-to-Education-Minister-Nick-Gibb.htm. – abgerufen am 12.10.2020. – UK library and information association (CILIP).

Eine bundesweite Studie zur Zahl und Qualität von Schulbibliotheken in Deutschland gibt es nicht. „Einzelne landes- und stadtweite Untersuchungen zeigen aber, dass bei weitem nicht alle Schulen mit funktionierenden Schulbibliotheken ... ausgestattet sind."[7] Doch selbst diese Information des Deutschen Bibliotheksverbandes – so unverbindlich sie formuliert ist – stammt aus der Zeit vor 2018, denn die Seite wurde am 21. August 2018 zum letzten Mal aktualisiert. Die Wertigkeit von Schulbibliotheken in Deutschland und deren (fehlende) Weiterentwicklung sind wohl kaum deutlicher abzubilden.

1.2 Planung vs. Realität – Warum Projekte unterschiedlich funktionieren

So begeben wir uns entweder als Lehrerinnen und Lehrer in die Situation, mit einer (Schul-)Bibliothek arbeiten zu müssen (oder zu dürfen), oder als Bibliothekarin oder Bibliothekar in die Situation, Unterricht gestalten zu müssen (oder zu dürfen). Für beides gibt es in Deutschland praktisch keine Fortbildungsangebote. Weder das eine noch das andere kann jedoch aus dem Ärmel gezaubert werden, beides bedarf eigentlich einer eigenen Ausbildung.

Wenn wir also in die Projektarbeit mit Klassen einsteigen möchten – egal ob als Lehrerinnen und Lehrer oder Bibliothekarin und Bibliothekar, müssen wir ins kalte Wasser springen und uns in *learning by doing* üben. Dass wir dabei manchmal scheitern, sollte uns nicht zum Aufgaben bewegen, sondern eher dazu, beim nächsten Mal auf höherem Niveau zu scheitern.

Als Lehrerinnen und Lehrer können wir – am besten in Zusammenarbeit mit Bibliothekarinnen und Bibliothekaren – mit der Zeit lernen, wie Bibliotheken funktionieren, was sie den Schülerinnen und Schülern bieten können und wie die Zusammenarbeit am besten organisiert werden kann. Als Mitarbeiterinnen und Mitarbeiter von Bibliotheken können wir – am besten in Zusammenarbeit mit Lehrerinnen und Lehrern – durchaus auch ein wenig Pädagogik und Didaktik lernen. Mit einem Team aus beiden, so die Erfahrung, können großartige Projekte entstehen.

Dennoch kann es passieren, dass ein Projekt, das möglicherweise mit der einen Klasse oder mit der einen Lehrerin oder dem einen Lehrer hervorragend funktioniert hat, mit einer anderen Gruppe oder einer anderen Lehrperson plötzlich überhaupt nicht funktioniert. Vielleicht gibt es unterschiedliche Voraussetzungen in der Gruppe, vielleicht kann das eine Team besser zusammenarbeiten als das andere, oder aber einzelne Jugendliche stören die Balance in erheblichem Maße.

---

[7] DEUTSCHER BIBLIOTHEKSVERBAND E.V.: *Schulbibliotheken in Deutschland*. URL https://bibliotheksportal.de/ressourcen/bildung/bibliothek-und-schule/schulbibliotheken/. – abgerufen am 07.10.2020. – Bibliotheksportal.

Lassen Sie sich von einzelnen Misserfolgen nicht demotivieren! Was für Schülerinnen und Schüler gilt, gilt auch für Trainerinnen und Trainer: Übung macht den Meister. Je häufiger Sie ein Projekt wiederholen, desto sicherer werden Sie im Auftreten den Klassen gegenüber und in der inhaltlichen Umsetzung des Projekts. Sie werden lernen, das Projekt intuitiv an die Dynamik der Gruppe anzupassen und auf die individuellen Bedürfnisse einzugehen. Kein Projekt wird dem anderen gleichen – das verhindert schließlich auch aufkommende Langeweile bei Trainerinnen oder Trainern.

1.3 Frontalunterricht vs. Eigenaktivität – Wenn Schweigen Gold ist

Wer keine oder wenig Unterrichtserfahrung hat, steht leicht in der Versuchung, den Schülerinnen und Schülern viele Informationen in kurzer Zeit eintrichtern zu wollen. Kurz gesagt: Das wird nicht funktionieren. Kinder und Jugendliche sind in der heutigen Zeit einer enormen Informationsflut ausgesetzt, nicht nur in der Schule. Wollen wir Informationen an Kinder und Jugendliche vermitteln, so bedarf es einer Politik der kleinen Schritte und der permanenten Wiederholung in immer neuer Art und Weise, um die wesentlichen Informationen in den Köpfen zu verankern. Dafür ist es unter anderem wichtig, den Schülerinnen und Schülern die Möglichkeit zu geben, die Informationen praktisch zu verarbeiten, wir müssen sie also, sooft es geht, zu Eigenaktivität anleiten.

So ist es beispielsweise hilfreich, ein Projekt zum Thema „Informationsrecherche" mit einer konkreten Recherche zu einem Unterrichts- oder Referatsthema zu verknüpfen. Hier ist wieder Teamarbeit gefordert: Wenn man sich als Bibliothekarin oder Bibliothekar vorab über die aktuellen Unterrichtsthemen informiert (oder als Lehrerin oder Lehrer über die Online-Angebote der Bibliothek), dann kann man das Projekt sehr viel genauer auf den konkreten Unterricht abstimmen und die Schülerinnen und Schüler können gleich in der Informationsrecherche zu ihrem Thema anwenden, was sie im Projekt gelernt haben.

Trainerinnen und Trainer sollten also nicht nur Informationen an ihr Publikum weitergeben, sondern sich auch von einem bestimmten Punkt an zurücknehmen und dafür sorgen, dass die Informationen von den Kindern und Jugendlichen an einem konkreten Beispiel individuell verarbeitet werden können. Die Trainerinnen und Trainer sind dann nur noch im Hintergrund tätig und reagieren auf konkrete Fragen. Ansonsten sind die Kinder und Jugendlichen selbstständig tätig.

1.4 Beharrlichkeit vs. Flexibilität – Wenn jede Gruppe anders tickt

Die im Folgenden beschriebenen Projekte wurden meist über Jahre hinweg, mit verschiedenen Klassen ausprobiert. Sie haben sich gemeinsam mit der Schulbibliothek weiterentwickelt. Zugegebenermaßen stand am Beginn das Scheitern. Wer versucht, in einer einzigen Unterrichtsstunde in reinem Frontalunterricht sämtliche Informationen zum Thema „Plagiarismus" an die Schülerinnen und Schüler zu bringen, muss sich über eine zunehmende Abwehrhaltung nicht wundern.

Und doch muss man beharrlich daran arbeiten, den Schülerinnen und Schülern die Quintessenz des Themas nahezubringen. Gelungen ist das in der Praxis mit der gemeinsamen Untersuchung eines konkreten Beispiels für Plagiarismus und den daraus folgenden enormen politischen Folgen. Einerseits ist also Beharrlichkeit gefragt, wenn es um die Weiterentwicklung von Projekten geht, und zwar so lange, bis sie auch in unterschiedlichen Gruppen funktionieren.

Andererseits wird jede Klasse, auch wenn es dieselbe Klassenstufe ist, anders funktionieren. Einmal bestimmt der Klassenclown das Geschehen und man kämpft mit disziplinarischen Problemen, ein andermal finden sich viele Schülerinnen und Schüler, die sich mit dem Thema schon auseinandergesetzt haben und sich möglicherweise langweilen, oder einige Kinder in der Klasse haben eine generelle Abwehrhaltung gegen das Projekt und infizieren die anderen damit.

Ein Team aus Lehrer/Lehrerin und Bibliothekarin/Bibliothekar kann bei einer guten Kooperation viele dieser Hürden überwinden. So kann zum Beispiel die Klasse vorab auf die jeweiligen Kompetenzen des Teampartners aufmerksam gemacht werden, um einen positive Grundstimmung zu erzeugen. Das Team kann die Aufgaben aufteilen: Eine Seite sorgt für die nötige Aufmerksamkeit, die andere für die Inhalte. Einzelne Jugendliche können bestimmte Aufgaben übergeben bekommen, oder man trifft vorab mit der Klasse eine Vereinbarung über die Leistungen, die beide Seiten zu erbringen haben.

Eine Gruppe von Kindern und Jugendlichen ist zugleich ein chaotischer Haufen und ein geordnetes System, in dem jede einzelne Persönlichkeit ihren Platz hat. Nie gleichen sich diese Systeme, daher werden Projekte mit solchen Gruppen auch nie gleich ablaufen. Schon wenn einige wenige in der Klasse fehlen, kann sich ihre Dynamik stark verändern. Die Kunst besteht darin, ein Grundgerüst zu bauen, das einerseits die wesentlichen Elemente dessen enthält, was man vermitteln will, andererseits aber flexibel umgebaut werden kann, damit es für die konkrete Gruppe passt.

1.5 Schwellenpädagogik vs. Lehrplan – Wenn es schnell gehen muss

Wer in einer Schule arbeitet, lernt sehr schnell, dass Planung zwar wichtig und unerlässlich ist, die beste Planung jedoch täglich ganz schnell über den Haufen geworfen werden kann. Erkrankte Kolleginnen oder Kollegen, überraschende Vertretungsstunden, akute Probleme in der Klasse, spontane Ideen des Kollegiums – es kann vielerlei Gründe geben, warum die (Schul-)Bibliothek plötzlich gefragt ist und manchmal ganz schnell eine Idee gebraucht wird, wie eine Klasse sinnvoll beschäftigt werden kann.

In einer Bibliothek außerhalb der Schule wird dieser Fall wohl selten eintreten. Schulbibliotheken sollten sich jedoch darauf einstellen, dass auch kurzfristig eine Klasse auftaucht, die kein bestimmtes Anliegen, keine bestimmte Aufgabe mitbringt. Wenn sich die Lehrkraft auf der Schwelle zur Bibliothek kurz überlegt, was für die Klasse nun sinnvolle Aufgabe sein könnte, kann es sehr hilfreich sein, ein Projekt aus der Schublade ziehen zu können. Selbstverständlich sollte dies nicht die Regel sein, aber spätestens wenn die Grippewelle die Schule erreicht hat, kann solch eine Situation immer wieder eintreten. Schließlich kann sich die Schulbibliothekarin oder der Schulbibliothekar auch an dieser Stelle als wichtiger Bestandteil des Kollegiums etablieren, wenn sie bereit ist, im Notfall Vertretungsstunden mit zu übernehmen.

In normalen Zeiten ist es dagegen äußerst wichtig, den Lehrplan der eigenen Schule oder der Schule, mit der man kooperiert, zu kennen. Auch hier sind Schulbibliotheken im Vorteil, denn durch den engen Kontakt im Kollegium bekommt man ganz automatisch die aktuellen Unterrichtsthemen mit.

Darüber hinaus sollten Sie sich auch als Bibliothekarin oder Bibliothekar einer Öffentlichen Bibliothek unbedingt mit dem Lehrplan des eigenen Bundeslandes beschäftigen, um so die Projektangebote noch klarer auf die Bedürfnisse der Schulen ausrichten zu können. Der deutsche Bildungsserver bietet einen einfachen Zugriff auf die Lehrpläne aller Bundesländer.[8]

---

8 DEUTSCHER BILDUNGSSERVER: *Lehrpläne*. URL https://www.bildungsserver.de/Lehrplaene-400-de.html. – abgerufen am 12.10.2020. – Deutscher Bildungsserver.

2 Lesekompetenz

2.1 Vorlesen – Einmal anders

Dass das Vorlesen essentiell für die Sprach- und Leseförderung ist, wird seit Jahren immer wieder aufs Neue durch diverse Studien[1] belegt und hat – zumindest was jüngere Kinder betrifft – so etwas wie einen allgemeinen Konsens gefunden. Dass in der Realität noch immer zu wenig vorgelesen wird, steht auf einem ganz anderen Blatt.

Wenn im Elternhaus überhaupt vorgelesen wird, dann endet das jedoch meist dann, wenn die Kinder selbst zu lesen beginnen. Auch in Schulen und Bibliotheken wird in der Regel den Jüngeren vorgelesen, vom Kindergartenalter bis höchstens zur ersten oder zweiten Klasse.

Der französische Autor und Lehrer Daniel Pennac hat jedoch bereits 1992 in seinem Buch *Wie ein Roman*[2] nicht nur die „zehn unantastbaren Rechte des Lesers" postuliert, sondern er beschreibt auch, wie er als Lehrer eine höhere Klasse wieder für das Lesen gewinnt, indem er einfach nur vorliest. Die Jugendlichen müssen nichts tun, keine Zusammenfassung schreiben, keine Fragen beantworten, nur zuhören. Und es funktioniert.

Das Vorlesen sollte also nicht dann enden, wenn die Kinder selbst flüssig lesen können, sondern gerade dann weitergehen, vor allem wenn die Pubertät im Anmarsch ist und die Lust am Lesen allmählich vor scheinbar oder tatsächlich wichtigeren Dingen in den Hintergrund rückt.

2.1.1 Große für Kleine – Vorlesen lassen

Für stufenübergreifenden Unterricht: Vorleserinnen/Vorleser aus Klassenstufe 8 bis 10 oder jünger, Zuhörerinnen/Zuhörer ab Klassenstufe 3 (ohne Briefeschreiben ab Kindergarten).

---

[1] Vgl. EHMIG, SIMONE C.; SCHNOCK, DANIEL: *Vorlesen: Mehr als Vor-Lesen!* Vorlesestudie 2019; Vorlesepraxis durch sprachanregende Aktivitäten in Familien vorbereiten und unterstützen; repräsentative Befragung von Eltern mit Kindern im Alter von 2 bis 8 Jahren. URL https://www.stiftunglesen.de/download.php?type=documentpdf&id=2595. – abgerufen am 12.02.2020. – Stiftung Lesen.
[2] PENNAC, DANIEL: *Wie ein Roman*. 3. Aufl. Köln: Kiepenheuer & Witsch, 2011.

a. Didaktische Überlegungen

Unterrichtlicher Kontext

Vorlesen oder Vortragen und aktives Zuhörenkönnen sind grundlegende Fähigkeiten, die von Schülerinnen und Schülern in jedem Unterrichtsfach immer wieder benötigt werden. Beide Fähigkeiten werden in diesem Projekt zur Lesekompetenz fächerübergreifend eingeübt und vertieft. Die Vorleserinnen und Vorleser üben darüber hinaus die Übernahme von Verantwortung für Jüngere ein, für die Zuhörerinnen und Zuhörer kann das Projekt ein Einstieg in das Briefeschreiben sein. So sollen in diesem Projekt Jugendliche aus der Mittelstufe den Jüngeren vorlesen. Selbstverständlich können auch Klassen der Unterstufe oder Grundschule im benachbarten Kindergarten vorlesen, oder man dreht den Spieß um und lässt Jüngere im naheliegenden Altersheim vor Publikum vorlesen.

In jedem Fall ist es sehr wichtig, für das Publikum geeignete Lesestoffe auszuwählen und eine gute und ansprechende Vorlesetechnik zu entwickeln.[3]

Lerngegenstand

Die Vorleserinnen und Vorleser wählen die vorzulesenden Texte selbst aus und lernen dabei, sich in andere, jüngere Kinder hineinzuversetzen. Sie üben, ihre Vorlesetechnik zu verbessern. Sie werden darin trainiert, vor einer Gruppe zu sprechen, und zu einer gewissen Fürsorge den Jüngeren gegenüber motiviert. Gerade jüngere Kinder zeigen sich oft als strenge Kritikerinnen und Kritiker – so wird auch die Kritikfähigkeit der Vorleserinnen und Vorleser trainiert.

Das Publikum erlebt, dass Geschichten die eigene Fantasie anregen können, sie dürfen Bücher genießen, ohne dass irgendwelche weiteren Ansprüche an sie gestellt werden. Sie verlieren vielleicht ihre Distanz zu den Älteren und üben ihre Fähigkeit, freundliche Kritik zu üben. Quasi nebenbei lernen sie, wie man Briefe schreibt.

Zielsetzung

Die vorlesenden Schülerinnen und Schüler üben das Vorlesen als Bestandteil der Lesekompetenz. Sie erleben sich als verantwortlich für das Geschehen, erleben die Zuhörerinnen und Zuhörer als aufmerksame Kritiker und sich selbst als die Gestalter des Projekts. Das Publikum taucht in eine Geschichte ein und findet einen Draht zu den Älteren. Sie geben ein respektvolles und konstruktives Feedback und lernen, einen persönlichen Brief zu verfassen.

---

[3] NETZWERK VORLESEN: *Erfolgreich Vorlesen.* URL https://www.netzwerkvorlesen.de/vorlesen-aber-wie/richtig-vorlesen. – abgerufen am 12.10.2020. – Stiftung Lesen.

Voraussetzungen

Es wird eine ausreichende Auswahl von Büchern für die jeweilige Altersstufe der Zuhörerinnen und Zuhörer benötigt, aus denen die Vorleserinnen und Vorleser (mit Beratung, aber grundsätzlich selbstständig) einen Titel auswählen. In einer Vorbereitungsstunde findet die Auswahl statt und werden Vorlesetipps gegeben, außerdem werden Beispiele für Fragen an das Publikum nach dem Vorlesen erarbeitet. Es wird ein Zeitplan festgelegt, so dass jede Vorleserin und jeder Vorleser weiß, wo sie oder er wann zu sein hat. Am besten ist es, wenn jeweils zwei Jugendliche gemeinsam zu einer Gruppe gehen – so können sie sich gegenseitig unterstützen, beistehen und motivieren.

In der Praxis hat es sich außerdem bewährt, dass die Vorlese-Teams noch ein Ersatzbuch mitnehmen: für den Fall, dass die Kleinen nicht genug bekommen können und das Vorlesen viel zu schnell endet, oder falls ein anschließendes Gespräch über das Buch nicht in Gang kommen will. Ein Feedbackbogen ermöglicht es den vorlesenden Jugendlichen, nach Abschluss des Projekts über ihre Erfahrungen zu reflektieren.

Methoden

Nach der Vorbereitungsstunde üben die Jugendlichen selbstständig und miteinander als Eigenaktivität das Vorlesen, organisieren ihre Besuche in den jüngeren Klassen und übernehmen die Verantwortung für den Ablauf der Stunde. Sie stellen sich und das Buch vor und sprechen nach dem Vorlesen mit den Kindern über das Gehörte. Im besten Fall haben sie sich vorab einige Fragen überlegt. Die Zuhörerinnen und Zuhörer geben ihnen ein ehrliches, aber freundliches Feedback.

Die Vorleserinnen und Vorleser berichten in einer Abschlussrunde von ihren Erlebnissen und füllen ihren Feedbackbogen aus. Die eingeladenen Klassen formulieren gemeinsam einen Brief an die älteren Schülerinnen und Schüler, in dem sie sich für das Vorlesen bedanken und ihnen ihre (möglichst konstruktive) Kritik und auch ihre Anerkennung vermitteln.

Zeitbedarf

Vorleserinnen/Vorleser: Vorbereitung 45 Minuten, Vorlesen 30 bis 45 Minuten, Nachbereitung 15 bis 20 Minuten.

Zuhörerinnen/Zuhörer: 30 bis 45 Minuten Vorlesestunde, Brief an die Vorleserinnen/Vorleser: zweimal 45 Minuten.

b. Methodische Überlegungen

Einstieg

Eine Vorbereitungsstunde für Vorleserinnen und Vorleser kann am besten mit einer kleinen Umfrage beginnen: Wem wurde als Kind vorgelesen? Welche Kinderbücher sind noch in Erinnerung? Gab es besondere Vorlesesituationen, an die sich die Jugendlichen noch erinnern? Es werden sehr unterschiedliche Geschichten zum Thema Vorlesen erzählt werden können.

Anschließend muss das Projekt eingeführt werden. Bei den Älteren sollten auch die wichtigsten Erkenntnisse der Vorlesestudie in ihrer neuesten Version kurz besprochen werden.[4]

Die Zuhörerinnen und Zuhörer benötigen vor dem Projektbeginn lediglich eine Information über die geplante Veranstaltung. Sie erleben zunächst die Vorlesestunde und arbeiten erst in der Nachbereitung zu den Themen „Kritik" und „Briefe schreiben".

Arbeitsphase

Die Vorleserinnen und Vorleser werden bei der Auswahl der Titel beraten und erarbeiten in einem Unterrichtsgespräch die wichtigsten Punkte, die beim Vorlesen zu beachten sind.

Sie suchen eigenständig die Klasse auf, der sie zugeteilt sind, stellen sich und das gewählte Buch vor und lesen vor. Sie sind verantwortlich dafür, dass der Zeitrahmen eingehalten wird, und lassen den Kindern am Ende auch noch Zeit für ein kleines Gespräch über das Buch.

Die Zuhörerinnen und Zuhörer sollten sich in einer Unterrichtssequenz nach dem Projekt mit dem Thema „konstruktive Kritik" beschäftigen. Die Kinder können dabei lernen, wie man anderen in einer angemessenen Weise ein Feedback und – falls nötig – konstruktive Kritik geben kann.

In einer zweiten Sequenz beschäftigen sie sich dann mit dem Thema „Einen persönlichen Brief schreiben". Die eingeladenen Klassen erarbeiten nach der Vorlesestunde gemeinsam mit ihrem Trainer oder ihrer Trainerin zunächst die Bestandteile eines persönlichen Briefs. Dann verfassen sie einen Brief an die Vorleserinnen und Vorleser, in dem sie sich für das Vorlesen bedanken und darüber berichten, wie es ihnen gefallen hat. Bei jüngeren Schul- bzw. bei Kindergartenkindern werden die mündlichen Kommentare gesammelt und in einem Brief an die Älteren zusammengefasst, die Kinder dürfen (ggf. mit Fingerabdruck) diesen Brief unterschreiben.

Abschluss

Nach dem Vorleseprojekt selbst macht es Sinn, von den Vorleserinnen und Vorlesern eine kurze Rückmeldung einzuholen, wie sie die Jüngeren und das Vorlesen erlebt haben. Es hat sich gezeigt, dass gerade die „Coolsten" doch einige Ängste zu bewältigen haben, denn die Kleinen haben unverhohlen hohe Erwartungen an sie und signalisieren sehr schnell, wenn das Vorlesen nicht so gut klappt.

---

4 *Vorlesestudie von Stiftung Lesen, DIE ZEIT und Deutsche Bahn Stiftung.* URL https://www.stiftunglesen.de/forschung/forschungsprojekte/vorlesestudie. – abgerufen am 12.10.2020. – Stiftung Lesen.

Ganz offensichtlich werden auch Erinnerungen an die eigene Kindheit geweckt und es können ganz neue Beziehungen zwischen den so unterschiedlichen Altersgruppen entstehen. Ein Feedbackbogen kann die Schülerinnen und Schüler anregen, nochmals über das Projekt nachzudenken, und gibt dem Veranstalter die Möglichkeit, selbst Einblick in das Projekt zu erhalten.

Zuhörerinnen und Zuhörer besprechen zum Abschluss des Projekts Aufbau und Inhalt ihrer Briefe und versenden sie mit der (Haus-)Post an die Vorlese-Teams.

Matrix Große für Kleine – Vorleser (Word-Dokument, Google Drive)

Matrix Große für Kleine – Zuhörer (Word-Dokument, Google Drive)

Organisationsplan (Excel-Dokument, Google Drive)

Vorlesetipps (Word-Dokument, Google Drive)

Feedback (Word-Dokument, Google Drive)

Arbeitsblatt Brief (Word-Dokument, Google Drive)

2.1.1 Matrix Lesekompetenz: Vorlesen – Große für Kleine (Vorleser/-innen)

UNTERRICHTSEINHEIT

Vorlesen – Große für Kleine (Vorleser/-innen)

Kompetenztraining	Lesekompetenz
Zeitbedarf	45 Min. Vorbereitungsstunde
	30–45 Min. Vorlesen
	15 Minuten Feedback
Klassenstufe(n)	Ab Klassenstufe 4

KERN-LERNINHALT(E)	MATERIAL
· Vorlesen als Lesetraining	· Altersgerechte und vorlesegeeignete Bücher
· Eigenverantwortung	· Neueste Vorlesestudie
· Zeitmanagement	· Organisationsblatt
· Fürsorge für Jüngere	· Kopien der Vorlese-Tipps

EINSTIEG	ARBEITSPHASE	ERGEBNISSICHERUNG	ABSCHLUSS
10 MIN.	**15 MIN.**	**15 MIN.**	**5 MIN.**
· Projektinformation	· Erarbeitung der Vorlesetipps	· Buchauswahl	· Organisation
· Vorleseerfahrungen		· erstes Einüben des Vorlesens	
· Vorlesestudie			
SCHÜLER/-INNEN	**SCHÜLER/-INNEN**	**SCHÜLER/-INNEN**	**SCHÜLER/-INNEN**
· äußern sich zu eigenen Vorlese-Erlebnissen	· erarbeiten die wichtigsten Hinweise zum richtigen Vorlesen	· wählen aus dem Angebot ihre Vorlesebücher	· stellen Fragen zum Ablauf
· verstehen Projektablauf		· beginnen mit dem Üben	· notieren sich Zeiten und Räume
TRAINER/-IN	**TRAINER/-IN**	**TRAINER/-IN**	**TRAINER/-IN**
· stellt Fragen zu Vorleseerfahrungen	· erfragt die Vorlese-Tipps	· unterstützt die Schüler/-innen bei der Auswahl	· gibt das Üben als Hausaufgabe
· informiert über Projekt	· gibt Hinweise zu gutem Vorlesen	· gibt Anregungen zum Vorlesen	· verteilt die Vorlesezeiten und Räume (Organisationsblatt)
· stellt Vorlesestudie vor	· verteilt die Kopien mit Vorlese-Tipps		

ERGÄNZENDE INFORMATIONEN

Nach Abschluss des Projekts sollte mit einem Feedback-Bogen die Rückmeldung der Vorleser/-innen eingeholt und auch Gelegenheit für ein Gespräch über die Erlebnisse beim Vorlesen gegeben werden.

2.1.1 Matrix Lesekompetenz: Vorlesen – Große für Kleine (Zuhörer/-innen)

UNTERRICHTSEINHEIT

Große für Kleine – Lesen lassen (Zuhörer/-innen)

Kompetenztraining	Lesekompetenz		
Zeitbedarf	1 x 30–45 Min. Vorlesen 2 x 45 Min. Vor- und Nachbereitung		
Klassenstufe(n)	Ab Klassenstufe 3 (ohne „Briefe schreiben" auch ab Kindergarten)		

KERN-LERNINHALT(E)		MATERIAL	
· Vorlesen als Motivation für das Selbstlesen · Wie übe ich konstruktive Kritik? · Wie schreibe ich einen Brief?		· Arbeitsblatt Brief · Whiteboard oder Flipchart · Evtl. Briefmarken	

EINSTIEG	ARBEITSPHASE I	ARBEITSPHASE II	ERGEBNISSICHERUNG
15 MIN.	**15 MIN.**	**45 MIN.**	**15 MIN.**
· Gespräch über die Vorleseerfahrungen zu Hause und beim Projekt	· Thema „Kritik" · Wie sage ich meine Meinung, ohne verletzend zu sein?	· Briefe schreiben · Bestandteile eines Briefes	· Vorlesen einiger Briefe · Wiederholung Briefaufbau
SCHÜLER/-INNEN	**SCHÜLER/-INNEN**	**SCHÜLER/-INNEN**	**SCHÜLER/-INNEN**
· beschreiben, was ihnen beim Vorlesen gefallen hat · berichten, wann sie zu anderen Gelegenheiten vorgelesen bekommen	· beschreiben ihre Erfahrungen im Umgang mit Kritik · erzählen, wie sie selbst kritisiert werden möchten	· verstehen die Bestandteile eines Briefes · schreiben einen Brief mit einer freundlichen Rückmeldung an die Vorleser	· Freiwillige lesen ihre Briefe vor · Klasse bespricht den Aufbau der Briefe · Inhalt wird auf Kritik überprüft
TRAINER/-IN	**TRAINER/-IN**	**TRAINER/-IN**	**TRAINER/-IN**
· stellt Fragen zu den Vorleseerfahrungen der Schüler/-innen	· notiert die wichtigen Ergebnisse: Welche Art von Kritik ist in Ordnung und welche nicht (Tabelle)	· erläutert Bestandteile eines persönlichen Briefes · verteilt Arbeitsblätter	· erfragt die Bestandteile der vorgelesenen Briefe · gibt Hinweise auf problematische Formulierungen

ERGÄNZENDE INFORMATIONEN

Das Vorlesen erfolgt vor der oben beschriebenen Unterrichtseinheit.

Wird das Projekt mit jüngeren Kindern durchgeführt, muss der Teil „Brief schreiben" natürlich ggf. wegfallen. Die Briefe werden per Post an die Vorleser/-innen geschickt oder persönlich überreicht.

Große für Kleine: Organisation

Vorleser/-in 1	Vorleser/-in 2	Zuhörer/-innen: Lehrer/-innen	Zuhörer/-innen: Klasse	Zuhörer/-innen: Raum	Datum	Zeit von	Zeit bis	Buch 1	Buch 2

2.1.1 Lesekompetenz: Vorlesen – Große für Kleine

Vorlesetipps[i]

> Logo Ihrer
> (Schul-)Bibliothek

1. GESTIK, MIMIK UND STIMME (sparsam!)
   - Zum Veranschaulichen der Geschichte nutzen.
   - Ausdruck und Körperhaltung spiegeln das Miterleben des Textes.
   - Zur Unterstützung der Aussage und zum Verstehen der Geschichte.

   Beispiele: verschiedene Personen → verschiedene Tonlagen → Gefühle (Freude, Angst, Wut, Enttäuschung) deutlich machen. (Achtung: nicht jeder Figur eine eigene Stimme geben!)

2. PAUSEN, SPRECHTEMPO UND BLICKKONTAKT
   - Mit Pausen Aufmerksamkeit auf eine bestimmte Textstelle richten.
   - Eine Unterbrechung zur Vermeidung von Unaufmerksamkeit und die Gelegenheit, sich selbst einzubringen.
   - Langsames und deutliches, lautes und verständliches Sprechen.
   - Blickkontakt zu Zuhörerinnen und Zuhörern.
   - Variieren von Lautstärke und/oder Geschwindigkeit (leise/langsam=Hervorhebung).

   Beispiel für Zwischenfragen: „Kann sich jemand vorstellen, wie es weitergeht?"

3. ZUHÖRER/-INNEN EINBEZIEHEN
   - Vorlesen ist eine Kommunikationssituation.
   - Der Text sollte nicht in einem Stück vorgelesen oder erzählt werden.
   - Kinder dürfen ihre eigenen Fragen und Gedanken einbringen.
   - Unterbrechungen sollen erlaubt sein.

4. DIE EIGENE VORBEREITUNG
   - Du musst das Buch ganz genau kennen und die Stimmung des Textes erfasst haben.
   - Üben: vorher mindestens 4–5 Mal laut vorlesen.
   - Anmerkungen zu Betonungen, Änderungen oder Kürzungen notieren (Klebezettel).

5. THEMA UND MOTTO (bei Bedarf)
   - Ein bestimmtes Thema für die Vorlesestunde auswählen, z.B. ein bestimmtes Tier, verschiedene Geschichten einer Autorin bzw. eines Autors oder ähnliche Zusammenhänge.
   - Ein übergreifendes Thema oder Motto wählen und mit einem passenden Sachbuch, Zeitungsausschnitten, Fotos, Liedern oder Gedichten kombinieren.
   - Durch Dekoration oder Requisiten eine zur Geschichte passende Atmosphäre erzeugen.

---

[i] Vgl.: NETZWERK VORLESEN: *Erfolgreich Vorlesen*. URL https://www.netzwerkvorlesen.de/vorlesen-aber-wie/richtig-vorlesen. - abgerufen am 12.10.2020. — Stiftung Lesen

2.1.1 Lesekompetenz: Vorlesen – Große für Kleine

Feedback von Vorleserinnen und Vorlesern

> Logo Ihrer
> (Schul-)Bibliothek

Name: _____   Klasse: _____

Bitte teile deine Erfahrungen während des Vorleseprojekts mit uns.
Auf der Skala von 1 bis 10 bedeutet jeweils 1 sehr schlecht/falsch und 10 sehr gut/richtig.
Markiere jeweils deine Einschätzung.

1. **Vorbereitung**

    1. Ich fühlte mich vor der Vorlesestunde gut vorbereitet.
       ☐ ☐ ☐ ☐ ☐ ☐ ☐ ☐ ☐ ☐
       1 2 3 4 5 6 7 8 9 10
    2. Ich hatte das Gefühl, dass das gewählte Buch für die Gruppe passt.
       ☐ ☐ ☐ ☐ ☐ ☐ ☐ ☐ ☐ ☐
       1 2 3 4 5 6 7 8 9 10

2. **Durchführung**

    1. Die Organisation hat gut geklappt.
       ☐ ☐ ☐ ☐ ☐ ☐ ☐ ☐ ☐ ☐
       1 2 3 4 5 6 7 8 9 10
    2. Ich fühlte mich in der Klasse wohl.
       ☐ ☐ ☐ ☐ ☐ ☐ ☐ ☐ ☐ ☐
       1 2 3 4 5 6 7 8 9 10
    3. Das Vorlesen hat mir Spaß gemacht.
       ☐ ☐ ☐ ☐ ☐ ☐ ☐ ☐ ☐ ☐
       1 2 3 4 5 6 7 8 9 10
    4. Die Kinder waren aufmerksam.
       ☐ ☐ ☐ ☐ ☐ ☐ ☐ ☐ ☐ ☐
       1 2 3 4 5 6 7 8 9 10

3. **Reaktionen der Zuhörer/-innen**

    1. Die Kinder haben sich über unseren Besuch gefreut.
       ☐ ☐ ☐ ☐ ☐ ☐ ☐ ☐ ☐ ☐
       1 2 3 4 5 6 7 8 9 10
    2. Die Kinder haben nach dem Vorlesen viel gefragt/erzählt.
       ☐ ☐ ☐ ☐ ☐ ☐ ☐ ☐ ☐ ☐
       1 2 3 4 5 6 7 8 9 10

3. Die Kinder haben mir ehrliches Feedback gegeben.

☐ ☐ ☐ ☐ ☐ ☐ ☐ ☐ ☐ ☐
1　2　3　4　5　6　7　8　9　10

4. Meine Erfahrungen

1. Das Vorlesen war schwerer als gedacht.

☐ ☐ ☐ ☐ ☐ ☐ ☐ ☐ ☐ ☐
1　2　3　4　5　6　7　8　9　10

2. Ich hätte mir gewünscht, mehr Übung zu haben.

☐ ☐ ☐ ☐ ☐ ☐ ☐ ☐ ☐ ☐
1　2　3　4　5　6　7　8　9　10

3. Ich war sehr nervös.

☐ ☐ ☐ ☐ ☐ ☐ ☐ ☐ ☐ ☐
1　2　3　4　5　6　7　8　9　10

4. Wir haben einen guten Draht zu den Kindern bekommen.

☐ ☐ ☐ ☐ ☐ ☐ ☐ ☐ ☐ ☐
1　2　3　4　5　6　7　8　9　10

5. Wir hatten ein passendes Buch ausgewählt.

☐ ☐ ☐ ☐ ☐ ☐ ☐ ☐ ☐ ☐
1　2　3　4　5　6　7　8　9　10

5. Mein Kommentar

_____

_____

_____

_____

_____

2.1.1 Lesekompetenz: Vorlesen - Große für Kleine

NAME_____

Ich schreibe einen Brief

1. Füge die Bezeichnung der Teile eines Briefes an der richtigen Stelle ein:

   - **Ort, Datum**
   - **Anrede**
   - **Text**
   - **Gruß**
   - **Unterschrift**

2. Schreibe – in dieser Form – einen Brief an deine Vorleser. Denke dabei an unser Gespräch über das Kritisieren.
3. Beschrifte den Briefumschlag wie in diesem Beispiel und stecke deinen Brief in den Umschlag.

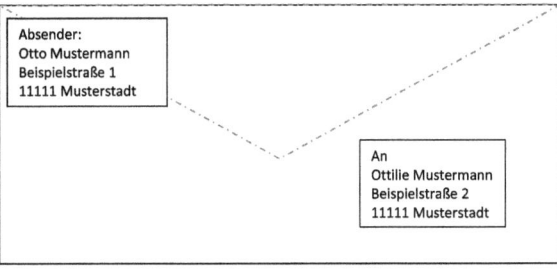

2.1.2 Bunt gemischt – Anlesen querbeet

Für regelmäßigen Unterricht in der (Schul-)Bibliothek. Geeignet für alle Klassenstufen.

a. Didaktische Überlegungen

Unterrichtlicher Kontext

Egal, ob es in der Mittelstufe um erste Begegnungen mit klassischer Literatur geht, ob Klassen sich gerade mit Märchen befassen oder Kinder aus der sechsten Klasse erfahren dürfen, dass es außer *Gregs Tagebuch* noch andere großartige Jugendbücher gibt: Das regelmäßige Vorlesen der ersten paar Seiten aus verschiedensten Büchern ist eine geeignete Methode, um Kinder und Jugendliche neugierig auf neue Leseerfahrungen zu machen und ihnen den Bestand der Bibliothek auf anschauliche Art näher zu bringen.

Ziel ist es, den Schülerinnen und Schülern einen möglichst breiten Ausschnitt aus dem Bibliotheksbestand vorzustellen, der zum Deutschunterricht der jeweiligen Klasse passt oder aber einfach nur dem Spaß am freien Lesen dient. Beides kann auch abwechselnd stattfinden: einmal, wenn im Unterricht gerade *Die Flaschenpost* von Klaus Kordon gelesen wird, kann ergänzend dazu aus anderen Jugendbüchern zum Thema „DDR" vorgelesen werden; ein anderes Mal werden einfach die prämierten Bücher des Jugendliteraturpreises, Lieblingsbücher der Trainerin oder des Trainers oder passende Gedichte zur Jahreszeit gewählt.

Lerngegenstand

Die Trainerinnen und Trainer vermitteln in diesem Projekt, das mit regelmäßigen Besuchen über mindestens sechs Monate verbunden ist, einen möglichst breiten Ausschnitt aus dem Bibliotheksbestand. Die Kinder hören einzelne Kapitel aus vielen verschiedenen Genres, etwa aus Märchen und Gedichten, aber auch aus Fantasy- und historischen Romanen, moderner Jugendliteratur und Klassikern, und erleben so die Vielfalt von Literatur. Sie werden dazu angeregt, über das Gehörte zu reflektieren, und erleben literarische Sprache auf eine – hoffentlich – anregende Weise. Inhalte und Sprache der angelesenen Bücher regen zu Gesprächen über die enthaltenen Themen und über die Erzählweise der Autorinnen und Autoren an.

Zielsetzung

Die Schülerinnen und Schüler bekommen Einblick in die Vielfalt der Literatur und lernen, Bücher nach der Sprache und Inhalten zu bewerten. Sie werden dazu angeregt, neue Genres zu entdecken und auch Büchern eine Chance zu geben, die ihnen im ersten Augenblick vielleicht nicht so attraktiv erscheinen. Sie werden dazu angeregt, mehr zu lesen, und verbessern so ihre Motivation und ihre Fähigkeiten im Bereich der Lesekompetenz.

Voraussetzungen

Es wird natürlich eine ausreichende Auswahl an Büchern für die jeweilige Altersstufe der Gruppe benötigt. Die Klasse muss die Bibliothek über einen längeren Zeitraum einigermaßen regelmäßig besuchen. Alternativ kann das Vorlesen auch im Klassenzimmer stattfinden, und die Lehrerin oder der Lehrer wählt jede Woche ein neues Buch zum Vorlesen aus.

Methoden

Im ersten Teil der Stunde wird von der Trainerin oder vom Trainer vorgelesen, die Schülerinnen und Schüler sind zunächst auf das Zuhören beschränkt – für manche eine Herausforderung an sich. Das Vorlesen sollte in einer möglichst angenehmen Umgebung stattfinden. Eine Kuschelecke in der Bibliothek ist dafür besser geeignet als harte Stühle im Klassenzimmer. Im Sommer kann auch im Freien gelesen werden, dann ist allerdings darauf zu achten, dass ein ruhiges Plätzchen zur Verfügung steht, damit die Stimme der Vorleserin oder des Vorlesers nicht zu sehr beansprucht wird.

Nach dem Vorlesen findet ein Gespräch über das Gehörte statt. Reflektiert wird dabei sowohl über die Geschichte und ihren Verlauf als auch über die Sprache, die die Autorin oder der Autor verwendet hat, und gegebenenfalls den Kontext des Buches, also die Zeit, in der die Geschichte spielt, oder auch der Zusammenhang mit dem bisherigen Unterricht.

Zeitbedarf

Vorlesen: 10 bis 15 Minuten. Gespräch: 5 bis 10 Minuten.

b. Methodische Überlegungen

Einstieg

Zu Beginn wird der Klasse das Buch kurz vorgestellt. In manchen Fällen ist es zum besseren Verständnis hilfreich, den Klappentext vorzulesen, um den Einstieg in die Geschichte zu erleichtern. Auch eine Erläuterung, warum gerade dieser Titel gewählt wurde, erleichtert es den Schülerinnen und Schülern manchmal, sich auf das Vorlesen einzulassen.

Arbeitsphase

Vorlesen:
Während des Vorlesens sollten die Kinder und Jugendlichen auf die Geschichte fokussiert sein. Sie sollten keine eigenen Gegenstände oder Bücher in der Hand haben und dazu aufgefordert werden, sich voll auf die Geschichte zu konzentrieren.

Gespräch:
Im anschließenden Gespräch können die Schülerinnen und Schüler gebeten werden, verschiedene Fragestellungen zu erörtern. Was ist besonders an dieser Geschichte? Gelang der Autorin oder dem Autor der erste, entscheidende Satz – und, wenn ja, wie? Welche Allegorien finden sich im vorgelesenen Text? Ist es gelungen, damit Bilder in die Köpfe zu malen? In welcher Zeit spielt die Geschichte? Was wissen die Jugendlichen über diese Zeit bereits? Was vermuten sie, wie die Geschichte weitergeht? Welche Besonderheiten sind ihnen an der Sprache aufgefallen? Welche Gründe vermuten sie, warum gerade dieses Buch ausgewählt wurde?

Abschluss
Nach jeder Stunde kann das Buch von Interessierten ausgeliehen werden. Am Ende des Projekts kann ein Feedbackbogen das Nachdenken der Schülerinnen und Schüler über das Gehörte fördern und der Trainerin oder dem Trainer wichtige Hinweise für weitere dieser Projekte geben. Die Jugendlichen werden lediglich mit dem Feedbackbogen in das Projekt und seine Evaluation eingebunden. Abgesehen davon dürfen sie sich einfach vor allem dem Zuhören widmen.

Matrix Bunt gemischt (Word-Dokument, Google Drive)

Quellen für die Buchauswahl (pdf-Dokument, Google Drive)

Feedback (Word-Dokument, Google Drive)

2.1.2　Matrix Lesekompetenz: Vorlesen – Bunt gemischt

UNTERRICHTSEINHEIT

Bunt gemischt – Anlesen querbeet

Kompetenztraining	Lesekompetenz
Zeitbedarf	Regelmäßig wöchentlich 15–20 Min.
Klassenstufe(n)	Für alle Klassenstufen

KERN-LERNINHALT(E)	MATERIAL
· Vorlesen als Motivation für das Selbstlesen · Kennenlernen verschiedener Genres	· Auswahl geeigneter und altersgerechter Titel · Feedbackbogen

EINSTIEG (PROJEKT) 5 MIN.	ARBEITSPHASE I 15 MIN.	ERGEBNISSICHERUNG 5 MIN.	ABSCHLUSS (PROJEKT) 10 MIN.
· Projekteinführung	· Vorlesen	· Bei Bedarf: Gespräch über das Vorgelesene	· Feedback der Schüler/-innen
SCHÜLER/-INNEN	**SCHÜLER/-INNEN**	**SCHÜLER/-INNEN**	**SCHÜLER/-INNEN**
· beschreiben ihre Erwartungen	· hören zu	· sprechen über das Gehörte · leihen – wenn sie möchten – das Buch aus oder bestellen es vor	· geben mündlich Rückmeldung über das Projekt · füllen den Feedbackbogen aus
TRAINER/-IN	**TRAINER/-IN**	**TRAINER/-IN**	**TRAINER/-IN**
· stellt Projekt vor · stellt Fragen zu den Erwartungen der Schüler/-innen	· liest vor	Mögliche Fragen: · Gibt es Anmerkungen? · Was ist euch aufgefallen? · Möchte jemand etwas zu dem Text sagen?	· fragt nach den Erfahrungen mit dem Projekt · teilt den Feedbackbogen aus

ERGÄNZENDE INFORMATIONEN

Rückmeldungen der Schüler/-innen sollten freiwillig erfolgen. Es gibt keinen Zwang, über das Gehörte zu sprechen. Dennoch können Rückmeldungen mit einigen offenen Fragen „herausgekitzelt" werden.

Die Auswahl der Bücher, die vorgelesen werden, kann mit dem Unterricht abgestimmt werden, sollte aber einen breiten Ausschnitt der Kinder- und Jugendliteratur abbilden.

2.1.2 Lesekompetenz: Vorlesen – Bunt gemischt

Bunt gemischt: Quellen für die Buchauswahl (eine Auswahl)

Quelle	Link (Stand Februar 2020)
Antolin Spezial: Lesetipps	https://antolin.westermann.de/all/antolin_lesetipps.jsp
Arbeitskreis für Jugendliteratur e. V.: Deutscher Jugendliteraturpreis	https://www.jugendliteratur.org/deutscher-jugendliteraturpreis/c-62
Arbeitskreis für Jugendliteratur e. V.: Zeitschrift JuLit	https://www.jugendliteratur.org/julit/c-120
Bayerischer Rundfunk: Büchertipps für Kinder	https://www.br.de/kinder/buchtipps-fuer-kinder-100.html
Deutschlandfunk: Bücher für junge Leser	https://www.deutschlandfunk.de/buecher-fuer-junge-leser.1201.de.html
Die ZEIT: Thema Jugendbuch	https://www.zeit.de/thema/jugendbuch
GeoLino: Büchertipps	https://www.geo.de/geolino/buechertipps
Internationale Jugendbibliothek München: White Ravens	http://whiteravens.ijb.de/list
Jugendbuch-Couch	https://www.jugendbuch-couch.de/
Katholische Universität Eichstätt-Ingolstadt, Didaktik der deutschen Sprache und Literatur: Empfehlungen zur Leseförderung von Jungen	http://www.boysandbooks.de/buchempfehlungen/
Leseabenteuer GmbH: Eselsohr – Zeitschrift für Kinder- und Jugendmedien	https://www.eselsohr-leseabenteuer.de/
Norddeutscher Rundfunk: Thema: Jugendbücher	https://www.ndr.de/kultur/buch/jugendbuecher106.html
Stefanie Leo: Bücherkinder	https://www.buecherkinder.de/tag/blog/
Stiftung Lesen: Der Lehrerclub	https://www.derlehrerclub.de/lese-und-medientipps/Kinder-%20und%20Jugendliteratur/
Stiftung Lesen: Leseempfehlungen	https://www.stiftunglesen.de/leseempfehlungen

2.1.2   Lesekompetenz: Vorlesen – Bunt gemischt

Logo Ihrer
(Schul-)Bibliothek

Feedback: Bunt gemischt – Anlesen querbeet

Name: _____   Klasse: _____

Bitte teile deine Erfahrungen während des Vorleseprojekts mit uns.
Auf der Skala von 1 bis 10 bedeutet jeweils 1 sehr schlecht/falsch und 10 sehr gut/richtig.
Markiere jeweils deine Einschätzung

1. **Die Buchauswahl**
   1. Ich hatte den Eindruck, viele verschiedene Bücher kennenzulernen.

      ☐ ☐ ☐ ☐ ☐ ☐ ☐ ☐ ☐ ☐
      1 2 3 4 5 6 7 8 9 10
   2. Die Auswahl der Bücher hat mich überwiegend angesprochen.

      ☐ ☐ ☐ ☐ ☐ ☐ ☐ ☐ ☐ ☐
      1 2 3 4 5 6 7 8 9 10

2. **Das Vorlesen**
   1. Ich konnte der Vorleserin/dem Vorleser gut folgen.

      ☐ ☐ ☐ ☐ ☐ ☐ ☐ ☐ ☐ ☐
      1 2 3 4 5 6 7 8 9 10
   2. Die Vorleserin/der Vorleser konnte flüssig lesen.

      ☐ ☐ ☐ ☐ ☐ ☐ ☐ ☐ ☐ ☐
      1 2 3 4 5 6 7 8 9 10
   3. Die Betonung passste zu den Geschichten.

      ☐ ☐ ☐ ☐ ☐ ☐ ☐ ☐ ☐ ☐
      1 2 3 4 5 6 7 8 9 10
   4. Es wurde in einem passenden Tempo vorgelesen.

      ☐ ☐ ☐ ☐ ☐ ☐ ☐ ☐ ☐ ☐
      1 2 3 4 5 6 7 8 9 10

3. **Diese Bücher sind mir im Gedächtnis geblieben (nenne Titel oder Thema):**

   1. _____

   2. _____

   3. _____

2.1.3 Exklusiv – Ein (fast) ganzes Buch vorlesen

Für den wöchentlichen Unterricht in der (Schul-)Bibliothek oder im Klassenzimmer über mindestens ein halbes Schuljahr. Für alle Klassenstufen.

a. Didaktische Überlegungen

Unterrichtlicher Kontext
Üblicherweise wird an Schulen im Deutschunterricht pro Schuljahr mindestens eine Klassenlektüre gelesen und ausführlich interpretiert. Das kann viel Freude machen, manchmal wäre es jedoch auch wünschenswert, dass Schülerinnen und Schüler Bücher einfach zum Spaß, zur eigenen Erbauung erleben dürfen.

Doch selbst wenn Klassen regelmäßig die (Schul-)Bibliothek besuchen: Nicht-Leserinnen und -Leser fallen auch dabei nicht selten durch die Ritzen der Leseförderung, denn sie werden auch bei noch so vielen Bibliotheksbesuchen kaum ein Buch ausleihen.

Warum also nicht während eines Schuljahrs oder eines Halbjahrs einfach mal ein ganzes Buch vorlesen? Oder zumindest so weit lesen, wie man während dieser Zeit kommen kann? Möglicherweise erleben Einzelne so Literatur in einer für sie zugänglicheren Art und Weise, als wenn sie selbst lesen müssen. Auch wenn bei diesem Projekt eher das Zuhören im Vordergrund steht, kann es ein Mittel der Förderung von Lesekompetenz werden. Denn es ist nicht ausgeschlossen, dass die Schülerinnen und Schüler danach auch selbst einmal das zuvor ungeliebte Medium Buch in die Hand nehmen.

Das Thema des Buches kann – muss aber nicht – in ein anderes Unterrichtsthema eingebettet sein. Dabei beschränkt sich die Auswahl des Titels nicht auf den Deutschunterricht, sondern kann auch einen Bereich abdecken, der in Ethik/Religion, Geschichte, Biologie oder Geografie behandelt wird. Beispiele hierfür wären die Themen Rassismus, Holocaust, Umweltschutz, Kinderarbeit usw., zu denen sich zahlreiche Jugendromane finden lassen.

Lerngegenstand
Die Trainerinnen und Trainer bringen der Klasse ein Buch nahe, das in etwa der Altersstruktur der Klasse entspricht, ausreichend herausfordernd, jedoch nicht überfordernd ist und dessen Inhalt und Sprache genügend Stoff zum Nachdenken bietet. Dabei kann sich ein Gespräch in der Klasse und mit der Trainerin oder dem Trainer entwickeln, muss es aber nicht. Dieses Projekt dient ausdrücklich nicht dazu, mit den Schülerinnen und Schülern die Interpretation von Literatur einzuüben. Es soll vielmehr dazu dienen, die Schönheit von Sprache und Literatur zu vermitteln – ganz ohne erhobenen Zeigefinger.

Zielsetzung
Die Schülerinnen und Schüler erleben ein literarisch wertvolles Werk, ohne den Anspruch darüber reden und das Werk interpretieren zu müssen. Sie erfahren die Kraft literarischer Sprache und lassen sich auf eine unbekannte Geschichte ein.

Voraussetzungen
Selbstverständlich wird ein literarisch wertvolles Buch für die Altersstufe der Zuhörerinnen und Zuhörer benötigt, das keinen zu großen Umfang hat. Die Trainerinnen oder der Trainer sollte das Vorlesen gut beherrschen und den Text ausdrucksvoll präsentieren. Die Klasse muss die Bibliothek regelmäßig wöchentlich besuchen, alternativ kann das Vorlesen auch im Klassenzimmer stattfinden. In beiden Fällen braucht es eine ruhige, gemütliche Atmosphäre.

Methoden
In jeder Stunde wird ein Teil – wenn möglich ein Kapitel – des Buches vorgelesen. Die Vorlesezeit sollte 15 bis 20 Minuten in keinem Fall übersteigen. Ein anschließendes Gespräch findet nur dann statt, wenn die Schülerinnen und Schüler Redebedarf haben. Einige wenige Fragen an sie können das Gespräch anregen, es sollte jedoch kein Zwang dazu entstehen.

Die Organisation einer Ausstellung sollte eine Gemeinschaftsaufgabe der Klasse sein.

Zeitbedarf
Ca. 15 Minuten regelmäßige Vorlesezeit wöchentlich über mindestens ein halbes Jahr

b. Methodische Überlegungen

Einstieg
Die Trainerin oder der Trainer präsentiert der Klasse kurz das Buch, gibt erste Informationen zu Autorin oder Autor sowie zum Inhalt und erläutert gegebenenfalls die Gründe für die Auswahl dieses Buches.

Arbeitsphase
Während des Vorlesens sollten die Kinder oder Jugendlichen auf die Geschichte fokussiert sein. Sie sollten keine eigenen Gegenstände oder Bücher in der Hand haben und dazu angehalten werden, sich voll auf die Geschichte zu konzentrieren.

Ein Gespräch kann nach jedem Vorleseabschnitt erfolgen oder aber lediglich nach Abschluss des Projekts. Es sollte nur geführt werden, wenn der Impuls aus der Klasse kommt. Fragen an die Klasse können helfen, eine Diskussion in Gang zu bringen. Solche Fragen können sein: „Wie hat euch das Buch gefallen?", „Gibt es Fragen zu dem Inhalt?", „Hättet ihr das Buch auch aus eigenem Antrieb gelesen?", „Wie findet ihr die Sprache im Buch?", „Gibt es Fragen zu dem Roman oder zu Autorin/Autor?", „Welcher Abschnitt ist euch besonders im Gedächtnis geblieben?", „Welche Kritik habt ihr an dem Buch?", „Was würdet ihr der Autorin oder dem Autor sagen, wenn ihr sie oder ihn treffen würdet?", „Welche Fragen würdet ihr stellen?", „Würdet ihr das Buch euren Mitschülerinnen und Mitschülern empfehlen?" usw.

Ganz im Sinne von Daniel Pennac sollte dieses Gespräch aber nicht erzwungen werden, sondern im besten Fall aus der Klasse heraus entstehen. Man sollte sich auch keinesfalls davor scheuen, ein Buch einmal nicht zu Ende zu lesen, wenn die Mehrzahl der Schülerinnen und Schüler eindeutig keinen Bezug zum Inhalt entwickeln kann.

Abschluss
Neben einem Abschlussgespräch über die Hörerfahrungen der Schülerinnen und Schüler kann eine kleine Ausstellung mit weiteren Büchern der Autorin oder des Autors oder mit Büchern zu einem ähnlichen Thema als Abschluss des Projekts die Kinder oder Jugendlichen dazu anregen, sich auf freiwilliger Basis weiter mit dem Werk zu beschäftigen. Diese Ausstellung wird, wenn irgend möglich, von ihnen selbst organisiert.

Matrix Exklusiv (Word-Dokument, Google Drive)

Beispiele für geeignete Bücher (pdf-Dokument, Google Drive)

2.1.3 Matrix Lesekompetenz: Vorlesen – Exklusiv

UNTERRICHTSEINHEIT

Exklusiv – Ein (fast) ganzes Buch vorlesen

Kompetenztraining	Lesekompetenz
Zeitbedarf	Regelmäßig 15–25 Min.
	1 x 45 Min.
Klassenstufe(n)	Alle

KERN-LERNINHALT(E)	MATERIAL
· Vorlesen als Motivation zum Selbstlesen	· ein altersgerechtes und literarisch hochwertiges Buch von nicht allzu großem Umfang

EINSTIEG	ARBEITSPHASE	ERGEBNISSICHERUNG	ABSCHLUSS
5 MIN.	**15 MIN.**	**5 MIN.**	**45 MIN.**
· Einführung des geplanten Projekts	· Trainer/-in liest vor	· Gespräch über das Gelesene	· Ausstellung in der Bibliothek zum Autor oder zur Thematik des Buches
SCHÜLER/-INNEN	SCHÜLER/-INNEN	SCHÜLER/-INNEN	SCHÜLER/-INNEN
· hören zu	· hören zu	· reflektieren das Gehörte	· wählen das Thema und stellen die Medien zusammen
TRAINER/-IN	TRAINER/-IN	TRAINER/-IN	TRAINER/-IN
· beschreibt Buch und Inhalt	· liest vor	· stellt Fragen zum Text	· berät und unterstützt die Schüler/-innen

ERGÄNZENDE INFORMATIONEN

Das Projekt läuft einmal in der Woche jeweils zum Anfang der Stunde über ein halbes Schuljahr.

2.1.3 Lesekompetenz: Vorlesen – Exklusiv

Exklusiv – Ein ganzes Buch vorlesen

BEISPIELE GEEIGNETER BÜCHER (EINE SUBJEKTIVE AUSWAHL)

Ardagh, Philip [1961-] Schlimmes Ende / Philip Ardagh. Aus dem Engl. von Harry Rowohlt. Mit Ill. von David Roberts. - 10. Aufl.. - München : cbj, 2004. - 125 S. : Ill. ISBN 978-3-570-21507-4	Ab 10 Jahren
Cottrell Boyce, Frank [1959-] Der unvergessene Mantel / Frank Cottrell Boyce. Aus dem Engl. von Salah Naoura. Mit Fotogr. von Carl Hunter .... - Hamburg : Carlsen, 2012. - 106 S. : Ill. ; 22 cm ISBN 978-3-551-55594-6 (Pp. : EUR 11.90 (DE), EUR 12.30 (AT), sfr 16.50 (freier Pr.))	Ab 10 Jahren
Cousins, Dave [1969-] 15 kopflose Tage / Dave Cousins. Aus dem Engl. von Anne Brauner. [Ill. Maxwell Dorsey ...]. - 1. Aufl.. - Stuttgart : Verl. Freies Geistesleben, 2015. - 301 S : Ill ; 22 cm ISBN 978-3-7725-2778-4 (Englbr. : EUR 17.90 (DE), ca. EUR 18.40 (AT), ca. sfr 24.90 (freier Pr.))	Ab 13 Jahren
Duda, Christian [1962-] Gar nichts von allem / von Christian Duda ; mit Illustrationen von Julia Friese. - Weinheim ; Basel : Beltz & Gelberg, [2017]. - 158 Seiten : Illustrationen ; 22 cm ISBN 978-3-407-78995-2 (EUR 6.95 (DE), EUR 7.20 (AT), CHF 11.50 (freier Preis)); 3-407-78995-5	Ab 10 Jahren
Gehm, Franziska [1974-] Pullerpause im Tal der Ahnungslosen / Franziska Gehm ; Umschlaggestaltung & Illustrationen: Horst Klein. - 1. Auflage. - Leipzig : Klett Kinderbuch, [2016]. - 283 Seiten : Illustrationen ; 21 cm Hier auch später erschienene, unveränderte Nachdrucke. ISBN 3-95470-147-2 (EUR 12.95)	Ab 9 Jahren
Gleitzman, Morris [1953-] Einmal / Morris Gleitzman. Aus dem Engl. von Uwe-Michael Gutzschhahn. - Hamburg : Carlsen, 2013. - 187 S. ; 187 mm x 120 mm (Carlsen ; 1248) Forts. u.d.T.: Gleitzmann, Morris: Dann. ISBN 3-551-31248-6 (EUR 6.99)	Ab 11 Jahren
Gmehling, Will [1957-] Freibad : ein ganzer Sommer unter dem Himmel / Will Gmehling. - Wuppertal : Peter Hammer Verlag, [2019]. - 155 Seiten ISBN 978-3-7795-0608-9 (: 14.00 EUR)	Ab 8 Jahren
Herrndorf, Wolfgang [1965-2013] Tschick : Roman / Wolfgang Herrndorf. - 31. Auflage. - Reinbek bei Hamburg : Rowohlt, 2018. - 253 Seiten (Rororo-Rotfuchs) ISBN 978-3-499-21651-0	Ab 14 Jahren

Höra, Daniel [1965-] Auf dich abgesehen / Daniel Höra. - Orig.-Ausg.. - Hamburg : Carlsen, 2015. - 110 S. ; 19 cm ISBN 978-3-551-31353-9 (kart. : EUR 4.99 (DE), EUR 5.20 (AT), sfr 7.90 (freier Pr.))	Ab 13 Jahren
Kreller, Susan [1977-] Elefanten sieht man nicht / Susan Kreller. - Hamburg : Carlsen, 2012. - 203 S. ; 220 mm x 140 mm ISBN 3-551-58246-7	Ab 14 Jahren
Kreslehner, Gabi [1965-] PaulaPaulTom ans Meer / Gabi Kreslehner. - Innsbruck ; Wien : Tyrolia-Verlag, 2016. - 117 Seiten ; 21 cm, PaulaPaulTom ans Meer: (Innsbruck) = ISSN Tyrolia. ISBN 3-7022-3521-3 (14.95 EUR)	Ab 14 Jahren
Mankell, Henning [1948-2015] Der Hund, der unterwegs zu einem Stern war / Henning Mankell. Aus dem Schwed. von Angelika Kutsch. - 17. Auflage. - München : Dt. Taschenbuch-Verl., 2018. - 191 Seiten ISBN 978-3-423-70671-1	Ab 11 Jahren
Oppermann, Lea-Lina [1998-] Was wir dachten, was wir taten / Lea-Lina Oppermann. - [2. Auflage]. - Weinheim ; Basel : Gulliver von Beltz & Gelberg, [2019]. - 177 Seiten ; 19 cm, 184 g ISBN 978-3-407-74963-5 (: (Broschur : circa EUR 7.95 (DE), circa EUR 8.20 (AT), circa CHF 11.90 (freier Preis)))	Ab 14 Jahren
Schirach, Ferdinand von [1964-] Schuld : Stories / Ferdinand Schirach. - Neuausgabe. - München : btb, März 2017. - 199 Seiten ; 18.7 cm x 12.5 cm ISBN 978-3-442-71497-1 (Broschur : circa EUR 10.00 (DE), circa EUR 10.30 (AT), circa sfr 13.90 (freier Preis))	Ab 14 Jahren
Steinbeck, John [1902-1968] Von Mäusen und Menschen : Roman / John Steinbeck ; Deutsch von Mirjam Pressler. - Ungekürzte Ausgabe. - München : dtv, 2018. - 203 Seiten ; 20 cm ISBN 978-3-423-25397-0 (Broschur : EUR 10.95 (DE), EUR 11.30 (AT), CHF 15.50 (freier Preis))	Ab 14 Jahren
Stelling, Anke [1971-] Erna und die drei Wahrheiten / Anke Stelling. - 1. Auflage. - München : cbt, 2017. - 235 Seiten ; 21.5 cm x 13.5 cm ISBN 978-3-570-16458-7 (Festeinband : circa EUR 12.99 (DE), circa EUR 13.40 (AT), circa CHF 17.90 (freier Preis)	Ab 10 Jahren
Tanja Fabsits Der Goldfisch ist unschuldig / Tanja Fabsits. - Innsbruck ; Wien : Tyrolia-Verlag, [2018]. - 169 Seiten ; 22 cm ISBN 3-7022-3699-6 (Festeinband : EUR 14.95 (DE), circa EUR 14.95 (AT))	Ab 10 Jahren
Verroen, Dolf [1928-] Wie schön weiß ich bin / Dolf Verroen. Aus dem Niederländ. von Rolf Erdorf. - 2. Aufl. - Wuppertal : Hammer, 2006. - 68 S. Angebl. EST: Hoe mooi wit ik ben. ISBN 978-3-7795-0039-1	Ab 12 Jahren

2.2 Lesepower – Freie Lektüre, nicht ganz frei

Für regelmäßige Bibliotheksbesuche, aber auch im Klassenzimmer durchführbar. Für Schülerinnen und Schüler der Klassenstufe 4 bis 7.

a. Didaktische Überlegungen

Unterrichtlicher Kontext
Während es in Deutschland noch immer die Klassenlektüren sind, die als probates Mittel der Leseförderung angesehen werden, lernt man bei einem Blick auf unsere europäischen Nachbarn, wie zum Beispiel Großbritannien, Finnland und die Niederlande, dass dort das freie Lesen sehr viel stärker als Methodik anerkannt wird als bei uns.[5]

Nur langsam setzt sich diese Erkenntnis auch bei uns durch. Die Professorin für Literaturdidaktik Christine Garbe sagt dazu:

> Lesevorlieben entwickeln sich individuell. Das bedeutet, dass wir den Kindern ein großes Angebot an unterschiedlichen Büchern zugänglich machen müssen, damit sie sich selbst eins aussuchen können. Wir brauchen dazu auch kompetente Lehrkräfte, die nicht nur wissen, wie man Gedichte analysiert, sondern Schüler bei der Auswahl von Büchern beraten können.[6]

Bibliothekarinnen und Bibliothekare bringen diese Kompetenz ganz automatisch mit – ein weiteres Argument für die Notwendigkeit von fachlich geleiteten Schulbibliotheken und für die enge Kooperation zwischen Öffentlichen Bibliotheken und Schulen.

Darüber hinaus ist die Lesekompetenz der Kinder und Jugendlichen in allen schulischen Zusammenhängen, nicht nur im Deutschunterricht, gefordert. Wer im sinnerfassenden Lesen ungeübt ist, kann auch Texte im Biologieunterricht oder Mathematik-Textaufgaben weniger gut verstehen und hat damit auch weniger gute Chancen, die Aufgaben erfolgreich zu bewältigen. Die individuelle Förderung von Lesekompetenz dient also allen Fächern gleichermaßen und darüber hinaus auch noch allen Bereichen, die das Lesen positiv beeinflusst: Empathievermögen, Kreativität, Konzentrationsvermögen, der Erweiterung des eigenen Horizonts und vielem mehr.

---

[5] FOKKEN, SILKE; PARVELA, TIMO: *Leselust auf Finnisch: Wir haben keine Pflichtbücher, die jedes Kind lesen muss.* URL https://www.spiegel.de/lebenundlernen/schule/timo-parvela-erklaert-warum-finnlands-kinder-so-gut-und-gerne-lesen-a-1300581.html. – abgerufen am 12.01.2020. – DER SPIEGEL.
[6] UNTERBERG, SWANTJE: *Pisa-Lehren: „Die Lust am Lesen wird Schülern ausgetrieben".* URL https://www.spiegel.de/lebenundlernen/schule/pisa-lehren-die-lust-am-lesen-wird-schuelern-ausgetrieben-a-1300060.html. – abgerufen am 18.02.2020. – DER SPIEGEL.

Lerngegenstand

Wenn das freie Lesen nicht in ein Projekt eingebunden wird, geraten gerade leseschwächere Schülerinnen und Schüler, um die es eigentlich in erster Linie gehen sollte, leicht ins Hintertreffen. Ein sehr bekanntes Projektformat ist zum Beispiel die Lese-Olympiade.[7] Kinder und Jugendliche werden dabei zum Lesen motiviert, indem sie für jedes gelesene Buch mit kleinen Geschenken belohnt werden.

In unserem Projekt soll es darüber hinaus darum gehen, die Lesekompetenz individuell weiterzuentwickeln und durch eine vielfältige Beschäftigung mit dem Gelesenen mehr Freude am Buch und am Lesen zu erzielen.

Zielsetzung

Die Schülerinnen und Schüler sollen regelmäßig selbst ausgewählte Bücher lesen und die eigenen Lesevorlieben dabei reflektieren. Sie beschäftigen sich gemäß ihren individuellen Vorlieben mit den Büchern und bestimmen selbst, welche Aufgaben sie zu welchen Titeln erledigen. Sie lernen, die Lektüren und Aufgaben über den gesamten Projektzeitraum einzuteilen. Am Ende steht ein persönliches Portfolio mit ganz unterschiedlichen Gestaltungselementen zu selbst ausgewählten Büchern.

Voraussetzungen

Die (Schul-)Bibliothek stellt eine reichhaltige Auswahl an Kinder- und Jugendliteratur verschiedenster Genres zur Verfügung. Trainerinnen und Trainer begleiten die Kinder und Jugendlichen beratend und unterstützend bei der Auswahl der Titel und kontrollieren die Ergebnisse.

Methoden

Freie Lektüre: Die Schülerinnen und Schüler lesen über das gesamte Schuljahr verteilt mehrere Bücher, die sie selbst frei auswählen. Die Anzahl der Bücher kann individuell vereinbart werden, je nach Klassenstufe und individueller Lesekompetenz.

Arbeitsblatt: Mithilfe eines Arbeitsblatts bearbeiten die Schülerinnen und Schüler verschiedene Aufgaben zu den Büchern. Sie entscheiden dabei selbst, wann sie welche Aufgabe erledigen und welche Aufgabe sie welchem Titel zuordnen. Einzige Bedingung ist, dass am Ende des Schuljahres alle Aufgaben erledigt sein müssen. Die Ergebnisse werden in einer Mappe, einem Portfolio, gesammelt.

---

[7] DIGITALE INITIATIVE ZUR LESEFÖRDERUNG: *Leseolympiaden als Methode der Leseförderung*. URL https://www.lesefoerderung.de/freizeit/leseolympiaden/. – abgerufen am 23.09.2020. – Leseförderung.

Zeitbedarf
45 Minuten pro Woche für die Bearbeitung der Aufgaben. Zusätzlich regelmäßige Lesezeit in der Schule und zu Hause.

b. Methodische Überlegungen

Einstieg
Zu Beginn werden die Zielsetzung des Projekts und die Aufgaben des Arbeitsblatts mit der Klasse besprochen. Dabei wird besonders auf die Notwendigkeit hingewiesen, Titel aus unterschiedlichen Genres auszuwählen, sowie darauf, dass die Aufgaben bis zum Ende des Schuljahres eingeteilt werden müssen. Schön ist es, wenn gleich individuell gestaltete Mappen für das Sammeln der Ergebnisse zur Verfügung gestellt werden.

Arbeitsphase
Die Kinder und Jugendlichen wählen – mit Beratung der Trainerinnen und Trainer – nach und nach die Bücher aus, mit denen sie ihre verschiedenen Aufgaben lösen möchten, und arbeiten danach eine Schulstunde in der Woche frei an ihren Aufgaben zu den Büchern oder lesen weiter.

Die Aufgaben sind breit gestreut, so dass alle Schülerinnen und Schüler, vor allem auch solche, die keine geübten Leser sind, Erfolgserlebnisse haben können. Bei vielen Aufgaben müssen sie kürzere oder längere Texte verfassen, sie dürfen aber auch etwas zeichnen oder einen Buchstabensalat oder ein Kreuzworträtsel erstellen.

Alle Aufgaben sollen die Kinder und Jugendlichen dazu anregen, sich mit der Geschichte intensiv zu befassen und über das Gelesene zu reflektieren. In zahlreichen Aufgaben wird immer wieder ein Bezug zur Leserin oder zum Leser hergestellt und werden Begründungen für eigene Meinungen eingefordert.

Abschluss
Während des Projekts, oder auch nach dessen Abschluss, können die Schülerinnen und Schüler – möglichst freiwillig – Bücher vorstellen, zu denen sie gearbeitet haben, und ihre schönsten Ergebnisse einzelner Aufgaben präsentieren.

Matrix Lesepower (Word-Dokument, Google Drive)

Arbeitsblatt Lesepower (Word-Dokument, Google Drive)

Lesepower-Mappe (pdf-Dokument, Google Drive)

2.2 Matrix Lesekompetenz: Lesepower

UNTERRICHTSEINHEIT

Lesepower – Freie Lektüre, nicht ganz frei

Kompetenztraining	Lesekompetenz
Zeitbedarf	Regelmäßig wöchentlich 45 Min.
	+ Freie Lesezeit, auch zu Hause
Klassenstufe(n)	Klassenstufe 4–7

KERN-LERNINHALT(E)
- Individuelle Förderung und Entwicklung der Lesekompetenz
- Förderung der Freude am Buch

MATERIAL
- (Schul-)Bibliothek mit reichlich Lesestoff für die Altersgruppe
- Kopien Arbeitsblatt Lesepower
- Kopien Mappe

EINSTIEG	ARBEITSPHASE I	ARBEITSPHASE II	ERGEBNISSICHERUNG
5 MIN. (1. STUNDE)	**10 MIN.** (BEI BEDARF)	**25–40 MIN.**	**5 MIN.**
· Einführung des Projekts	· Buchauswahl	· Freie Lese- und Arbeitszeit	· Überprüfung des Lese- und Arbeitsfortschritts
SCHÜLER/-INNEN	**SCHÜLER/-INNEN**	**SCHÜLER/-INNEN**	**SCHÜLER/-INNEN**
· hören zu	· wählen bei Bedarf aus dem Angebot ein neues Buch aus	· lesen in ihrem Buch und bearbeiten ca. 1x pro Monat eine der Aufgaben	· füllen ihre Arbeitsblätter aus
· stellen Fragen zum Projekt		· Die restliche Lesezeit wird Zuhause erledigt	· zeigen die Arbeitsblätter und erledigten Aufgaben der Trainerin/dem Trainer
TRAINER/-IN	**TRAINER/-IN**	**TRAINER/-IN**	**TRAINER/-IN**
· erklärt Ziele und Regeln des Projekts	· unterstützt bei der Buchauswahl	· sorgt für eine ruhige Leseatmosphäre	· kontrolliert das Arbeitsblatt und die dazugehörigen Aufgaben
· gibt Kriterien für Buchauswahl bekannt		· unterstützt bei den Aufgaben	· unterschreibt das Arbeitsblatt
· verteilt Arbeitsblätter			

ERGÄNZENDE INFORMATIONEN

Als Projektabschluss **präsentieren die Schüler/**-innen ihre Bücher und Mappen in der Klasse.

2.2 Lesekompetenz: Lesepower

Lese-Power

Während des Schuljahres liest du mindestens **vier Bücher** und bearbeitest **alle zwei Wochen** eine der Aufgaben zu dem Buch, das du gerade liest.
Wenn du eine Aufgabe beendet hast, schreibe sie in die Liste, zeige die Ergebnisse und lass das Blatt von deinem Lehrer/deiner Lehrerin abzeichnen.
Alle Aufgaben müssen am Ende des Jahres fertig sein!

Datum	Aufgabe Nr.	Buchtitel	Unterschrift Lehrer/-in

1. Lies ein Kapitel eines Buches noch einmal. Suche daraus 10 Wörter heraus, die du als **stark** empfindest und die du selbst beim Schreiben verwenden könntest!	2. Zeichne und beschreibe eine Person oder einen Schauplatz aus einer Beschreibung im Buch!	3. Wähle einen wichtigen Zeitpunkt im Buch aus und verändere das Ereignis. Schreibe das folgende Kapitel neu!
4. Schreibe darüber, was eine Person im Buch an verschiedenen Stellen der Geschichte denken oder fühlen könnte! Du kannst das in der ersten Person schreiben oder aber in einer Sprechblase.	5. Mache eine Liste mit Fragen, die du dir selbst beim Lesen gestellt hast!	6. Schreibe auf, wie du dir das Ende der Geschichte vorstellst, BEVOR du das Buch zu Ende gelesen hast. Vergleiche deine Vorhersage mit dem tatsächlichen Ende, wenn du es fertig gelesen hast!
7. Welcher Person in diesem Buch bist du am ähnlichsten? Erkläre deine Antwort!	8. Welche Person im Buch wärst du gerne? Erkläre warum!	9. Schreibe jemandem einen Brief, in dem du ihr/ihm über das Buch und deine Meinung zum Buch erzählst!
10. Male ein Werbeposter für das Buch! Stelle sicher, dass du darauf schreibst, WARUM andere das Buch lesen sollten!	11. Entwirf ein SUCHSEL (Buchstabensalat) oder Kreuzworträtsel für das Buch!	12. Wie verändert sich die Hauptperson im Laufe der Geschichte? Erkläre und begründe deine Antwort!
13. Entwirf einen neuen Bucheinband für das Buch!	14. Auf welche Weise fesselt dich die Geschichte am Anfang? Mache eine Liste mit Wörtern und Sätzen, von denen du denkst, dass sie dafür sorgen, dass du weiterlesen möchtest!	15. Welche Person in diesem Buch magst du am liebsten? Erkläre warum!

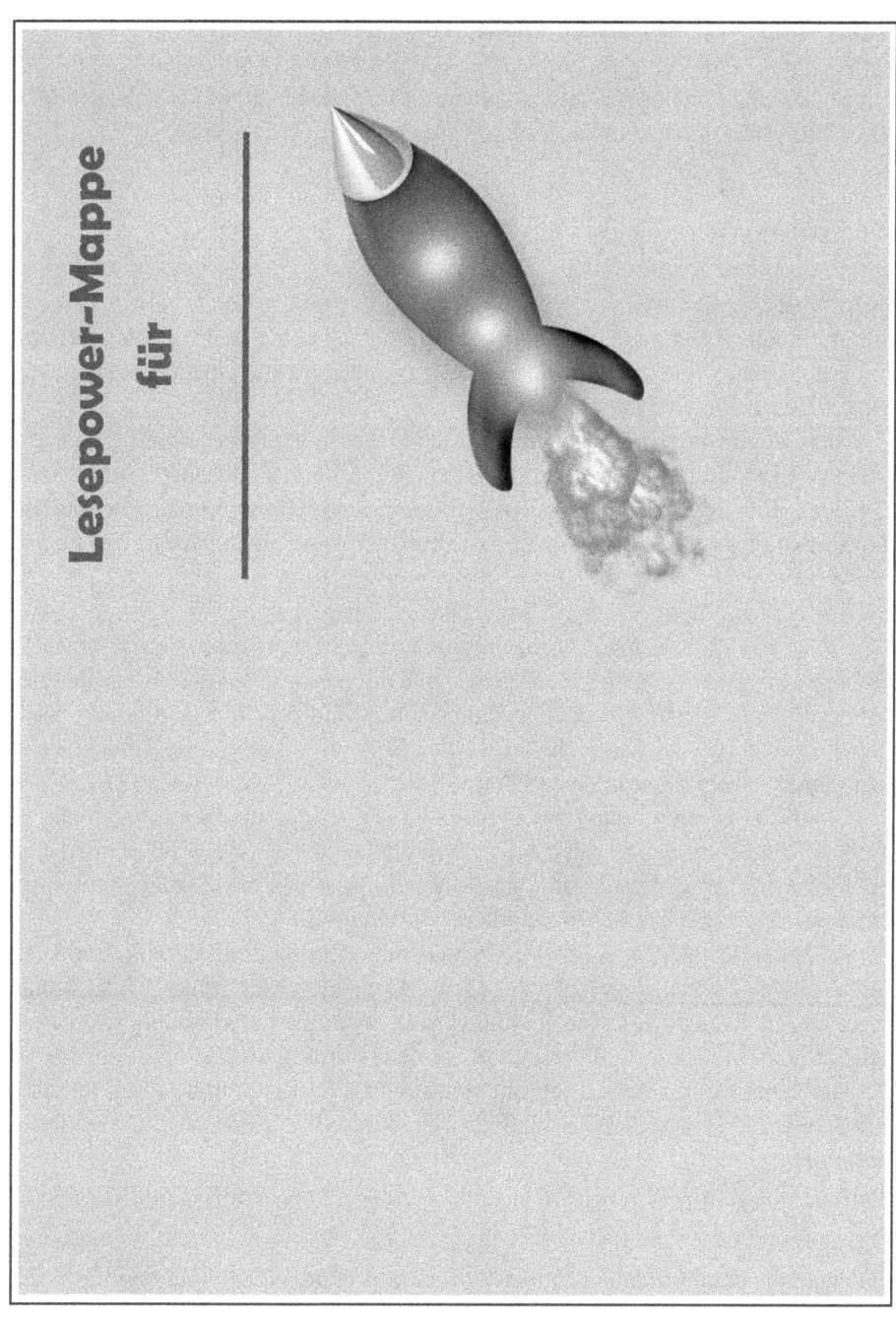

2.3 Bingo – Neue Genres entdecken

Für regelmäßige Bibliotheksbesuche oder im Klassenzimmer mit der Klassenbibliothek. Für Schülerinnen und Schüler ab Klassenstufe 4.

a. Didaktische Überlegungen

Unterrichtlicher Kontext

Wer mit Kindern und Jugendlichen in einer Bibliothek oder Schule arbeitet, lernt sie bestimmt kennen: die Jungs, die sich auf *Gregs Tagebuch* stürzen, die Mädchen, die nur und ausschließlich *Dork Diaries* lesen.

Abgesehen von der Gender-Problematik bei diesen Titeln ist es wirklich schade, dass viele großartige Kinder- und Jugendbücher in den Bibliotheken schlummern, die nur selten entdeckt werden, weil sie dem Suchschema der Kinder und Jugendlichen nicht entsprechen. Bücher mit bunt schillernden Einbänden und Comic-Illustrationen im Text sind häufig schnell zerlesen, während andere, bescheidener daherkommende Titel nicht selten im Regal einstauben.

Sicherlich kann es nicht gelingen, alle zu begeisterten Leseratten zu machen. Es ist jedoch einen Versuch wert, sie ein wenig mit der Nase auf die Vielfalt der Kinder- und Jugendliteratur zu stoßen. Eine immerwährende Herausforderung ist es dabei, die Balance zu halten zwischen dem Recht auf individuelle Lesevorlieben und dem Ziel der Trainerinnen und Trainer, diese auch weiterzuentwickeln.

„Der Kopf ist rund, damit das Denken die Richtung ändern kann."[8] So oder so ähnlich könnte man dieses Projekt auch betiteln, das für die Schülerinnen und Schüler auch Anregung sein soll, eigene Vorurteile gegenüber bestimmten Genres zu hinterfragen und ihren Lektürehorizont zu erweitern.

Im Deutschunterricht werden nach und nach verschiedene Literatur- und Textformen sowie Genres vorgestellt. Bei der freien Lektüre wird jedoch häufig immer dieselbe Art, das gleiche Genre der Kinder- und Jugendliteratur gewählt. Mit diesem Projekt können Schule und Bibliothek bei der (Weiter-)Entwicklung individueller Lesevorlieben für das freie Lesen unterstützend tätig werden und so den Horizont der Schülerinnen und Schüler zumindest im Hinblick auf ihre Lesegewohnheiten erweitern.

Lerngegenstand

Schülerinnen und Schüler lernen verschiedene Genres der Kinder- und Jugendliteratur kennen und erweitern ihren Lesehorizont. Sie entdecken im besten Fall neue Lesevorlieben und setzen sich mit unterschiedlichen Autorinnen und Autoren sowie verschie-

---

8 Ein Satz, der dem Dadaisten Francis Picabia (1879–1953) zugesprochen wird.

denen Textformen auseinander. Die Zeiteinteilung über einen langen Zeitraum hinweg bedarf je nach Altersgruppe möglicherweise der Unterstützung der Trainerinnen und Trainer.

Für besonders schnelle Leserinnen und Leser stehen Zusatzaufgaben zur Verfügung.

Zielsetzung
Die Kinder und Jugendlichen haben im Laufe eines Schuljahres Jugendbücher aus fünf verschiedenen Genres gelesen. Sie lernen, die Buchinhalte kurz zusammenzufassen und sich die Lektüre sowie die Aufgaben durch ein geeignetes Zeitmanagement über das gesamte Schuljahr einzuteilen.

Voraussetzungen
Die (Schul-)Bibliothek stellt eine reichhaltige Auswahl an Kinder- und Jugendliteratur für die Zielgruppe zur Verfügung. Die Genres der Bücher sind am Regal, am Buch und im Bibliothekskatalog zu erkennen. Alternativ können auch im Klassenzimmer Buchregale mit Büchern aus den verschiedenen Genres gestaltet werden. Arbeitsblätter stehen zur Verfügung.

Methoden
Mit Hilfe eines unterstützenden Arbeitsblatts in Form eines Bingo-Spiels erlesen sich die Schülerinnen und Schüler mehrere Genres. Trainerin oder Trainer begleiten sie unterstützend und überprüfen den Lesefortschritt. Das freie Lesen findet auch zu Hause statt.

Zeitbedarf
45 Minuten pro Woche über das gesamte Schuljahr hinweg. Zusätzlich freie Lesezeit.

b. Methodische Überlegungen

Einstieg
Zum Einstieg sollte erst einmal geklärt werden, was ein Genre ist und welche Genres die Schülerinnen und Schüler bereits kennen. Dazu kann auch ein Fremdwörter-Duden herangezogen werden, den sie so quasi nebenbei kennenlernen. Darüber hinaus bietet sich ein Gespräch darüber an, welche Genres sie selbst bevorzugen, ob sie bereits in Kontakt mit anderen Genres gekommen sind und wie ihre Erfahrungen dabei waren.

Der Vergleich zwischen Vorurteilen gegenüber Mitmenschen (z. B. „blond und doof") und Vorurteilen gegenüber Büchern („rosa Einband ist für Mädchen") kann zum Einstieg hilfreich sein und die Problematik von Vorurteilen illustrieren. Dann kann auch „Never judge a book by its cover" zum Motto des Projekts werden.

Arbeitsphase
Bei einem Bücher-Bingo erhalten die Schülerinnen und Schüler eine Tabelle mit – in unserem Beispiel – fünf mal fünf Kästchen. In jedem Kästchen ist ein anderes Genre abgebildet. Sie lesen dann Bücher unterschiedlicher Genres und kreuzen die entsprechenden Kästchen an. Die Kreuze müssen am Ende eine Waagerechte, Senkrechte oder Diagonale bilden – die Auswahl ist also etwas eingeschränkt und sie sind dadurch gezwungen, mehrere Genres zu lesen.

Natürlich kann man die Tabelle auch vergrößern oder verkleinern oder auch andere Genres einbauen. Eine Variation wäre es, nicht mit Genres, sondern mit Themen in Sachbüchern zu arbeiten und das Bingo zu einem Sachbuch-Bingo zu machen. Der Fantasie sind hier keine Grenzen gesetzt.

Abschluss
Das Bingo kann man in klassischer Weise als Wettbewerb organisieren und einen Preis für die oder den Ersten ausloben. Leider kann dies aber leicht dazu führen, dass sich gerade die langsameren Leserinnen und Leser noch stärker abgehängt fühlen und weiter demotiviert werden. Daher macht es mehr Sinn, einfach die Beendigung bis zum Schuljahresende oder einem anderen festgelegten Zeitpunkt als Ziel zu setzen, dann auch gerne mit einer Prämie für alle, die es geschafft haben, sei es in Form einer guten Note oder mit einem kleinen Geschenk und einer Urkunde.

In der Abschlussrunde sollte reflektiert werden, ob die Schülerinnen und Schüler bei diesem Bingo möglicherweise neue Genres entdecken konnten, welches ihre Vorlieben waren und ob diese sich im Verlauf des Projekts verändert haben.

Matrix Bingo (Word-Dokument, Google Drive)

Arbeitsblatt Bingo (Word-Dokument, Google Drive)

Bingo-Urkunde (Word-Dokument, Google Drive)

2.3 Matrix Lesekompetenz: Bingo

UNTERRICHTSEINHEIT

Bingo – Neue Genres entdecken

Kompetenztraining	Lesekompetenz		
Zeitbedarf	Wöchentlich 45 Min. + Freie Lesezeit		
Klassenstufe(n)	Ab Klassenstufe 4		

KERN-LERNINHALT(E)
- Genres der Kinder- und Jugendliteratur
- Erweiterung des Lesehorizontes

MATERIAL
- Bingo-Arbeitsblatt
- Große Auswahl an altersgerechter Kinder- und Jugendliteratur
- Fremdwörterduden

EINSTIEG	ARBEITSPHASE I	ARBEITSPHASE II	ERGEBNISSICHERUNG
10 MIN. (1. STUNDE)	**10 MIN.** (BEI BEDARF)	**25–45 MIN.**	**5 MIN.** (GLEICHZEITIG)
· Unterrichtsgespräch zum Thema Genres · Thema Vorurteile	· Buchauswahl	· Lesezeit · Bearbeitung der Zusatzaufgaben	· Kontrolle des Arbeitsfortschritts
SCHÜLER/-INNEN	**SCHÜLER/-INNEN**	**SCHÜLER/-INNEN**	**SCHÜLER/-INNEN**
· erforschen den Begriff „Genre" im Fremdwörterduden · teilen Erfahrungen mit dem Thema Vorurteile	· suchen ein Buch mit dem passenden Genre aus	· lesen	· zeigen ihren Fortschritt beim Bingo
TRAINER/-IN	**TRAINER/-IN**	**TRAINER/-IN**	**TRAINER/-IN**
· Begriffsklärung „Genre" · stellt Fragen zum Thema Genre · regt ein Gespräch über Vorurteile an	· verteilt die Bingo-Blätter · unterstützt bei der Buchauswahl	· sorgt für eine ruhige Leseatmosphäre	· kontrolliert die Bingo-Arbeitsblätter

ERGÄNZENDE INFORMATIONEN

Zum Projektabschluss erhalten alle Schüler/-innen eine Urkunde, die das Bingo erfolgreich beendet haben. Schüler/-**innen, die schneller als andere mit dem Projekt fertig sind,** können Zusatzaufgaben erledigen.

2.3   Lesekompetenz: Bingo

Bibliotheks-Bingo

Name: _____   Klasse: _____

Logo Ihrer (Schul-)Bibliothek

B   I   N   G   O

Abenteuer	Detektive	Familie	Fantasy	Ferne Länder
Freundschaft	Liebe	Historisch	Horror	Humor
Jugend	Abenteuer	Sci.Fi.	Sagen	Biografisch
Sci.Fi	Freundschaft	Detektive	Familie	Fantasy
Liebe	Fantasy	Humor	Sci.Fi	Freundschaft

Die Spielregeln

Suche dir ein zu einem Genre auf deinem Spielzettel passendes Buch aus und lies es vollständig! Wenn du das Buch fertig gelesen hast, kannst du das entsprechende Genre-Feld ankreuzen. Schreibe den Titel des Buches und eine kurze Zusammenfassung in die Liste auf der Rückseite! Dann kommt das nächste Genre in einer Reihe dran.
Ziel ist es, 5 Kreuze in einer Reihe (längs/quer/diagonal) auf dem Spielzettel zu erzielen.
Viel Spaß!

Buchtitel/ Autor/-in	Kurze Inhaltsangabe (nicht nur der Klappentext!)	Unterschrift Lehrer/-in

Extra-Aktivitäten zu den Bingo-Büchern

1. Gestalte ein neues Titelbild für eines der Bücher, die du gelesen hast!
2. Überlege dir einen neuen Titel für eines der Bücher, die du gelesen hast!
3. Schreibe einen eigenen Klappentext für eines der Bücher!
4. Gestalte ein Poster als Werbung für das Buch, das dir am besten gefallen hat! Achte dabei darauf, dass auf dem Poster auch der Grund erkennbar ist, warum man das Buch lesen sollte!
5. Schreibe für ein Buch eine Buchbewertung und gib diese im Bibliothekskatalog ein!

2.4 Book Casting – Eine neue Art der Blindverkostung

Als Projekt über einen längeren Zeitraum und auch im Klassenzimmer durchführbar. Für Schülerinnen und Schüler ab Klassenstufe 4.

a. Didaktische Überlegungen

Unterrichtlicher Kontext
Zahlreiche Bücher schlummern in (Schul-)Bibliotheken und anderen Bücherregalen, ohne dass ihre wahren Qualitäten erkannt würden. Vielleicht hat der Verlag einen wenig ansprechenden Einband gewählt, vielleicht sagt der Klappentext nicht genug aus, vielleicht sind andere Bücher besser vermarktet worden oder der Titel wirkt langweilig oder gar abschreckend. Dieses Blei in den Regalen – sofern es tatsächlich zu Unrecht zu Blei geworden ist –, diese Schätze zu promoten und damit gleichzeitig Schülerinnen und Schüler an hochwertige Literatur heranzuführen und ihre Lesekompetenz so weiter auszubauen kann mit diesem Projekt gelingen.

In vereinfachter Form kann man das Book Casting (in etwas anderer Weise durchgeführt auch Blind Date genannt) ohne Bewertung und Siegerehrung machen. So werden vor allem zu Weihnachten oder vor den Sommerferien bunt eingepackte Überraschungsbücher ausgeliehen – der Nervenkitzel scheint Kinder und Jugendliche tatsächlich dazu zu animieren, sich auf diese spezielle Form der Buchausleihe einzulassen. Ob die Titel dann tatsächlich gelesen werden, steht auf einem anderen Blatt.

Unbekannte Texte zu lesen und bezüglich Inhalt, Sprache und Form kritisch zu analysieren, diese Aufgabe kommt im Laufe ihrer Schulzeit immer wieder auf die Schülerinnen und Schüler zu. Bei diesem Projekt können sie ihre Kritik- und Analysefähigkeit auf sehr unterhaltsame und erhellende Weise trainieren. Außerdem lernen sie Bücher kennen, die sie möglicherweise niemals selbst ausgewählt hätten, und erweitern so ihre Lesevorlieben.

Lerngegenstand
Schülerinnen und Schüler erliegen – wie wir alle – gerne den Marketingstrategien großer Verlage, die einzelne Titel stark promoten. Wer kennt nicht die schier endlosen Serien mit Animal-Fantasy oder Comic-Romanen für Kinder und Jugendliche. Natürlich werden diese Titel in (Schul-)Bibliotheken dann auch häufig ausgeliehen.

Mit diesem Projekt erleben die Kinder und Jugendlichen, wie man sich zumindest bei Büchern von Äußerlichkeiten und Marketingstrategien unabhängiger machen kann. Sie bekommen die Möglichkeit, die Bücher lediglich nach dem Inhalt, nach dem reinen Text kritisch zu bewerten, ohne vom äußeren Eindruck, Titel und

Klappentext beeinflusst zu werden. Sie entdecken im besten Fall ganz neue Lesevorlieben und können den eigenen Horizont erweitern.

Nebenbei sind auch noch ein paar mathematische Fähigkeiten gefordert.

Zielsetzung
Schülerinnen und Schüler machen die Erfahrung, dass auch Bücher, die sie rein äußerlich nicht ansprechen würden, zu einem positiven Leseerlebnis führen können. Sie setzen sich intensiv mit Titeln auseinander, die nicht unbedingt ihren Vorlieben entsprechen, und lernen, sich konstruktiv kritisch mit diesen auseinanderzusetzen. Im besten Fall erleben sie, dass es sich lohnt, sich auf neue, ungewohnte Lektürestoffe einzulassen.

Voraussetzungen
Schule und/oder Bibliothek stellen eine ausreichende Anzahl von Titeln zur Verfügung (ein Titel pro Kind oder Jugendlichem), die möglichst genderneutral und literarisch hochwertig sind sowie dem Alter der Schülerinnen und Schüler entsprechen. Die Bücher werden so in festes Papier eingepackt, dass Umschlag und Titelblatt (mit Autorin/Autor) nicht zu erkennen sind, und dann durchnummeriert. Ist der Barcode außen aufgebracht und daher mit eingepackt, hilft eine Konkordanzliste mit Schülernamen, Titel, Barcode und Buchnummer, damit man immer weiß, wer welches Buch gerade ausgeliehen hat und bearbeitet.

Methoden
Die Klasse wird in mehrere, möglichst kleine Gruppen eingeteilt. Jede Gruppe erhält ein eingepacktes Buch pro Schülerin und Schüler (Vierergruppen also vier Bücher). Wichtig ist es dabei, darauf zu achten, dass der Gesamtumfang der Bücher in allen Gruppen etwa gleich ist. Gibt es aus organisatorischen Gründen unterschiedliche Gruppengrößen, kann man dies durch einen unterschiedlichen Gesamtumfang ausgleichen oder aber allen die Anzahl an Büchern geben, welche die kleinste Gruppe hat. (Dann bekommt eine Vierergruppe auch nur drei Bücher – ein Gruppenmitglied macht immer Pause und liest etwas anderes.)

Die Schülerinnen und Schüler lesen reihum alle Bücher ihrer Gruppe und bewerten das Buch – von dem sie weder Autorin/Autor noch Titel kennen – anhand eines Fragebogens. Dieser ermöglicht eine Auswertung nach Punkten und kann bei jüngeren Schülerinnen und Schülern auch in vereinfachter und gekürzter Form Verwendung finden. Sind alle Bücher von allen Gruppenmitgliedern gelesen, kann damit der Siegertitel in der Gruppe und dann, ganz am Ende des Projekts, ein Gesamtsieger ermittelt werden.

Zeitbedarf
45 Minuten pro Woche für etwa ein halbes Schuljahr. Dazu – je nach Bedarf – extra Lesezeit zuhause.

b. Methodische Überlegungen

Einstieg
Es bietet sich an, mit den Jugendlichen zunächst über Castings an sich zu sprechen, denn fast alle werden zu diesem Thema etwas beitragen können. Dann kann man darauf abheben, wie sehr Äußerlichkeiten bei Model-Castings oder ähnlichem über Sieg oder Niederlage entscheiden, um den Bogen zu den eingepackten Büchern zu schlagen und das Projekt vorzustellen.

Arbeitsphase
Jede Gruppe erhält ihren Bücherstapel, und es wird in einer Liste vermerkt, welches Gruppenmitglied welche Buchnummer aktuell liest. Es wird ein (großzügiger) Zeitrahmen vereinbart, nach dem dann jeweils der Büchertausch stattfindet. Erfahrungsgemäß sind sechs bis acht Wochen ein ausreichender Zeitraum für ein Buch. Alle Schülerinnen und Schüler, die ein Buch zu Ende gelesen haben, nehmen eine Beurteilung mithilfe des Bewertungsbogens vor und tauschen es dann mit einem Gruppenmitglied. Sind alle Bücher gelesen, sollte also zum Beispiel eine Vierergruppe 16 Bewertungsbogen vorliegen haben.

Alle Bewertungsbogen werden mit Hilfe einer Tabelle ausgewertet, so dass je ein Siegertitel pro Gruppe und ein Gesamtsieger ermittelt werden können.

Haben die Gruppen unterschiedliche Größen, wird der Durchschnitt ermittelt, (Punktzahl/Mitglied), um die Unterschiede auszugleichen.

Abschluss
Am Ende des Projekts steht eine Castingshow, in der jede Gruppe möglichst anschaulich ihren Siegertitel präsentiert und – vor aller Augen – den Einband entfernt, um den Titel zu „enttarnen".

Matrix Book Casting (Word-Dokument, Google Drive)

Konkordanz mit Titel (Excel-Dokument, Google Drive)

Ausleihliste (Excel-Dokument, Google Drive)

Bewertungsbogen (Word-Dokument, Google Drive)

Berechnungsbogen Gruppensieger (Excel-Dokument, Google Drive)

2.4 Matrix Lesekompetenz: Book Casting

UNTERRICHTSEINHEIT

Book Casting – Eine neue Art der Blindverkostung

Kompetenztraining	Lesekompetenz
Zeitbedarf	45 Min. pro Woche + Freie Lesezeit zu Hause
Klassenstufe(n)	Ab Klassenstufe 4

KERN-LERNINHALT(E)	MATERIAL
· Erweiterung der Lesepräferenzen · Bewertung von Literatur nach dem reinen Text, ohne Beeinflussung durch die äußeren Merkmale	· Eine Ausreichende Anzahl guter Bücher · Bewertungsbogen in Kopien · Konkordanzlisten

VORBEREITUNG	EINSTIEG	ARBEITSPHASE	ERGEBNISSICHERUNG
45 MIN.	**15 MIN.** (1. STUNDE)	**30–45 MIN.**	**2 x 45 MIN.**
· 3–4 Bücher pro Gruppe mit Packpapier „tarnen" · Bücher außen nummerieren	· Begriffsklärung „Casting" · Einfluss von Äußerlichkeiten auf Lektüreauswahl · Projektbeschreibung	· Lesen · Bewerten der Bücher	· Auswertung und Auflösung
TRAINER/-IN · erstellt die Konkordanzliste	**SCHÜLER/-INNEN** · beschreiben ihnen bekannte „Castings" · beschreiben den Einfluss von äußeren Merkmalen auf ihre Lektüre	**SCHÜLER/-INNEN** · lesen in ihrem Buch · tauschen Bücher alle 6–8 Wochen innerhalb der Gruppe · füllen pro Buch und Schüler/-in einen Bewertungsbogen aus	**SCHÜLER/-INNEN** · tragen die Ergebnisse der Bewertungs-Bögen in den Berechnungsbogen ein · ermitteln den Gruppensieger
TRAINER/-IN · bereitet Bücherstapel und Bewertungsbögen vor	**TRAINER/-IN** · stellt Fragen zu Castings und Lektüre-Auswahlkriterien · Projektbeschreibung · legt die Lesezeit pro Buch fest	**TRAINER/-IN** · sorgt für ruhige Leseatmosphäre · ergänzt beim Weiterreichen eines Buchs die Ausleihliste	**SCHÜLER/-INNEN** · präsentieren die gelesenen Bücher, zuletzt den Gruppensieger · packen am Ende der Präsentation die Bücher aus

ERGÄNZENDE INFORMATIONEN
Die Sieger-Bücher werden zusammen mit einem Projektplakat in der Bibliothek ausgestellt.

2.4 Lesekompetenz: Book Casting - Konkordanz mit Titel

Nr.	Buchtitel	Barcode
1		
2		
3		
4		
5		
6		
7		
8		
9		
10		
11		
12		
13		
14		
15		
16		
17		
18		

2.4 Lesekompetenz: Book Casting - Konkordanz mit Titel

19		
20		
21		
22		
23		
24		
25		
26		
27		
28		
29		
30		
31		
32		
33		
34		
35		
36		
37		

2.4 Lesekompetenz: Book Casting - Ausleihliste

Buch Nr.	Leser/-in 1	Leser/-in 2	Leser/-in 3	Leser/-in 4
1				
2				
3				
4				
5				
6				
7				
8				
9				
10				
11				
12				
13				
14				
15				
16				
17				
18				

2.4 Lesekompetenz: Book Casting - Ausleihliste

19				
20				
21				
22				
23				
24				
25				
26				
27				
28				
29				
30				
31				
32				
33				
34				
35				
36				
37				

2.4 Lesekompetenz: Book Casting

BOOK CASTING

1. **DIE ERSTEN SÄTZE**

    a. Auf einer Skala von 1 bis 10: Machen dich die ersten Sätze neugierig (10) oder findest du sie eher langweilig (1)?

    ☐☐☐☐☐☐☐☐☐☐

    1 (langweilig)   ….   10 (neugierig)

2. **GENRE**

    a. Lässt sich das Buch eher leicht (10) oder schwer (1) einem Genre zuordnen?

    ☐☐☐☐☐☐☐☐☐☐

    1 (schwer)   ….   10 (leicht)

    b. Ist das Buch sehr außergewöhnlich für das Genre (10) oder völlig normal (1)?

    ☐☐☐☐☐☐☐☐☐☐

    1 (normal)   ….   10 (außergewöhnlich)

3. **SPRACHE**

    a. Ist das Buch eher trocken geschrieben (1) oder in einer eher vielfältigen Sprache (10)?

    ☐☐☐☐☐☐☐☐☐☐

    1 (trocken)   ….   10 (vielfältig)

    b. Wird eher eine verständliche Sprache verwendet (10) oder empfindest du die Sprache als altmodisch oder künstlich (1)?

    ☐☐☐☐☐☐☐☐☐☐

    1 (künstlich)   ….   10 (verständlich)

    c. Hast du das Gefühl, die Sprache unterstreicht die Handlung (10) oder passt die Sprache nicht so gut zur Handlung (1)

    ☐☐☐☐☐☐☐☐☐☐

    1 (passt nicht)   ….   10 (passt sehr gut)

    d. Gelingt es dem Autor/der Autorin, mithilfe der Sprache Bilder in deinem Kopf zu erzeugen (10), oder gelingt ihm/ihr das eher nicht (1)?

    ☐☐☐☐☐☐☐☐☐☐

    1 (nicht)….   10 (sehr gut)

4. **CHARAKTERE**

    a. Haben die Charaktere nur wenige (1) oder viele verschiedene Facetten (10)? Sind sie also beispielsweise mehr als nur „gut" oder „böse"?

    ☐☐☐☐☐☐☐☐☐☐

    1 (wenige)   ….   10 (viele)

2.4 Lesekompetenz: Book Casting

    b. Konntest du beim Lesen mit den Figuren mitfühlen (10) oder blieben sie weit entfernt (1)?

    ☐☐☐☐☐☐☐☐☐☐

    1 (entfernt) …. 10 (nah)

    c. Hattest du das Gefühl, die Charaktere gut kennenzulernen oder blieb dir ihr Charakter eher verborgen?

    ☐☐☐☐☐☐☐☐☐☐

    1 (fremd) …. 10 (kennengelernt)

5. **AUFBAU UND INHALT**

    a. Wird die Geschichte auf eher ungewöhnliche Weise erzählt (10), wie z.B. durch Briefe oder Tagebuchaufzeichnungen, oder eher in bekannter, gewöhnlicher Weise (1)?

    ☐☐☐☐☐☐☐☐☐☐

    1 (bekannt) …. 10 (ungewöhnlich)

    b. Gibt es nur die Perspektive einer einzigen Figur oder eines Erzählers (1) oder werden mehrere Perspektiven (10) dargestellt?

    ☐☐☐☐☐☐☐☐☐☐

    1 (eine Perspektive) …. 10 (mehrere Perspektiven)

    c. Erzeugt die Geschichte in dir eine Spannung (10) oder langweilst du dich eher (1)?

    ☐☐☐☐☐☐☐☐☐☐

    1 (langweilig) …. 10 (spannend)

    d. Gibt es überraschende Wendungen, Zeitsprünge oder Rückblenden (10) oder ist der Erzählfluss eher gleichförmig (1)?

    ☐☐☐☐☐☐☐☐☐☐

    1 (gleichförmig) …. 10 (überraschend)

    e. Beschreibt der Autor oder die Autorin viele Details (10) oder beschränkt sich der Inhalt eher auf Wesentliches (1)?

    ☐☐☐☐☐☐☐☐☐☐

    1 (Wesentliches) …. 10 (Details)

    f. Konntest du dich gut in die Geschichte hineinversetzen (10) oder hat die Geschichte dich nicht berührt (1)?

    ☐☐☐☐☐☐☐☐☐☐

    1 (fremd) …. 10 (berührend)

    g. Ist die Geschichte einigermaßen genderneutral (10) erzählt oder betont sie einseitig Klischees über Mädchen und/oder Jungs (1)?

    ☐☐☐☐☐☐☐☐☐☐

    1 (klischeehaft) …. 10 (genderneutral)

2.4 Lesekompetenz: Book Casting - Berechnungbogen

Gruppenmitglieder:

Frage	1. Buch Nr.:				2. Buch Nr.:				3. Buch Nr.:				4. Buch Nr.:			
	Leser/-in 1	Leser/-in 2	Leser/-in 3	Leser/-in 4	Leser/-in 1	Leser/-in 2	Leser/-in 3	Leser/-in 4	Leser/-in 1	Leser/-in 2	Leser/-in 3	Leser/-in 4	Leser/-in 1	Leser/-in 2	Leser/-in 3	Leser/-in 4
1a																
2a																
2b																
3a																
3b																
3c																
3d																
4a																
4b																
4c																
5a																
5b																
5c																
5d																
5e																
5f																
5g																
Gesamt																
Gesamt 4 Leser/-innen																
Gesamtsieger																

2.5 E-Book-Kampagne – Nicht nur für Technikfreaks

Für Schülerinnen und Schüler ab Klassenstufe 6.

a. Didaktische Überlegungen

Unterrichtlicher Kontext
Angeregt von dem Projekt „Liest du schon oder suchst du noch aus? – Schüler kaufen ein"[9] der Schulbibliothekarischen Arbeitsstelle (sba) der Stadtbücherei Frankfurt am Main wurde ein Projekt zu E-Books entwickelt, das sich relativ einfach vor Ort durchführen lässt und Schülerinnen und Schüler zu E-Book-Werbeprofis ausbildet.

Peer-Empfehlungen sind das beste Mittel, Informationen innerhalb der Schülerschaft weiterzugeben. Und es finden sich in der Regel in jeder Klasse ein paar Jugendliche, die gerne die Aufgabe übernehmen, den anderen eigene Leseerfahrungen und Erfahrungen im Umgang mit E-Books weiterzugeben.

Im Projekt „E-Book Kampagne" dürfen Jugendliche eigenständig einige wenige neue E-Books auswählen und sich dann geeignete Strategien überlegen, wie sie die Ausleihzahlen und Vormerkungen für diese E-Books deutlich erhöhen können. Sie setzen sich einerseits mit den Strukturen des Buchhandels, insbesondere der Situation der Bibliotheken bezüglich der E-Books auseinander, andererseits mit den Regeln und Eigenheiten von Marketing und Öffentlichkeitsarbeit, also Themen aus dem Bereich Wirtschaft und Gesellschaft. Damit werden sie selbst Teil des Bibliotheksteams mit dem Ziel, ihre Lesekompetenz durch diese Angebote weiter zu verbessern.

Lerngegenstand
Neben dem rein technischen Umgang mit E-Books (siehe Kapitel 5.3) beschäftigen sich die Schülerinnen und Schüler in diesem Projekt mit den Besonderheiten des Erwerbs von E-Books für Bibliotheken (Kopierschutz, DRM usw.) sowie Beurteilungskriterien für ihre Auswahl.

Sie arbeiten zu den Themen Werbung und Öffentlichkeitsarbeit, Marketing und Kundengewinnung und entwickeln eigene Strategien, Mitschülerinnen und -schüler von den selbst ausgewählten Büchern zu überzeugen und die Ausleihzahlen zu

---

9 Vgl. HACHMANN, U.; HOFMANN, H. (Hrsg.): *Wenn Bibliothek Bildungspartner wird ...: Leseförderung mit dem Spiralcurriculum in Schule und Vorschule*. URL https://bibliotheksportal.de/content/uploads/2017/11/spiralcurriculum1.pdf. – abgerufen am 26.11.2020. – Expertengruppe Bibliothek und Schule und Expertengruppe Kinder- und Jugendbibliotheken im Deutschen Bibliotheksverband e.V. (DBV).

erhöhen. Somit werden sie selbst Teil eines Teams, das Leseförderung auch mit E-Books betreibt.

Zielsetzung

Die Schülerinnen und Schüler erfahren, auf welche Besonderheiten deutsche (Schul-)Bibliotheken in Bezug auf E-Books achten müssen. Sie wählen selbstständig E-Books für die Bibliothek aus und beteiligen sich damit am Bestandsaufbau. Sie erarbeiten Strategien für das E-Book-Marketing und setzen konkrete Marketingmaßnahmen für die von ihnen ausgewählten E-Books um, damit die E-Books der (Schul-)Bibliothek generell eine größere Aufmerksamkeit erlangen.

Voraussetzungen

Es gibt genügend Computerarbeitsplätze für alle. Der gewählte E-Book-Anbieter ermöglicht einen geschützten Zugang zum Medienshop für E-Books, so dass die Schülerinnen und Schüler lediglich eine Wunschliste anlegen, nicht jedoch die Titel unkontrolliert erwerben können. Das Budget erlaubt es der (Schul-)Bibliothek, eine ausreichende Anzahl an E-Books zu erwerben. Die technischen Voraussetzungen für den Download von E-Books sind gegeben (Internetzugang, Adobe Digital Editions). Die Jugendlichen haben die Möglichkeit, auch verschiedene digitale Marketingformen auszuprobieren (z. B. mit der Nutzung von Smartphones).

Methoden

In einem Unterrichtsgespräch werden die Besonderheiten von E-Books in Bibliotheken, ihre unterschiedlichen Formate (ePub, PDF usw.) sowie deren Unterschiede und Besonderheiten behandelt. Ebenso entsteht im Gespräch eine Liste mit Beurteilungskriterien für den Erwerb von E-Books.

Die Jugendlichen arbeiten danach selbstständig in Kleingruppen und haben eine bestimmte Summe zur Verfügung, für welche E-Books erworben werden können. Sie wählen diese anhand der zuvor erarbeiteten Kriterien aus. Dann erarbeiten sie gemeinsam die Marketingstrategie für ihr gewähltes Produkt.

Zeitbedarf

Vorbereitung: zweimal 45 Minuten. Gruppenarbeit: ca. 4 bis 6 Schulstunden. Siegerehrung nach mehreren Wochen: ca. 15 Minuten.

b. Methodische Überlegungen

Einstieg

In einer Fragerunde wird gemeinsam geklärt, anhand welcher Kriterien die Schülerinnen und Schüler neue Titel für die Bibliothek auswählen möchten. Dem werden die Kriterien der (Schul-)Bibliothek gegenübergestellt. Die Vorschläge beider Seiten können in einer Liste gesammelt und in eine Wertigkeitsreihenfolge gebracht oder in einer Wortwolke zusammengeführt werden.

In einer zweiten Runde werden Ideen gesammelt, wie das Marketing für E-Books an der Schule durchgeführt werden kann. Die Ideensammlung wird der Klasse zur Verfügung gestellt.

Arbeitsphase

Zunächst müssen sich die Schülerinnen und Schüler im Medienshop anmelden und lernen, sich darin zurechtzufinden. Planen Sie für diese Phase genügend Zeit ein! Anhand der zuvor festgelegten Kriterien suchen sie nach geeigneten E-Books.

Wenn sich dann alle im Rahmen des Budgets für einige Titel entschieden haben, werden die E-Books von der Trainerin oder dem Trainer erworben und stehen allen zur Verfügung. Nun erarbeiten die Gruppen eine Werbestrategie für die eigene Auswahl und setzen diese Strategie auch konkret um. Dies kann mit Plakaten, einem Film, einem Podcast oder anderen Methoden – auch in Kombination mehrerer – erfolgen.

Wenn möglich, wirbt jede Gruppe zusätzlich im Bibliothekskatalog (zum Beispiel durch eigene Rezensionen) oder in Form einer Ausstellung damit, dass die Titel von Schülerinnen und Schülern ausgewählt wurden, und erklärt die Auswahlkriterien.

Ziel jeder Gruppe ist es, die Ausleihzahlen für das gewählte E-Book möglichst in die Höhe zu treiben und eine lange Vormerkliste zu erreichen. Es wird ein Zeitpunkt für die Auswertung der Ausleihstatistik festgelegt. Sinnvollerweise liegen zwischen dem Projektstart und der Auswertung der Statistik mehrere Monate.

Die (Schul-)Bibliothek kann monatliche Zwischenergebnisse veröffentlichen, um die Spannung noch zu erhöhen.

Abschluss

Nach einer vorher festgelegten Zeitspanne wird die Ausleihstatistik ausgewertet und die Siegergruppe gekürt. Die gewählten Marketingmittel wie Plakate oder ähnliches werden in der (Schul-)Bibliothek ausgestellt oder – bei Videos, Podcasts usw. – auf der Homepage präsentiert.

Matrix E-Book-Kampagne (Word-Dokument, Google Drive)

Informationsblatt E-Books in Bibliotheken (Word-Dokument, Google Drive)

Informationsblatt Kriterien für die E-Book-Auswahl (Word-Dokument, Google Drive)

2.5 Matrix Lesekompetenz: E-Book-Kampagne

UNTERRICHTSEINHEIT

E-Book-Kampagne – Nicht nur für Technik-Freaks

Kompetenztraining	Lesekompetenz
Zeitbedarf	2 x 45 Min. 4–6 x 45 Min. (individuelle Gruppenarbeit)
Klassenstufe(n)	Ab Klassenstufe 5

KERN-LERNINHALT(E)	MATERIAL
· Auswahlkriterien für den Bücherkauf · Werbung und Marketing · Strukturen des Buchhandels	· Zugang zu E-Book Medienshop · Budget für mehrere E-Books · PCs mit ADE und Internet · Arbeitsblatt · Smartboard, Whiteboard/Flipchart

EINSTIEG	ARBEITSPHASE I	ARBEITSPHASE II	ERGEBNISSICHERUNG
15 MIN.	**30 MIN.**	**4 x 45 MIN.**	**45 MIN.[1]**
· Wie funktioniert der Bücherkauf für die (Schul-)Bibliothek?	· Einführung in den Medienshop · Erarbeitung der Marketingstrategien	· E-Book Auswahl · eBook Marketing	· Präsentation der Ergebnisse
SCHÜLER/-INNEN	**SCHÜLER/-INNEN**	**SCHÜLER/-INNEN**	**SCHÜLER/-INNEN**
· erarbeiten Kriterien für die Auswahl neuer E-Books	· stellen Fragen zum Medienshop · besprechen, welche Marketingstrategien sie nutzen möchten	· wählen Titel aus · entwerfen Werbestrategien · setzen Werbestrategien um	· präsentieren ihre Marketingstrategien · berichten über ihre Erfahrungen
TRAINER/-IN	**TRAINER/-IN**	**TRAINER/-IN**	**TRAINER/-IN**
· stellt Fragen zu Auswahlkriterien	· erklärt Medienshop · kommuniziert Budget · dokumentiert die Ergebnisse · verteilt Infoblätter	· unterstützt bei Medienkauf · unterstützt bei Entwicklung der Marketingstrategie	· stellt Auswertung der Ausleihstatistik vor · Ggf. Preisverleihung · organisiert Ausstellung zum Projekt

ERGÄNZENDE INFORMATIONEN

Arbeitsphase II kann auch teilweise eine Hausaufgabe sein.

---

[1] Die Ergebnissicherung erfolgt erst nach mehreren Wochen/Monaten.

2.5 Lesekompetenz: E-Book-Kampagne

E-Books in Bibliotheken

Beschreibung eines E-Books:
Das Medium Buch mit seinen medientypischen Eigenarten in digitaler Form verfügbar gemacht[1]

Wichtige Unterscheidung: E-Book   = digitale Datei

     E-Book-Reader   = Gerät, zum Lesen der Datei

In Deutschland für Bibliotheken verfügbare Formate:
- PDF: Seitenorientierte Ausgabe (für Bilderbücher, Comics usw., funktioniert noch nicht auf allen Geräten)
- EPUB: Bildschirmorientierte Ausgabe (funktioniert auf allen Geräten)
- Kindle-Format: Amazon sperrt sein Format grundsätzlich für deutsche Bibliotheken.

E-Book-Kauf – wichtig zu wissen:
1. Es gibt keinen Verkauf durch den Buchhandel direkt an Bibliotheken, sondern Verlage beliefern sog. *Aggregatoren* (Dienstleister), bei denen man dann als Bibliothek E-Books kaufen kann.
2. Gedruckte Bücher dürfen <u>ohne</u> Genehmigung der Rechteinhaber verliehen werden, *digitale Bücher* können dagegen *nur mit Genehmigung* der Rechteinhaber verliehen werden. Aber nicht alle Rechteinhaber erteilen Verleihrechte, d. h. nicht alle potenziell vorhandenen E-Books können von Bibliotheken gekauft werden.
3. *DigitalRightsManagement (DRM)* ist eine technische Lösung zur
   - Garantie einer Leihfrist
   - Nutzungskontrolle
   - Offline-Nutzung.
4. Der Kauf findet bei nur *einem* exklusiven Dienstleister statt.
5. Verschiedene Lizenzmodelle haben unterschiedliche finanziellen Auswirkungen.
   Befristeter Zugriff: Man erwirbt eine Lizenz, also das Recht, dieses E-Book an Benutzer/-innen auszuleihen, aber nach x Ausleihen und/oder y Jahren endet diese automatisch.
   Unbefristeter Einzelzugriff: Die Bibliothek erwirbt eine Datei auf Dauer, sie darf diese jedoch immer nur an eine Benutzerin/einen Benutzer gleichzeitig ausleihen.
   Mehrfacher Zugriff: Das E-Book kann gleichzeitig von mehreren Benutzer/-innen ausgeliehen werden (selten!).
   Kosten je Ausleihe (selten): Man bezahlt eine Gebühr pro Ausleihe, aber nur, wenn das E-Book auch tatsächlich ausgeliehen wird.
6. Sehr *aktuelle Titel* sind für Bibliotheken häufig sehr *teuer* bzw. erst nach langer Wartezeit überhaupt verfügbar.

E-Books lesen – wichtig zu wissen:
Für das Überspielen eines E-Books auf einen E-Book-Reader braucht man das Programm *Adobe Digital Editions*.

---

[1] KUMMROW, ECKHARD: *E-Books komplett*. URL https://www.yumpu.com/de/document/read/17088535/e-books-komplett-ekz. - abgerufen am 29.07.2020. — Yumpu.com

2.5 Lesekompetenz: E-Book-Kampagne

Kriterien für die Buchauswahl

Rezensionen
Literaturblogs
eigene Leseerfahrungen
Empfehlungslisten
Literaturpreise
Schulprofil
Lehrpläne
Unterrichtsthemen
Nutzerwünsche
sprachliche Qualität
inhaltliche Relevanz
Ausleihstatistik
Hitlisten
Aktualität
Bestsellerlisten
Auswahllisten (kostenpflichtig)
Erfahrung
Zufall
Angebot

2.6 Autorinnen und Autoren kennenlernen – Die Sahnehaube

Für alle Klassenstufen.

a. Didaktische Überlegungen

Unterrichtlicher Kontext

Autorenlesungen gehören zu den Highlights der aktiven Leseförderung, und es wäre wünschenswert, dass jede Schülerin und jeder Schüler mehrfach die Gelegenheit haben könnte, Autorinnen und Autoren persönlich kennenzulernen. Sicherlich erfordert dies einen gewissen finanziellen und organisatorischen Aufwand, der leider zu häufig gescheut wird. Der persönliche Austausch zwischen Autorin/Autor und Leserschaft ist jedoch – sofern er gut vorbereitet und begleitet wird – durch nichts zu ersetzen.

Bei der Auswahl der Autorin oder des Autors ist im Wesentlichen zu beachten, dass das Buch zur Altersgruppe des Publikums passt, der Inhalt in einem Zusammenhang mit Unterrichts- oder Interessenthemen der Kinder und Jugendlichen steht und der Inhalt einigermaßen genderneutral ist, so dass es für Schülerinnen wie Schüler gleichermaßen passt.

Man sollte auch daran denken, dass es großartige Autorinnen und Autoren gibt, deren schriftstellerische Qualitäten unbestritten sind, die jedoch ihre Schwierigkeiten im Umgang mit Schülerinnen und Schülern haben oder einfach ihr Buch nicht so gut präsentieren können – garantiert keine guten Voraussetzungen für ein Gelingen der Lesung. Sprechen Sie vorab mit Kolleginnen und Kollegen sowie den für Lesungen zuständigen Pressestellen von Verlagen, die Sie sicher gerne beraten.

Lerngegenstand

Die direkte Begegnung mit der Autorin oder dem Autor motiviert die Kinder und Jugendlichen zum Lesen und zur Auseinandersetzung mit dem Gelesenen. Sie erweitern ihre Lesekompetenz und lernen darüber hinaus Persönlichkeiten kennen, die außerhalb des Schulbetriebs stehen und – in der Regel – eine Passion verkörpern, weniger einen Beruf.

Zielsetzung

Schülerinnen und Schüler setzen sich intensiv mit einem Buch auseinander und erhalten die Gelegenheit, sich mit der Autorin oder dem Autor über Schreibprozess und Entstehungsgeschichte, Sprache und Literatur, Beruf und Berufung zu unterhalten. Durch eine Annäherung an den schriftstellerisch tätigen, kreativen Menschen kommen sie diesem näher und erfahren etwas über Hintergründe, Persönlichkeit und Gedanken der Autorin oder des Autors.

Voraussetzungen
Autorinnen und Autoren findet man auf vielerlei Wegen. So können die Verlage, meist mit ihren Pressestellen, erste Ansprechpartner auf der Suche nach einem passenden Titel sein. Manchmal findet sich auch auf der Homepage oder dem Blog der Autorinnen und Autoren ein Hinweis auf Kontaktmöglichkeiten.

Man kann auch über den Friedrich-Bödecker-Kreis, die benachbarte Stadt- oder Gemeindebibliothek oder andere kulturelle Einrichtungen der Region nach einer geeigneten Veranstaltung suchen. Hilfreich und sparsam kann es sein, wenn sich mehrere Bibliotheken/Schulen/Institutionen in der Region zusammenschließen, so dass man sich Hotel- und Reisekosten teilen kann.

Das Honorar sollte im Rahmen bleiben (üblich sind 350–450 €), und die Anreise für die Autorin oder den Autor sollte nicht zu weit sein, so dass eine Veranstaltung ohne hohe Reisekosten ermöglicht werden kann.

Methoden
Vorbereitung:
Möglichst in Absprache mit Autorin oder Autor sollte sich die teilnehmende Schulklasse auf den Besuch vorbereiten. In der Regel wird es nicht gewünscht, dass die Schülerinnen und Schüler das Buch gelesen haben, das vorgestellt wird, andere Bücher können jedoch als Klassenlektüre gelesen werden.

In manchen Fällen bietet es sich auch an, mit der Klasse einzelne Themen aus dem Buch zu bearbeiten. Beispielsweise kann die Klasse bei einem Jugendbuch zum Thema Holocaust sich über die Geschehnisse in dieser Zeit informieren.

Oder sie schreiben nach Lektüre des ersten Abschnitts die Geschichte in eigenen Worten weiter und vergleichen sie später mit der tatsächlichen Geschichte im Buch.

Eine weitere Idee ist es, mit wichtigen Begriffen aus dem Buch, die von der Trainerin oder dem Trainer in Bildern dargestellt werden eine eigene Geschichte zu schreiben.

Die Ergebnisse können auf Plakaten dokumentiert und bei der Lesung ausgestellt werden. So erfährt auch die Autorin oder der Autor, in welcher Weise die Klasse auf die Lesung vorbereitet wurde.

Auch das Thema Gastfreundschaft sollte – je nach Altersgruppe – mit den Schülerinnen und Schülern besprochen werden. Nicht allen ist es selbstverständlich, dass der Gast die volle Aufmerksamkeit verdient, dass die Fragen nicht zu privat werden sollten und ihm Respekt für seine Arbeit gebührt. Sozialkompetenzen können und sollten auch in der (Schul-)Bibliothek eingeübt werden!

Durchführung:
Lesungen für Schulklassen sollten in der Regel Pflichtveranstaltungen innerhalb des Unterrichts sein. Wichtig ist eine präzise Kommunikation zwischen der Schule oder Bibliothek, Autorin/Autor und Schülerinnen/Schülern sowie den beteiligten Lehrkräften.

Autorinnen und Autoren müssen informiert werden über
- Tag und Uhrzeit der Lesung
- Anreisemöglichkeiten und Hotel (bitte ein gutes Hotel wählen!)
- Transfermöglichkeiten zwischen Hotel und Schule/Bibliothek
- Handynummern der Kontaktpersonen
- den Treffpunkt
- das gewählte Buch
- die Altersgruppe des Publikums
- die Gruppengröße
- die Dauer der Lesung
- die vorhandene technische Ausstattung

Schülerinnen und Schüler, Eltern und Kollegium der Schule müssen informiert werden über:
- Tag und Uhrzeit der Lesung
- ggf. die Möglichkeit, signierte Exemplare zu erwerben
- weitere Informationsmöglichkeiten (z. B. Link zur Website der Autorin/des Autors, Rezensionen oder YouTube-Videos mit Interviews usw.)

Zeitbedarf
Vorbereitung: mindestens 45 Minuten. Lesung: 45 bis 90 Minuten (einschließlich Signierrunde). Nachbereitung: 45 Minuten.

b. Methodische Überlegungen

Einstieg
Schülerinnen und Schüler sollen bei der Vorbereitung über die Hintergründe informiert werden, die dazu geführt haben, dass gerade dieses Buch für eine Lesung gewählt wurde. Soll der Funke überspringen, muss dann die Anmoderation der Lesung bereits die Begeisterung für das Buch wecken, sollte neugierig machen und Barrieren abbauen.

Man sollte die Kinder und Jugendlichen dazu auffordern, neugierige Fragen zu stellen, und so vermeiden, eine allzu steife Atmosphäre entstehen zu lassen. Dies gelingt am besten mit dem nötigen Humor. Vielleicht gibt es eine nette Anekdote aus dem Vorgespräch zu erzählen, vielleicht kann man auch eigene Leseerfahrungen einbringen. In jedem Fall sollte man die Anmoderation vorbereiten, auch gemeinsam mit dem Gast.

Eine freundlich-zugewandte Kommunikation, die Wertschätzung für den Besuch und eine Minimierung des Aufwands für den Gast tragen zu einem guten Gelingen wesentlich bei. Dazu gehören auch die Betreuung vor und nach der Lesung, eine angemessene Verpflegung, die Erfüllung von Getränkewünschen und möglicherweise ein kleines Gastgeschenk, das man nach der Lesung überreicht. Im Lehrerzimmer „abgestellt" zu werden ist für niemanden erfreulich! Wenn Sie nach der Lesung zum Unterricht eilen müssen, organisieren Sie Kolleginnen und Kollegen oder Eltern, die sich um Ihren Gast kümmern.

Arbeitsphase
Es ist nicht nur ein Gebot der Höflichkeit, den Gast zu Beginn der Lesung in einer wohlüberlegten Anmoderation vorzustellen. Diese Einstimmung auf die Lesung will wohl vorbereitet sein und mit der Autorin oder dem Autor abgesprochen werden.

Während der Lesung hat diese bzw. dieser dann das Heft in der Hand. Trainerinnen und Trainern obliegt es lediglich, die Klasse zu beaufsichtigen, wenn nötig auf das Zeitlimit zu achten und möglicherweise Fotos zu machen. Im Anschluss an die Lesung findet die Abmoderation statt – natürlich mit herzlicher Danksagung – und es kann, falls geplant, die Signierrunde folgen.

Abschluss
Vielleicht planen Sie eine nachträgliche Pressemitteilung, geschrieben von Schülerinnen und Schülern. Möglicherweise es gibt für Bibliothek oder Schule die Gelegenheit, einen Blogbeitrag zu veröffentlichen. Fordern Sie in jedem Fall das (höfliche) Feedback des Publikums ein, das, vielleicht zusammen mit ein paar Fotos, auch in einer E-Mail an die Autorin oder den Autor weitergeleitet werden kann.

Nun kann das Buch als Klassenlektüre dienen und – vielleicht in mehreren Exemplaren – zur Ausleihe bereitgestellt werden. Nicht vergessen sollte man, sich bei den Verlagskontakten oder anderen Unterstützern zu bedanken und selbstverständlich die Rechnung zu begleichen.

Matrix Autoren kennenlernen (Word-Dokument, Google Drive)

Checkliste Lesung (Word-Dokument, Google Drive)

Präsentation „Es ist nicht der Blumenstrauß: Lesungen organisieren" (Prezi)

https://prezi.com/view/QMT7u48qlUfyNLum7kYs/

2.6 Matrix Lesekompetenz: Autoren kennenlernen

UNTERRICHTSEINHEIT

Autorinnen und Autoren kennenlernen – Die Sahnehaube

Kompetenztraining	Lesekompetenz
Zeitbedarf	45 Min. Vorbereitung
	90 Min. Durchführung
	45 Min. Nachbereitung
Klassenstufe(n)	Für alle Klassenstufen

KERN-LERNINHALT(E)	MATERIAL
· Leseförderung	· Checkliste
· Persönlicher Austausch mit Autor/-innen	· Geschenk für den Gast
	· Honorar

VORBEREITUNG	DURCHFÜHRUNG	NACHBEREITUNG
45 MIN.	**90 MIN.**[1]	**45 MIN.**
· Vorbereitung – Beispiele	· Betreuung des Gastes	· Rückmeldungen der Schüler/-innen sammeln
· Plakate zum Gast gestalten	· Anmoderation	· Schüler/-innen schreiben einen Bericht für die (Schüler-)Zeitung oder den Weblog
· Sachthemen aus dem Buch recherchieren	· Kontrolle des zeitlichen Ablaufs	
· eine Fortsetzung der ersten Sätze des Buches schreiben	· Assistenz bei den technischen Hilfsmitteln	· Schüler/-innen gestalten eine Ausstellung zur Lesung
· eine Geschichte mit 5 wichtigen Begriffen aus dem Buch schreiben	· Abmoderation	· Schüler/-innen gestalten eine Ausstellung in Form einer „Geschichte in der Schuhschachtel"
· andere Bücher des Autors / der Autorin lesen	· Fotografieren (Achtung: immer Erlaubnis einholen, Schüler/-innen nicht einzeln fotografieren!)	
· einen Ausschnitt mit einer Personenbeschreibung lesen und Briefe mit Fragen an diese Person schreiben	· Buchverkauf / Signierstunde (mit-)organisieren bzw. unterstützen	· Buch wird Klassenlektüre
· einen kleinen Ausschnitt mit einem besonderen Ereignis oder Ort lesen, in eigenen Worten fortführen oder beschreiben		· Rückmeldung mit Fotos an den Gast
· Fragen an Autor/-in sammeln		
· Thema Gastfreundschaft		

ERGÄNZENDE INFORMATIONEN

Behandeln Sie Autor/-innen nach allen Regeln herzlichster **Gastfreundschaft!** Es spricht sich herum, wo Autor/-innen gut behandelt werden – und wo nicht.

---

[1] Denken Sie daran, dass ihr Gast auch vor und nach der Lesung betreut werden muss.

2.6 Lesekompetenz: Autor/-innen kennenlernen

Checkliste Lesung

| AUTOR/AUTORIN | DATUM | UHRZEIT | KLASSE |

Aufgaben	Bemerkung	Erl. am	✓
6 Monate vorher			
Kosten geklärt?			☐
Mit Lehrer/-innen abgestimmt?			☐
Termin festgelegt?			☐
Reisedaten bekannt?			☐
Lesung vermittelt durch?			☐
3 Monate vorher			
Interne Genehmigung eingeholt?			☐
Honorarvereinbarung getroffen?			☐
Technische Ausstattung klar?			☐
Finanzierung sicher?			☐
Kolleginnen/Kollegen anderer Schulen involviert?			☐
Spätestens 1 Monat vorher			
Werbemittel vom Verlag angefordert?			☐
Bücher der Autorin/des Autors gekauft?			☐
Hotelzimmer gebucht?			☐
Buchhandlung kontaktiert?			☐
Raum reserviert?			☐
Mit betroffenen Lehrer/-innen kommuniziert?			☐
3 Wochen vorher			
Pressemitteilung versendet?			☐
Plakate zur Ankündigung aufgehängt?			☐
Ablaufplan an Autor/Autorin versendet?			☐
Info an alle Mitglieder der Schulgemeinschaft verschickt?			☐

2.6 Autorinnen und Autoren kennenlernen – Die Sahnehaube

Eintrag in (Schul-)Kalender vorgenommen?	☐
1 Woche vorher	
Buchverkauf: Info an Eltern und Schüler/-innen versendet?	☐
Bücherausstellung in Bibliothek arrangiert?	☐
Letzter Autorenkontakt erledigt?	☐
Hausmeister/-in benachrichtigt?	☐
Bewirtung organisiert?	☐
Gästebuch und Geschenk vorbereitet?	☐
Moderation vorbereitet?	☐
1 Tag vorher	
Raum vorbereitet?	☐
Technik vorbereitet?	☐
Am Tag der Lesung	
Gästebuch und Geschenk ausgelegt?	☐
Getränke vorbereitet?	☐
Imbiss bereit?	☐
Fotos machen!	☐
Rechnung erbeten?	☐
In der Woche nach der Lesung	
Honorarabwicklung erfolgt?	☐
Pressemitteilung geschrieben?	☐
Twitterbeitrag veröffentlicht?	☐
E-Mail mit Dank an Autor/-in verfasst?	☐

3 Informationskompetenz

3.1 Die Basis online – Wenn man Hunde bei den Gebrauchtwaren findet

Für Schülerinnen und Schüler ab Klassenstufe 5.

a. Didaktische Überlegungen

Unterrichtlicher Kontext
Unabhängig von Schulart oder Unterrichtsfächern wird auf Schülerinnen und Schüler ab Klassenstufe 4 oder 5 in der Regel das erste Mal die Aufgabe zukommen, ein Referat zu erarbeiten. Ob sie dann Plakate gestalten oder PowerPoint-Präsentationen: Die Qualität der Ergebnisse hängt nicht zuletzt von der Qualität der Informationsrecherche ab. Und genau hier liegt das Problem: Nicht immer werden die Jugendlichen gut darauf vorbereitet, wie sie gute, vertrauenswürdige und altersgerechte Informationsquellen finden können.

Wenn man Schülerinnen und Schüler ohne Vorbereitung nach Sachinformationen im Internet suchen lässt, gehen sie in aller Regel der Einfachheit halber so vor: die Frage in Google eintippen, einen der ersten Treffer anklicken, die gefundenen Informationen kopieren und in die Präsentation einfügen oder für das Plakat ausdrucken. Es liegt auf der Hand, dass diese Vorgehensweise die Jugendlichen zu Verkaufsportalen oder Werbeanzeigen führen kann, die dann leider manchmal nicht von tatsächlich vertrauenswürdigen Webseiten unterschieden werden.

Obgleich Suchmaschinen die Werbeanzeigen als solche markieren müssen, erkennen erfahrungsgemäß die wenigsten Kinder und Jugendlichen auf den ersten Blick, dass es sich bei den ersten Treffern meist um solche handelt.

Im besten Fall führt sie die Suche jedoch zum relevanten Wikipedia-Artikel. Wikipedia kann man sicher als Einstieg benutzen, es ist jedoch keine wissenschaftliche Quelle, und jüngere Schülerinnen und Schüler finden die Artikel nicht selten viel zu kompliziert.

Diese Strategie der Jugendlichen kann man zwar, zumindest was den Zeitbedarf betrifft, als ökonomisch bezeichnen, sie führt jedoch allzu häufig dazu, dass sie wenig fundierte Informationen zu den präsentierten Themen erhalten und in der Bearbeitung kaum in die Tiefe gehen. Sie bleiben an der Oberfläche haften und beschäftigen sich – manchmal, nicht immer – nicht wirklich intensiv mit dem Thema. Ihre Quellen beschränken sich oft auf Wikipedia und vielleicht noch ein oder zwei weitere Internetseiten, die sie mehr abschreiben, als dass sie sie inhaltlich erfassen.

Zu häufig machen sie sich keine Gedanken über den Informationsgehalt und die Vertrauenswürdigkeit der gewählten Informationsquellen. Nur selten werden sie von allein auf die Idee kommen, ihre Quellen zu nennen. Auch Bilder werden meist unreflektiert aus der Bildersuche übernommen, ohne darauf zu achten, woher sie stammen und ob sie überhaupt verwendet werden dürfen.

Lerngegenstand
In diesem Projekt lernen die Schülerinnen und Schüler, eine gute Informationsrecherche für ihre Referate durchzuführen und die Ergebnisse korrekt zu dokumentieren. Sie erfahren, wie sie die Qualität von Internetseiten beurteilen können. Sie lernen mehrere Suchmaschinen kennen und verstehen, dass es wichtig ist, die richtigen Suchbegriffe auszuwählen. Darüber hinaus beschäftigen sie sich mit Bewertungskriterien für die verschiedenen Informationsquellen.

Es wird ihnen deutlich, dass sie für ihre Arbeiten mehrere verschiedene Quellen heranziehen müssen und nur nach bestimmten Kriterien geprüfte Quellen und Bilder verwenden sollten. Sie verstehen, dass sie alle Informationsquellen in ihrer Arbeit stets angeben müssen.

Zielsetzung
Die Schülerinnen und Schüler können im Internet und in anderen Quellen gezielt nach Informationen suchen. Sie sind für die Kriterien der Vertrauenswürdigkeit von Internetseiten sensibilisiert. Sie verwenden für ihre Referate mehrere unterschiedliche Quellen, die sie vorab geprüft haben und stets dokumentieren.

Die Jugendlichen verstehen, dass es wichtig ist, die richtigen Suchbegriffe zu verwenden, und dass eine gute Suchstrategie zu besseren Suchergebnissen führt. Sie können einschätzen, in welchem Zusammenhang sie eher allgemeine, übergeordnete oder eher spezielle, präzise Begriffe einsetzen müssen, um gute Rechercheergebnisse zu erzielen.

Voraussetzungen
Für die Präsentation werden Beamer oder Smartboard benötigt. Außerdem sollte natürlich eine ausreichende Anzahl an Kopien der Arbeitsblätter vorliegen. Die Schülerinnen und Schüler sind – im besten Fall – mit internetfähigen Tablets ausgestattet und können diese bedienen. Alternativ können auch PC-Arbeitsplätze zur Bearbeitung des Arbeitsblatts genutzt werden.

Am besten findet dieses Projekt dann statt, wenn die Jugendlichen einen konkreten Arbeitsauftrag für ein Referat bekommen sollen. So ist gewährleistet, dass sie sofort einen Zusammenhang mit dem aktuellen Unterricht herstellen können. Die enge Absprache mit der Lehrerin oder dem Lehrer ist hier also besonders wichtig.

Methoden
In einem Unterrichtsgespräch mit unterstützender Präsentation werden die wichtigsten Grundlagen der Informationsrecherche erarbeitet. Währenddessen erhalten die Jugendlichen immer wieder Praxisaufgaben, die sie eigenständig an Tablets durchführen.

Bei jüngeren Schülerinnen und Schülern oder wenn keine Tablets zur Verfügung stehen, können die Praxisaufgaben auch gemeinsam am Bildschirm bearbeitet werden, oder aber die Jugendlichen erledigen die Praxistests anschließend an einem Computer. Im Anschluss an das Projekt kann der Arbeitsauftrag für ein Referat in Einzel- oder Gruppenarbeit folgen.

Zeitbedarf
Zwei- bis dreimal 45 Minuten.

b. Methodische Überlegungen

Einstieg
Mit einer kleinen Umfrage kann sich die Trainerin oder der Trainer einen Eindruck davon verschaffen, welchen Wissensstand die Schülerinnen und Schüler bereits haben. Es kann dabei beispielsweise nach den bisherigen Erfahrungen der Jugendlichen mit Internetrecherchen gefragt werden, welche Suchmaschinen sie kennen, welche weiteren Informationsquellen neben dem Internet sie möglicherweise nutzen oder welche Erfahrungen sie mit Wikipedia gemacht haben. Im Anschluss wird das Projekt vorgestellt und die Präsentation begonnen.

Arbeitsphase
In vier Schritten werden in einem fragend-entwickelnden Unterrichtsgespräch und mit der Unterstützung der Präsentation die folgenden Themen erarbeitet:
- Suchmaschinen und ihre Probleme: Welche Suchmaschinen gibt es? Was gilt es zu beachten, wenn man die Ergebnisliste betrachtet? Welche Möglichkeiten bieten Suchmaschinen? Welche Möglichkeiten bieten Suchmaschinen nicht?
- Suchstrategien und Suchbegriffe: Was ist ein Über- bzw. Unterbegriff? Welche Suchbegriffe sollte man an welcher Stelle verwenden? Wie kann man weitere Suchbegriffe finden?
- Qualitätskriterien für Internetseiten: Woran erkennt man, ob eine Seite vertrauenswürdig ist? Welche Merkmale einer Internetseite deuten darauf hin, dass man sie nicht nutzen sollte? Was ist ein Impressum?
- Quellenangabe: Wie gebe ich meine Informationsquellen korrekt an? Welche Hilfsmittel gibt es, um Literaturlisten zu erstellen?

Wenn in der (Schul-)Bibliothek Tablets zur Verfügung stehen, führen die Schülerinnen und Schüler an einigen Stellen der Präsentation selbst einige Praxistests durch – die Aufgaben dafür finden sich auf dem Arbeitsblatt. In den Praxistests beschäftigen sie sich mit den Unterschieden in den Suchergebnissen bei verschiedenen Suchmaschinen. Sie üben sich im Sammeln von Suchbegriffen für ein Beispielthema und erhalten einen ersten Einblick in die fortgeschrittene Suchfunktion von Google. Außerdem vergleichen sie zwei Webseiten bezüglich ihrer Form und bekommen einen ersten Einstieg in die Funktionsweise eines Zitier-Tools.

Alternativ können diese Aufgaben auch in einer zweiten Unterrichtsstunde nach der Präsentation an Computerarbeitsplätzen oder mit den Tablets durchgeführt werden. Dann ist es notwendig, die Präsentation den Jugendlichen nochmals online zur Verfügung zu stellen, damit sie die zur Bearbeitung notwendigen Informationen erneut aufrufen können.

Abschluss

In einem Abschlussgespräch sollte ausreichend Raum für Fragen zu den Projektinhalten sein. Außerdem werden die Ergebnisse der Praxistests besprochen. Die Schülerinnen und Schüler stellen ihre Ergebnisse kurz vor.

Damit die erlernten Kompetenzen auch unmittelbar eingeübt werden, schließt sich im Idealfall direkt ein Arbeitsauftrag für Referate zu unterschiedlichen Themen an.

Matrix Die Basis online (Word-Dokument, Google Drive)

Praxistests (Word-Dokument, Google Drive)

Präsentation „Informationsquellen bewerten" (Prezi)

https://prezi.com/view/MGhyrZwvowgZBfJAvykI/

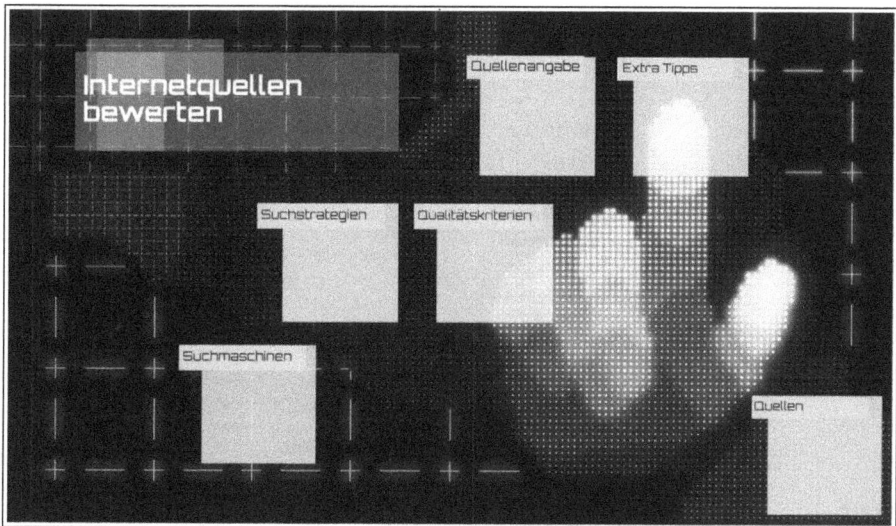

3.1 Matrix Informationskompetenz: Die Basis online

UNTERRICHTSEINHEIT

Die Basis online – Wenn man Hunde bei den Gebrauchtwaren findet

Kompetenztraining	Informationskompetenz
Zeitbedarf	2–3 x 45 Min.
Klassenstufe(n)	Ab Klassenstufe 5

KERN-LERNINHALT(E)	MATERIAL
· Internetrecherchen für Referate	· Beamer oder Smartboard
	· Arbeitsblätter
	· Tablets oder Computerarbeitsplätze

EINSTIEG	ARBEITSPHASE	ERGEBNISSICHERUNG	ABSCHLUSS
5 MIN.	**40 MIN.**	**35 MIN.**	**10 MIN.**
· Umfrage zum Informationsverhalten der Schüler/-innen	Präsentation und Unterrichtsgespräch zu · Suchmaschinen · Suchstrategien · Qualitätskriterien für Internetseiten · Quellenangaben	· Schülerinnen und Schüler testen wesentliche Erkenntnisse in der Praxis	· Klärung offener Fragen · Evl. Verteilen der Referatsthemen
SCHÜLER/-INNEN	**SCHÜLER/-INNEN**	**SCHÜLER/-INNEN**	**SCHÜLER/-INNEN**
· beschreiben ihre Vorgehensweise bei der Informationssuche im Netz	· beteiligen sich mit ihren Beiträgen und Kenntnissen zu den Themen	· testen die Beispiele parallel zur Präsentation am Tablet (oder später am Computer)	· stellen Verständnisfragen
TRAINER/-IN	**TRAINER/-IN**	**TRAINER/-IN**	**TRAINER/-IN**
· stellt die Fragen zum Informations-verhalten	· präsentiert die wesentlichen Punkte	· unterstützt die Schüler/-innen bei den Praxistests	· beantwortet die Fragen und verteilt die Referatsthemen

ERGÄNZENDE INFORMATIONEN

Bei dem Projekt sind Tablets parallel zu der Präsentation zu benutzen.
Wer keine Tablets zur Verfügung stellen kann, lässt die Schüler/-innen die Tests später an PCs durchführen. Sie benötigen dann auch den Link zur Präsentation.

3.1 Informationskompetenz: Die Basis online

Praxistests: Die Aufgaben

1. **Nicht alle Suchmaschinen finden bei identischer Suche dieselben Ergebnisse.**
   Aufgabe: Wähle drei verschiedene Suchmaschinen aus der Beispielliste und suche jeweils nach dem Begriff: „Fake News"!
   Vergleiche das jeweils erste Ergebnis der drei Suchmaschinen! Was fällt dir auf?

   _____

   _____

   _____

2. **Menge und Reihenfolge der Ergebnisse unterscheiden sich erheblich.**
   Aufgabe: Wähle drei verschiedene Suchmaschinen aus der Beispielliste und vergleiche die Menge der Ergebnisse bei der Suche nach dem Begriff: „Urheberrecht"!
   Suchmaschine 1: _____ Ergebnisse
   Suchmaschine 2: _____ Ergebnisse
   Suchmaschine 3: _____ Ergebnisse

3. **Suchbegriffe**
   Aufgabe: Erstelle auf der Rückseite dieses Blattes eine Mindmap mit den Suchbegriffen zum Thema „Wölfe in Deutschland"! Denke an Ober- und Unterbegriffe, lateinische Begriffe und nutze ein Synonymwörterbuch!

4. **Fortgeschrittene Google-Suche**
   Aufgabe: Vergleiche die Anzahl der Ergebnisse bei der fortgeschrittenen Suche mit dem Wort „Corona Virus"!
   a) Seiten suchen, die alle diese Wörter enthalten: Corona Virus
   b) Seiten suchen, die genau dieses Wort oder diese Wortgruppe enthalten: „Coronavirus"

5. **Bewertungskriterien**
   Aufgabe: Vergleiche zwei Webseiten bezüglich des Kriteriums „Form" miteinander:
   a) https://seitenstark.de/kinder/internet/links/fake-news
   b) https://www.hanisauland.de/lexikon/f/fake-news/

   _____

   _____

   _____

6. **Quellenangaben**
   Aufgabe: Wähle je eine Internetseite, ein Buch und eine Zeitschrift zum Thema „Wolf" aus und erstelle eine Literaturliste mit allen notwendigen Angaben! Benutze möglichst Citationsy oder ein ähnliches Hilfsmittel!

3.2 Die Basis offline – Wenn der Dackel im Tierlexikon steht

Für Schülerinnen und Schüler ab Klassenstufe 4.

a. Didaktische Überlegungen

Unterrichtlicher Kontext

Schülerinnen und Schüler vertrauen in der heutigen Zeit meist vor allem auf Informationen aus dem Internet, wenn sie im Rahmen eines Referats oder einer Hausaufgabe eine selbstständige Recherche durchführen. Sachbücher – das werden viele (Schul-)Bibliothekarinnen und Bibliothekare bestätigen können – werden für die Informationsrecherche immer seltener zurate gezogen. Viele Meter toller Sachliteratur verstauben manchmal leider in den Regalen.

Während jüngere Schülerinnen und Schüler noch häufiger zu Kindersachbüchern greifen, lässt die Begeisterung für Printmedien im Jugendalter manchmal nach, und die Internetrecherche erscheint ihnen die einfachere Möglichkeit, nach Sachinformationen zu suchen. Man sollte das vielleicht nicht nur als bedauerliche Entwicklung betrachten, sondern – wie in Kapitel 3.1. dargestellt – vor allem in einer Weise begleiten, dass die Kinder nicht unreflektiert mit dem Informationsangebot des Internets umgehen.

Im Hinblick auf das Ziel, eine umfassende Informationskompetenz zu vermitteln, sollten jedoch auch die klassischen Medien wie Nachschlagewerke, Zeitschriften und Lehrbücher als Hilfsmittel zur Informationsgewinnung frühzeitig eingeführt werden. Das Wissen der Welt steckt in Bibliotheken, nicht nur im Internet – für diese Erkenntnis sollen die Schülerinnen und Schüler gewonnen werden.

Es hat sich dabei bewährt, bei Rechercheaufgaben – zum Beispiel für Referate – das Hinzuziehen gedruckter Medien zur Bedingung zu machen. Lehrerinnen und Lehrer können den Kindern diese Vorgaben machen, während (Schul-)Bibliothekarinnen und Bibliothekare, die nicht selbst die Schulfächer unterrichten, das leider eher selten können. Wie so oft kann hier nur ein Team mit Engagierten aus (Schul-)Bibliothek und Kollegium etwas erreichen.

Der Glaube, man könne wirklich alle Informationen im Internet finden, ist (nicht nur unter Schülerinnen und Schülern) weit verbreitet, und ohne einen gewissen Druck von außen weichen die jungen Leute doch gern der vermeintlichen Mühsal aus, ein Printmedium zurate zu ziehen. Mit dieser Vermeidungsstrategie gehen jedoch einige grundlegende Fähigkeiten, etwa die Nutzung eines Registers, leicht verloren. Unvergessen, der Schüler, der beim Anblick des Brockhaus-Lexikons erstaunt ausrief: „Warum haben Sie denn so viele Bände von einem einzigen Buch?"

Lerngegenstand
In diesem Projekt wird vermittelt, wie man mithilfe von Lexika, Sachbüchern und Zeitschriften in ein Thema einsteigen und seine Kenntnisse vertiefen kann. Die Schülerinnen und Schüler lernen (so in der (Schul-)Bibliothek vorhanden) Fach- und Online-Lexika kennen und beschäftigen sich mit der Frage, was wissenschaftlich anerkannte Quellen sind. Sie verstehen, dass Wikipedia weder die einzig mögliche noch eine wissenschaftlich anerkannte Informationsquelle ist.

Sie nutzen Bibliothekskatalog, Inhaltsverzeichnisse und Register für ihre Rechercheaufträge und beschäftigen sich eingehend mit dem Bestand an Sachliteratur der (Schul-)Bibliothek.

Zielsetzung
Es werden Grundkenntnisse der Informationssuche im Bibliothekskatalog und dem Sachbuchbestand der (Schul-)Bibliothek vermittelt. Schülerinnen und Schüler erlernen die Informationssuche im OPAC, in Lexika und Sachbüchern. Sie nutzen Zeitschriften und andere gedruckte Medien und können mit Inhaltsverzeichnissen und Registern umgehen. Sie entwickeln eine Sensibilität für die Vertrauenswürdigkeit von Informationsquellen und sichern Informationen mehrfach ab.

Im besten Fall kann das Projekt Kinder dazu bringen, vermehrt auf den Sachbuchbestand der (Schul-)Bibliothek zuzugreifen und als wichtige Ergänzung der Internetrecherche anzuerkennen.

Voraussetzungen
Die Bibliothek bietet einen ausreichend umfangreichen Bestand an Nachschlagewerken, Handbüchern und anderen Sachbüchern zu den Themen, der in einem Bibliothekskatalog gründlich erschlossen ist. Schülerinnen und Schüler können in Gruppen möglichst unterschiedliche Themen bearbeiten und werden dabei von Trainerinnen und Trainern unterstützt. Sie dürfen als Abschluss ein Quiz zu den Offline-Themen – als kleiner Ausgleich für die konventionelle Arbeit mit dem Buch – an Computer-Arbeitsplätzen bearbeiten. Alternativ steht auch ein Quiz zum Ausdrucken zur Verfügung.

Methoden
Nach einer kurzen Einführung in die Informationssuche im Bibliothekskatalog erarbeiten die Schülerinnen und Schüler in Gruppenarbeit anhand eines Aufgabenblatts verschiedene Fragen. Ein anschließendes Quiz dient gleichzeitig der Lernkontrolle und der Wiederholung der wichtigsten erlernten Strategien zur Informationssuche.

Zeitbedarf
Zweimal 45 Minuten.

b. Methodische Überlegungen

Einstieg

Als Einstieg in das Projekt bietet sich ein Unterrichtsgespräch zum Thema „Vertrauenswürdige Quellen" an. Schülerinnen und Schüler können dabei ihre eigenen Strategien zur Informationsbeschaffung beschreiben. Dann kann der Unterschied zwischen Wikipedia (nichtwissenschaftliche Quelle, jeder kann Beiträge schreiben) und einem Lexikon (wissenschaftliche Quelle, Beiträge werden von Fachleuten geschrieben) erarbeitet werden.

Da in der ersten Sequenz der Bibliothekskatalog zum Auffinden von Medien für die Informationsrecherche eingeführt wird, können die Kinder selbst am Beamer oder Bildschirm zeigen, wie sie im Katalog nach einem Thema suchen würden. Je nach Kenntnisstand können dann Feinheiten – wie z. B. das Einschränken der Ergebnisliste nach Medienarten – vorgeführt werden.

Arbeitsphase

Die Schülerinnen und Schüler bearbeiten in Gruppenarbeit Arbeitsblätter, auf denen anhand jeweils unterschiedlicher Themen folgende grundlegenden Aufgaben bearbeitet werden müssen:
- die Suche nach dem Thema in einem allgemeinen Lexikon (z. B. Brockhaus, wenn vorhanden auch Online-Lexikon)
- die Suche in einem Fachlexikon
- die Suche in einem Handbuch mithilfe des Registers
- die Suche in einem Jugendsachbuch mithilfe des Inhaltsverzeichnisses
- die Suche in einer Zeitschrift

Im Arbeitsblatt wurde das Thema „Alltag im alten Rom" beispielhaft gewählt. Natürlich sollten mehrere Themen bereitgehalten werden, für die auch ausreichend Medien in der Bibliothek vorhanden sind. Es macht bei solchen Gruppenarbeiten wenig Sinn, wenn alle Gruppen zum selben Thema arbeiten und sich gegenseitig die möglicherweise raren Bücher zu diesem Thema abspenstig machen und vor den Regalen im Weg stehen. Besser ist es, in kleinen Gruppen sehr verschiedene Themen bearbeiten zu lassen, die auch in unterschiedlichen Büchern und Zeitschriften der (Schul-)Bibliothek zu finden sind. Es muss in jedem Fall sichergestellt werden, dass die Kinder die gesuchten Informationen auch finden können.

Die Klasse erarbeitet dann in kleinen Gruppen gemeinsam die Aufgaben des Arbeitsblatts und fasst die Ergebnisse in einem kurzen Protokoll zusammen. Dabei sollen vier Fragestellungen stets beantwortet werden: Mit welcher Suchanfrage wurde das Buch oder die Zeitschrift gefunden? Welche Signatur hat das Buch bzw. die Zeitschrift? Wie wurden die Informationen im Buch gefunden (Register,

Inhaltsverzeichnis, Blättern ...)? In Stichpunkten werden außerdem die gefundenen Informationen protokolliert.

Abschluss
In einem Abschlussgespräch wird besprochen, welche Erfahrungen die Schülerinnen und Schüler mit den gedruckten Medien gemacht haben. Sie dürfen berichten, wie sie gegebenenfalls den Unterschied zu einer üblichen Internetrecherche erlebt haben und welche Erkenntnisse sie im Umgang mit den gedruckten Medien gewinnen konnten. Auch die Nachteile von gedruckten Medien gegenüber Online-Medien können und sollen hier Erwähnung finden.

Mit einem kurzen, einfachen Quiz zu dem Projekt, das die Kinder individuell bearbeiten, werden die Lernerfolge überprüft. Sollten durch das Quiz deutliche Kenntnislücken aufscheinen, können diese gegebenenfalls in einer weiteren Besprechungsrunde geklärt werden.

Matrix Die Basis offline (Word-Dokument, Google Drive)

Arbeitsblatt Sachinformationen finden (Word-Dokument, Google Drive)

Quiz Sachinformationen finden (zum Ausdrucken, Word-Dokument, Google Drive)

Online-Quiz Informationskompetenz (Educaplay)

https://www.educaplay.com/learning-resources/5430322-informationskompetenz.html

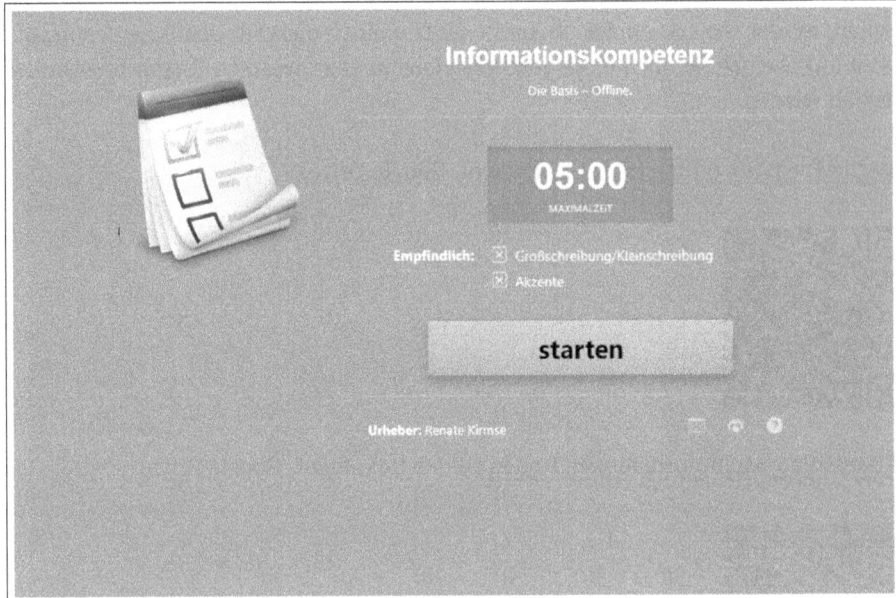

3.2. Matrix Informationskompetenz: Die Basis offline

UNTERRICHTSEINHEIT

Die Basis offline – Wenn der Dackel im Tierlexikon steht

Kompetenztraining	Informationskompetenz
Zeitbedarf	2 x 45 Min.
Klassenstufe(n)	Ab Klassenstufe 4

KERN-LERNINHALT(E)	MATERIAL
· Informationsrecherche in Büchern und Zeitschriften	· Nachschlagewerke, Handbücher, Kinder- und Jugendsachbücher zu mehreren Themen · Computer-Arbeitsplätze für Quiz oder Ausdrucke des Quiz

EINSTIEG	ARBEITSPHASE	ERGEBNISSICHERUNG	ABSCHLUSS
15 MIN.	**50 MIN.**	**15 MIN.**	**10 MIN.**
· Themenkomplex „Vertrauenswürdige Informationsquellen" · Einführung in die Suche im Bibliothekskatalog	· Gruppenarbeit: Arbeitsblätter	· Quiz	· Klärung offener Fragen · Erfahrungsberichte der Schüler/-innen
SCHÜLER/-INNEN	**SCHÜLER/-INNEN**	**SCHÜLER/-INNEN**	**SCHÜLER/-INNEN**
· beteiligen sich am Unterrichtsgespräch · zeigen ihre Kenntnisse in der Suche im Bibliothekskatalog	· erarbeiten Kurzprotokolle anhand des Arbeitsblatts	· beantworten die Quizfragen	· stellen Fragen · berichten über ihre Erfahrungen während des Projekts
TRAINER/-IN	**TRAINER/-IN**	**TRAINER/-IN**	**TRAINER/-IN**
· stellt Fragen zur Vertrauenswürdigkeit von Information · erklärt Funktionen des Katalogs	· unterstützt die Schülerinnen und Schüler		· beantwortet die Fragen

ERGÄNZENDE INFORMATIONEN

Es müssen unbedingt genügend Printmedien zu den verschiedenen Themen vorhanden sein!

3.2 Informationskompetenz: Die Basis offline

Sachinformationen in der Bibliothek finden

Die Aufgabe für deine Gruppe: Suche in verschiedenen Büchern nach deinem Thema *Alltagsleben im antiken Rom!*

Wichtig: Nutzt den *Bibliothekskatalog* für die Suche nach den Büchern! Erstellt ein *Suchprotokoll*, in dem mindestens die vier gefragten Informationen für jedes Buch genannt werden!

1. **Sucht in einem *allgemeinen Lexikon* nach Informationen zu eurem Thema (z.B. Brockhaus, evtl. Online-Lexikon)!**
   - Mit welcher Suchanfrage wurde das Lexikon gefunden?
   - Welche Signatur hat das Lexikon?
   - Wie habt ihr die Informationen gefunden? (Register, Inhaltsverzeichnis, Blättern...)
   - In Stichpunkten: Welche wichtigen Informationen habt ihr in dem Lexikon gefunden?

2. **Sucht in einem *Fachlexikon* nach Informationen zu eurem Thema!**
   - Mit welcher Suche wurde das Lexikon gefunden?
   - Welche Signatur hat das Lexikon?
   - Wie habt ihr die Informationen gefunden? (Register, Inhaltsverzeichnis, Blättern...)
   - In Stichpunkten: Welche wichtigen Informationen habt ihr in dem Fachlexikon gefunden?

3. **Sucht in einem *Handbuch* (Übersichtswerk) nach Informationen zu eurem Thema!**
   - Mit welcher Suche wurde das Handbuch gefunden?
   - Welche Signatur hat das Handbuch?
   - Wie habt ihr die Informationen gefunden? (Register, Inhaltsverzeichnis, Blättern...)
   - In Stichpunkten: Welche wichtigen Informationen habt ihr in dem Handbuch gefunden?

4. **Sucht in einem *Jugendsachbuch* nach Informationen zu eurem Thema!**
   - Mit welcher Suche wurde das Jugendsachbuch gefunden?
   - Welche Signatur hat das Buch?
   - Wie habt ihr die Informationen gefunden? (Register, Inhaltsverzeichnis, Blättern...)
   - In Stichpunkten: Welche wichtigen Informationen habt ihr in dem Buch gefunden?

5. **Sucht in einer *Zeitschrift* nach Informationen zu eurem Thema!**
   - Mit welcher Suche wurde die Zeitschrift gefunden?
   - Welche Signatur hat das Buch?
   - Wie habt ihr die Informationen gefunden? (Register, Inhaltsverzeichnis, Blättern...)
   - In Stichpunkten: Welche wichtigen Informationen habt ihr in dem Buch gefunden?

Viel Spaß bei der Suche!

3.2 Informationskompetenz: Die Basis offline

Teste dein Wissen: Das Quiz

KREUZE DIE RICHTIGE ANTWORT AN!

1. **Information in einem Handbuch ist im Unterschied zu einem Lexikon in der Regel sortiert nach ...**
   - ❑ ... Stichworten, alphabetisch.
   - ❑ ... dem Alphabet.
   - ❑ ... Themen.

2. **Wenn ich nach einem Zeitschriftenheft zu meinem Thema suche, muss ich ...**
   - ❑ ... im Katalog nach Zeitschriften suchen.
   - ❑ ... die Zeitschriftenhefte durchsuchen.
   - ❑ ... im Katalog nach meinem Thema suchen und die Medienart „Zeitschrift" wählen.

3. **Ein Register ist sortiert nach ...**
   - ❑ ... dem Inhalt der Kapitel.
   - ❑ ... den Kapitelnummern.
   - ❑ ... dem Alphabet der Stichworte.

4. **Ein Lexikonartikel wird geschrieben von ...**
   - ❑ ... Schriftsteller/-innen.
   - ❑ ... Wissenschaftler/-innen.
   - ❑ ... Lehrer/-innen.

5. **Ein Inhaltsverzeichnis ist sortiert nach ...**
   - ❑ ... Stichworten.
   - ❑ ... dem Alphabet.
   - ❑ ... den Kapiteln des Buches.

6. **Wikipedia ist ...**
   - ❑ ... eine Quelle, die an der Universität benutzt werden darf.
   - ❑ ... eine Quelle, die an der Universität nicht benutzt werden darf.

Scientist, Clip Art, Britannica
ImageQuest, Encyclopædia Britannica
25 May 2016.

7. **Signatur nennt man in der Bibliothek ...**
   - ❑ ... den Eigentumsstempel der Bibliothek.
   - ❑ ... die Unterschrift der Bibliothekarin/des Bibliothekars.
   - ❑ ... den Absender einer E-Mail.
   - ❑ ... das Rückenschild eines Bibliotheksbuches mit der Standortbezeichnung.

8. **Im Bibliothekskatalog kann ich eine zu lange Ergebnisliste ...**
   - ❑ ... nur nach und nach durchsehen – und das dauert!
   - ❑ ... der Bibliothekarin/dem Bibliothekar zeigen.
   - ❑ ... nachträglich einschränken.

9. **Im Lexikon finde ich in der Regel ...**
   - ❑ ... viele Seiten an Informationen zum Thema.
   - ❑ ... die grundlegenden Informationen zum Thema.
   - ❑ ... ganz viele Bilder.

3.3 Plagiarismus – Was Minister mit Jugendlichen gemeinsam haben

Für Schülerinnen und Schüler ab Klassenstufe 7.

a. Didaktische Überlegungen

Unterrichtlicher Kontext

Je früher Schülerinnen und Schüler auf die Problematik des geistigen Eigentums hingewiesen werden und je häufiger sich diese Hinweise wiederholen – und wenn die Missachtung der Hinweise möglicherweise dann irgendwann auch einmal mit Konsequenzen verbunden ist –, desto eher kann verhindert werden, dass sie unreflektiert und unbedacht Informationen und Bilder unter Verletzung des Urheberrechts „entwenden".

Wer mit Jugendlichen über das Thema „geistiges Eigentum" spricht, erfährt relativ schnell, dass sie sich kaum Gedanken darüber machen, welche Konsequenzen ein geistiger Diebstahl für die Bestohlenen, aber auch für die Diebin oder den Dieb haben kann. Wenngleich ihre Referate in der Regel nicht im Internet veröffentlicht werden, so sollten sie doch auch die möglichen Konsequenzen von Urheberrechtsübertretungen kennen und frühzeitig für das Thema sensibilisiert werden. Das Thema Plagiarismus als wichtiger Bestandteil der Informationskompetenz sollte daher spätestens ab Klasse 5 immer wieder aufgegriffen werden und kann in jedem Unterrichtsfach, vor allem aber im Zusammenhang mit Referaten wiederholt werden.

Lerngegenstand

Die Schülerinnen und Schüler beschäftigen sich mit den Begriffen Plagiarismus, geistiges Eigentum und Quellenangabe. Sie erfahren, welche Konsequenzen Plagiate in Wissenschaft und Politik haben und hatten, und sie lernen, aus welchen Gründen geistiges Eigentum geschützt werden muss. Sie verstehen, dass für nahezu jede Information in einer Arbeit die Quelle angegeben werden muss, und sind im Umgang mit verwendeten Informationen und Bildern für das Urheberrecht sensibilisiert.

Sie bekommen einen Einblick in die Verwertung von geistigen Erzeugnissen (VG Wort, VG Bild-Kunst) für die Urheberin oder den Urheber und sind sich über die Konsequenzen von Verstößen gegen das Urheberrecht im Klaren.

Sie kennen die Grundregeln der Quellenangaben und lernen ein einfaches Literaturverwaltungsprogramm kennen, das sie für ihre Referate und Präsentationen nutzen können.

Zielsetzung

Die Schülerinnen und Schüler dokumentieren und zitieren alle in ihren Arbeiten verwendeten Text- und Bildquellen, da sie verstanden haben, welche Folgen es mittelbar und unmittelbar für die Urheberin/den Urheber und für sie selbst haben kann, wenn sie ihre Informationsquellen verschweigen.

Sie bekommen einen ersten Eindruck von normgerechtem Zitieren und kennen den Unterschied zwischen direktem und indirektem Zitat. Sie können ein einfaches Literaturverwaltungsprogramm für ihre Referate und andere schriftliche Arbeiten benutzen.

Voraussetzungen

Benötigt werden Beamer oder Smartboard für die Präsentation zum Thema „Plagiarismus". Es sollten ausreichend Tablets oder Computerarbeitsplätze zum Ausprobieren der Literaturverwaltungssoftware zur Verfügung stehen.

Hilfreich ist es, dieses Projekt in eine bereits geplante Unterrichtssequenz zur Erstellung eines Referats oder einer Hausarbeit mit einzubinden. So kann das Erlernte sofort in die Praxis umgesetzt werden und gerät nicht so schnell in Vergessenheit.

Methoden

In einem Unterrichtsgespräch unter Begleitung einer Präsentation werden die Grundlagen des Themengebiets „Plagiarismus" erarbeitet. Anschließend erstellen die Schülerinnen und Schüler ein Beispielprojekt mit dem vorgestellten Literaturverwaltungsprogramm. Sie erhalten eine Handreichung zur Selbstreflexion über das Thema Plagiarismus, das sie bei zukünftigen Referaten benutzen können.

Zeitbedarf

Zweimal 45 Minuten plus ggf. Zeit für die Referate der Schülerinnen und Schüler.

b. Methodische Überlegungen

Einstieg

Spricht man Jugendliche auf das Thema „Diebstahl" an, so können viele von ihnen mit Berichten über eigene Erfahrungen aufwarten. Smartphones kommen ab und zu abhanden, vielleicht mal ein Geldbeutel oder gar das Familienauto.

Schwieriger ist dann meist der Schwenk zu der Frage, was denn mit dem Begriff des geistigen Eigentums gemeint ist. Vielleicht gibt es jedoch in der Gruppe Jugendliche, die Musik machen, künstlerisch aktiv sind oder gerne fotografieren. Sie könnte man fragen, was es für sie bedeuten würde, wenn ihr Musikstück, ihr Gemälde oder Foto von anderen „entwendet" und ohne ihr Einverständnis öffentlich geteilt würde.

Oder aber man versucht, gemeinsam mit der Klasse die Perspektive einer Wissenschaftlerin einzunehmen, die neue Erkenntnisse zu einem aktuellen Thema veröffentlicht hat und deren Erkenntnisse von jemandem übernommen werden, ohne dass dies kenntlich gemacht wurde.

Am Anfang der Unterrichtssequenz sollten also die Vorkenntnisse und Vorerfahrungen der Jugendlichen geklärt werden, um später einen einheitlichen Wissensstand zu erreichen. Zunächst sollte dann mit einer Klärung des Begriffs „Plagiarismus" begonnen werden, um an Beispielen aufgedeckter Plagiate ein erstes Problembewusstsein zu schaffen. Wichtig ist es dabei, deutlich darzustellen, dass Plagiarismus nicht nur an Universitäten, sondern auch in der Schule negative Konsequenzen hat.

Arbeitsphase
Unter Verwendung einer Präsentation werden die folgenden Fragestellungen gemeinsam erarbeitet:
- Was ist geistiges Eigentum?
- Was beinhalten Urheberrecht und verwandte Schutzrechte und wie unterscheiden sie sich?
- Welche berühmten Plagiatsfälle gibt es in Deutschland und welches waren die Folgen für die Urheberinnen/Urheber der Plagiate?
- Welche Formen des Zitierens gibt es?
- Wie erstellt man grundsätzlich ein korrektes Literatur- und Bildverzeichnis?
- Welche Zitierregeln gibt es und wie verwendet man ein Literaturverwaltungsprogramm zur Erstellung eines korrekten Quellenverzeichnisses?

Abschluss
In der Abschlusssequenz werden die Ergebnisse des Gesprächs von den Schülerinnen und Schülern in eigenen Worten als Wiederholung des Erlernten zusammengefasst, und sie erhalten ihren Plagiats-Check zur Verwendung bei ihren Referaten oder Hausarbeiten. Mit diesem können sie dann stets überprüfen, ob sie sich an die erlernten Regeln gehalten haben.

Matrix Plagiarismus (Word-Dokument, Google Docs)

Plagiarismus-Check (Word-Dokument)

Präsentation Plagiarismus (Prezi)

https://prezi.com/view/2eZ2iShloHWBQygIAdqq/

Literaturverwaltungsprogramm (Anmeldung notwendig)

https://citationsy.com/

3.3 Matrix Informationskompetenz: Plagiarismus

UNTERRICHTSEINHEIT

Plagiarismus – Was Minister mit Schüler-/innen gemeinsam haben

Kompetenztraining	Informationskompetenz
Zeitbedarf	45 Min. + mehrere Stunden Eigenarbeit der Schüler/-innen
Klassenstufe(n)	Ab Klassenstufe 6

KERN-LERNINHALT(E)	MATERIAL
· Geistiges Eigentum und Quellenangabe	· Beamer/Smartboard für Präsentation · Computerarbeitsplätze · Plagiats-Check als Ausdruck

EINSTIEG	ARBEITSPHASE	ERGEBNISSICHERUNG	ABSCHLUSS
10 MIN.	**35 MIN.**	**5 MIN.**	**40 MIN.**
· Themenkomplex „Diebstahl" und „geistiges Eigentum" · Klärung der Vorkenntnisse zum Thema Plagiarismus	· Präsentation · Unterrichtsgespräch	· Gespräch über das Erlernte	· Erstellung einer Quellensammlung (für das Referat) mithilfe eines Literaturverwaltungsprogramms
SCHÜLER/-INNEN	**SCHÜLER/-INNEN**	**SCHÜLER/-INNEN**	**SCHÜLER/-INNEN**
· berichten über ihre Erlebnisse und Kenntnisse	· beteiligen sich bei der Beantwortung der Fragestellungen in der Präsentation	· wiederholen das Erlernte	· erarbeiten am Computer eine erste Quellensammlung
TRAINER/-IN	**TRAINER/-IN**	**TRAINER/-IN**	**TRAINER/-IN**
· klärt den Begriff Plagiarismus · erläutert die Konsequenzen geistigen Diebstahls	· präsentiert · stellt Fragen zum Thema	· stellt Fragen zum Inhalt der Präsentation	· berät und unterstützt die Schüler/-innen

ERGÄNZENDE INFORMATIONEN

Da es sehr einfach aufgebaut ist, wird hier das Literaturverwaltungsprogramm citationsy.com empfohlen. Es kann natürlich auch jedes andere entsprechende Programm verwendet werden.

3.3 Plagiarismus – Was Minister mit Jugendlichen gemeinsam haben

3.3 Informationskompetenz – Plagiarismus

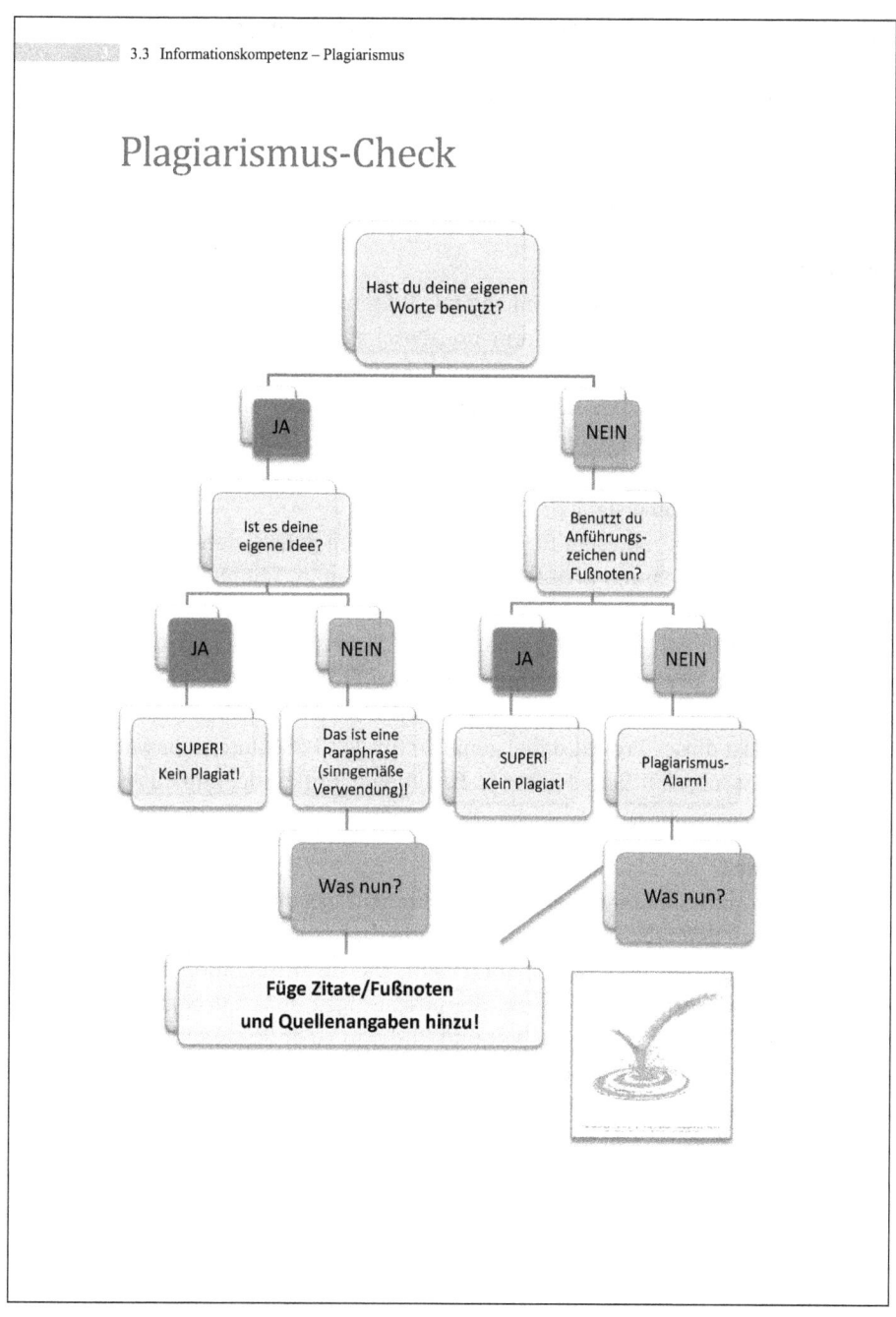

3.4 Präsentationen – Von Aufzählungszeichen erschlagen

Für Schülerinnen und Schüler ab Klassenstufe 5.

a. Didaktische Überlegungen

Unterrichtlicher Kontext

Wenn Schülerinnen und Schüler eine digitale Präsentation machen sollen, ist das zunächst nicht nur bezüglich der Informationsbeschaffung eine Herausforderung. Wer glaubt, die Digital Natives könnten automatisch tolle Präsentationen am Computer erstellen, der wird in der Praxis schnell eines Besseren belehrt. Nicht selten arbeiten sie stundenlang an wilden Animationen und bunten Bildern, kopieren dann den im Netz gefundenen Text komplett auf die Folien und glauben, auf diese Art und Weise eine großartige Präsentation erstellt zu haben.

Es sollte folglich in diesem Projekt primär darum gehen, den Fokus gerade der jüngeren Schülerinnen und Schüler von Animationen und bunten Bildern weg, hin zu den Inhalten ihres Vortrags und ihrer Präsentation zu richten. Sie sollen sich auch in diesem Projekt mit der Thematik guter Suchstrategien und korrekter Quellenangaben beschäftigen und erfahren, wie man Präsentationen erstellt und zeigt, ohne das Publikum zu langweilen oder zu überfordern.

Geeignet ist dieses Projekt dabei genauso für den EDV-Unterricht wie für natur- oder geisteswissenschaftliche Fächer (z. B. Biologie, Erdkunde, Ethik usw.).

Lerngegenstand

Schülerinnen und Schüler sollen in dieser Einheit lernen, eine Präsentation zu erstellen, die ihre Referate und Vorträge zuschauerfreundlich und professionell unterstützt. Es wird ihnen eine Strategie vorgestellt, wie sie Präsentationen strukturierter vorbereiten und entwickeln können. Sie beschäftigen sich mit der Frage, wie sie Quellen finden und angeben, wie Text und Bilder in einer Präsentation die Informationsvermittlung unterstützen können und welche urheberrechtlichen Fragen wichtig sind. Es geht an dieser Stelle nicht um die technischen Funktionalitäten einer Präsentationssoftware, sondern um Funktion, Inhalt und Layout von Präsentationen in Verbindung mit Informationskompetenz.

Zielsetzung

Mit diesem Training soll erreicht werden, dass die Schülerinnen und Schüler eine inhaltlich und formal gute Präsentation vorbereiten und erstellen können. Sie werden sensibilisiert für Fragen des Urheberrechts und sollen ihren Fokus auf die Relevanz des Inhalts und die Funktion des Layouts einer Präsentation richten. Sie werden befähigt, die Präsentation stärker als Unterstützung ihres eigenen Vortrags zu sehen, weniger als Ersatz für einen Aufsatz. Sie können Quellen korrekt angeben und lernen ein Literaturverwaltungsprogramm kennen.

Voraussetzungen
Die Trainerinnen und Trainer benötigen Beamer oder Smartboard. Die Schülerinnen und Schüler brauchen einen Zugang zu Computerarbeitsplätzen. Es kann eine Präsentationssoftware (PowerPoint, Prezi ...) zur Verfügung gestellt werden.

Methoden
Mit einer begleitenden Präsentation werden die Schritte zur Erstellung einer guten Präsentation in einem Unterrichtsgespräch erarbeitet. Danach erhalten die Schülerinnen und Schüler ein Aufgabenblatt zur individuellen Bearbeitung am Computer. Erst danach beginnen sie damit, eine eigene Präsentation zu einem zuvor besprochenen Thema selbstständig (als Eigenaktivität, einzeln oder in Gruppenarbeit) zu bearbeiten. Die Bewertung der Ergebnisse obliegt am Ende den Lehrerinnen und Lehrern, die unbedingt das Einhalten der Vorgaben aus dem Projekt in die Notengebung einfließen lassen sollten.

Zeitbedarf
Einführungsrunde mit Präsentation: 45 Minuten, Quiz 15 Minuten. Eigenarbeit für die Referate: mehrere Stunden.

b. Methodische Überlegungen

Einstieg
„Welches ist – ganz ehrlich – euer erster Schritt, wenn ihr die Aufgabe erhaltet, eine Präsentation zu machen?" Diese Frage hat sich als sehr geeignet erwiesen, um die Schülerinnen und Schüler einerseits zur Reflexion über ihre Arbeitsweise anzuregen und sie andererseits in das Thema einzuführen und ihre Aufmerksamkeit zu gewinnen.

Die zu erwartenden Antworten könnten lauten: „Den Computer einschalten", „PowerPoint öffnen", „Die Überschrift gestalten", „Eine Gliederung machen" usw.

Dann führt die Trainerin oder der Trainer die Methode mit dem Hinweis darauf ein, dass diese nicht nur für bessere Noten sorgen wird, sondern auch für einige Zeitersparnis. Man mag dies bedauern, die beiden Argumente erzeugen bei Schülerinnen und Schülern jedoch in der Regel unmittelbar eine große Aufmerksamkeit auf die Unterrichtsinhalte.

Arbeitsphase
In einem durch eine Präsentation unterstützten Unterrichtsgespräch werden folgende Themen erarbeitet:
- Die richtige Vorbereitung einer Präsentation: Wie finde ich die richtigen Suchbegriffe und erarbeite eine Mindmap?
- Mit welchen Suchbegriffen kann ich wo am besten suchen? Wie spezifisch muss die Suche im Katalog der (Schul-)Bibliothek sein, wie spezifisch dagegen im Internet? Wo beginne ich mit der Suche zum Einstieg in das Thema (Lexikon ...) und wann nutze ich das Internet?
- In welchen Bereichen kann man auch übergeordnete Begriffe verwenden, wo besser nur die speziellen (Vergleich der beiden Pyramiden)?
- Wie kann ich Suchergebnisse festhalten? Warum sollte ich sie dokumentieren (Informationen wiederfinden, Quellen richtig angeben)?
- Wie kann ich Informationen verstehen und richtig verarbeiten?
- Wie erstelle ich eine gute Gliederung der Präsentation?
- Welche Inhalte sind in der Präsentation wichtig? Wie groß sollte die Informationsmenge in der Präsentation sein?
- Wie tiefgehend sollten meine Kenntnisse des Themas sein? Wie bereite ich mich auf Fragen des Publikums vor?
- Wie gestalte ich ein ansprechendes Layout (Aussagekräftige Bilder, Einheitlichkeit)?
- Wie mache ich korrekte Quellenangaben (Hilfsmittel)?
- Wie präsentiere ich vor Publikum?

Anschließend wiederholen die Schülerinnen und Schüler mithilfe eines Online-Quiz die wichtigsten Punkte der Präsentation.

Abschluss
In einem Abschlussgespräch wird das Quiz besprochen und es werden offene Fragen der Schülerinnen und Schüler geklärt.
   Ein Handout ermöglicht es den Jugendlichen auch später noch während ihrer Arbeit an Präsentationen, die wichtigsten Informationen immer wieder nachzulesen.
   Denn es ist auch hier wichtig, dieses Projekt möglichst dann durchzuführen, wenn gleich im Anschluss in einem ihrer Unterrichtsfächer die Gelegenheit besteht, das Erlernte auszuprobieren und eine Präsentation nach diesen Vorgaben zu erarbeiten. Dann sollte in die Bewertung der Präsentation durch die Lehrerin oder den Lehrer auch einfließen, ob die zuvor erarbeiteten Punkte wie zum Beispiel die Angabe von Quellen, die richtige Gliederung, nicht zu hoher Textgehalt, Aussagekraft von Bildern usw. umgesetzt wurden.

Matrix Präsentationen (Word-Dokument, Google Docs)

Handout zur Präsentation (Word Dokument, Google Docs)

Präsentation „Wissen präsentieren" (Prezi)

https://prezi.com/view/PXxMi6U1KUIKeeb6dAHo/

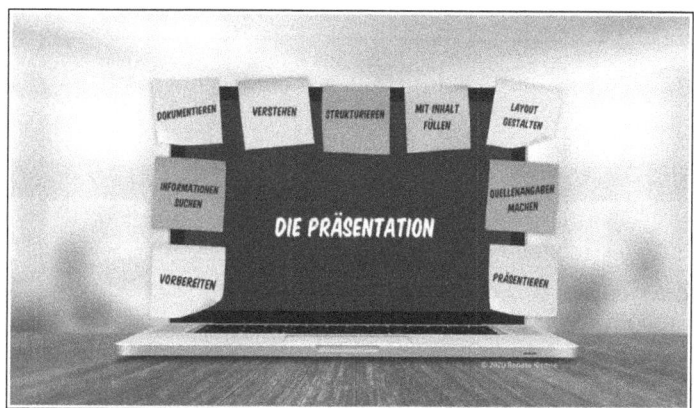

Quiz „Präsentationen, aber richtig!" (Educaplay)

https://www.educaplay.com/learning-resources/5508106-prasentationen_aber_richtig.html

3.4 Matrix Informationskompetenz: Präsentationen

UNTERRICHTSEINHEIT

Präsentationen – Von Aufzählungszeichen erschlagen

Kompetenztraining	Informationskompetenz
Zeitbedarf	1 x 45 Min. + 10 Minuten Quiz
Klassenstufe(n)	Ab Klassenstufe 5–6

KERN-LERNINHALT(E)	MATERIAL
Wir gestalte ich eine gute Präsentation?	Beamer/Smartboard für Präsentation
	Computerarbeitsplätze
	Präsentationssoftware
	Kopien des Handout

EINSTIEG	ARBEITSPHASE	ERGEBNISSICHERUNG	ABSCHLUSS
5 MIN.	**35 MIN.**	**15 MIN.**	**5 MIN.**
Einführung in das Thema	Präsentation und Unterrichtsgespräch	Online-Quiz	Besprechen der Ergebnisse des Quiz
SCHÜLER/-INNEN	SCHÜLER/-INNEN	SCHÜLER/-INNEN	SCHÜLER/-INNEN
berichten über ihre ersten Schritte bei der Erstellung einer Präsentation	beteiligen sich bei der Beantwortung der Fragestellungen in der Präsentation	wiederholen das Erlernte mit dem Online-Quiz	stellen Fragen, berichten von ihren Ergebnissen
TRAINER/-IN	TRAINER/-IN	TRAINER/-IN	TRAINER/-IN
stellt die Ziele des Projekts vor: bessere Präsentationen, gute Noten, aufmerksame Zuhörer	präsentiert und stellt Fragen zum Thema der Präsentation	unterstützt die Schüler/-innen bei der Beantwortung der Fragen	geht Quizfragen mit Schüler/-innen durch und beantwortet Fragen teilt das Handout aus

ERGÄNZENDE INFORMATIONEN

Im Anschluss an das Projekt sollten die Schülerinnen und Schüler einen Arbeitsauftrag erhalten, in dem sie das Erlernte unmittelbar umsetzen können.

3.4 Informationskompetenz: Die Präsentation

Die Präsentation – Handout

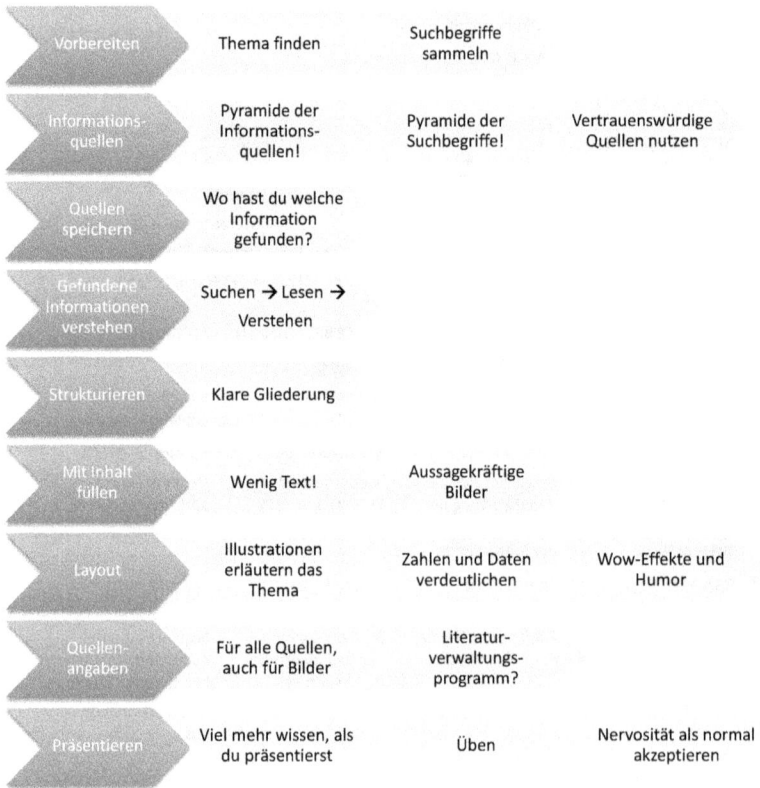

3.5 Exkursion in die UB – Der Blick in die Welt der Wissenschaft

Für Schülerinnen und Schüler ab Klassenstufe 10.

a. Didaktische Überlegungen

Unterrichtlicher Kontext

Universitätsbibliotheken sind in der Regel für jeden offen: So schreibt zum Beispiel die Universitätsbibliothek Heidelberg in ihrer Benutzungsordnung: „Alle natürlichen und juristischen Personen, die das Dienstleistungsangebot des Bibliothekssystems der Universität Heidelberg nutzen möchten, können hierzu nach Maßgabe der in §§ 2–4 genannten Aufgabenstellungen und der besonderen Bestimmungen für die einzelnen Benutzungsarten (§§ 17–31) zugelassen werden."[1]

Der Besuch einer Universitätsbibliothek im Rahmen einer Exkursion ermöglicht es den Schülerinnen und Schülern nicht nur, ein wenig Uni-Luft zu schnuppern, es werden auch Schwellenängste abgebaut und möglicherweise wird sogar mehr Verständnis für den Wert einer Schulbibliothek oder Öffentlichen Bibliothek erzeugt, als dies im normalen Schulalltag möglich wäre.

Der Besuch der Universitätsbibliothek sollte nicht auf gymnasiale Oberstufen beschränkt werden: Auch in anderen Schulformen kann es für die Jugendlichen von Interesse sein, diese Institution kennenzulernen und einen Einblick in die akademische Welt zu bekommen.

Lerngegenstand

Die Schülerinnen und Schüler lernen Aufgaben, Funktionsweise und Abläufe einer Universitätsbibliothek kennen. Sie verlieren ihre Scheu vor der universitären Einrichtung und verstehen, dass sie die Universitätsbibliothek mit ihrem breiten Angebot vieler verschiedener Informationsquellen auch schon während ihrer Schulzeit sinnvoll nutzen können.

Sie lernen die Dienstleistungen einer wissenschaftlichen Bibliothek umfassend kennen und verstehen, dass man dort zahlreiche Hilfsmittel nutzen kann, die weit über das reine Medienangebot hinausgehen. Sie bekommen einen Einblick in das Fachinformationsangebot, erleben die Arbeitsatmosphäre im Lesesaal und entdecken die zahlreichen elektronischen Angebote und Beratungsmöglichkeiten, die eine Universitätsbibliothek bietet, und erweitern so auch ihre Informationskompetenz.

---

[1] *Benutzungsordnung des Bibliothekssystems der Universität Heidelberg*. URL https://www.ub.uni-heidelberg.de/allg/profil/jurbasics/ordnung.html. – abgerufen am 19.05.2020. – Universitätsbibliothek Heidelberg.

Zielsetzung

Die Exkursion soll die Jugendlichen anregen, neben Bibliotheken im Umfeld (Schul- und oder Stadtbibliothek) auch wissenschaftliche Bibliotheken zur Informationsrecherche heranzuziehen. Sie sollen ihre möglicherweise vorhandene Schwellenangst vor wissenschaftlichen Einrichtungen verlieren und Struktur sowie Dienstleistungen einer Universitätsbibliothek grundsätzlich besser verstehen. Dies kann auch dazu führen, die eigene (Schul-)Bibliothek mehr zu schätzen und ihre Angebote umfassender zu nutzen.

Voraussetzungen

Schule und/oder Bibliothek sollten vorab mit der benachbarten Universitätsbibliothek Kontakt aufnehmen und genau klären, welchen Informationsbedarf die Jugendlichen haben und welche Erwartungen an eine Führung gestellt werden. Wie bei nahezu jedem Projekt ist es sehr wichtig und sinnvoll, die Klasse ausreichend vorzubereiten.

Eine geeignete Möglichkeit dafür ist es, Schülerinnen und Schüler mit Kurzreferaten zu beauftragen, welche die verschiedenen Tätigkeitsbereiche einer Universitätsbibliothek abbilden. So hätten sie eine gewisse Vorbildung, bevor sie die Angebote vor Ort kennenlernen. Es ist wichtig, das Bibliothekspersonal im Vorfeld darüber zu informieren, dass durch die Referate schon eine gewisse Vorbildung der Klasse zu erwarten ist. Wiederholung kann jedoch nie schaden!

Methoden

Kurzreferate zu den Angeboten der Universitätsbibliothek, Exkursion mit Führung in der UB, Erarbeitung einer Informationsmappe am Computer, Nachbereitung in einem Unterrichtsgespräch.

Zeitbedarf

Kurzreferate: Zweimal 45 Minuten, individuelle Arbeitszeit, Exkursion: ½ Tag, Nachbereitung: ca. 20 Minuten.

b. Methodische Überlegungen

Einstieg

Egal, ob wichtige Referate anstehen oder eine Facharbeit: Der wichtigste Teilbereich einer individuellen Lernleistung ist die fundierte Informationsrecherche. In der Oberstufe kann das Thema „Wissenschaftliches Arbeiten" hervorragend mit einer Exkursion in die nächstgelegene Universitätsbibliothek verbunden werden. Jedoch auch schon jüngere Schülerinnen und Schüler können von einem Besuch – hoffentlich mit Besichtigung des in der Regel beeindruckenden Magazins – profitieren.

Beim Einstieg in das Thema kann zunächst abgefragt werden, welche Kenntnisse die Jugendlichen über Universitätsbibliotheken mitbringen und welche Vorstellungen sie von ihr haben. So kann in der Arbeitsphase die ursprüngliche Vorstellung mit der Realität abgeglichen werden.

Arbeitsphase
Ein erster Arbeitsauftrag zur Vorbereitung der Exkursion ist es, dass die Schülerinnen und Schüler selbst Informationen zu der Universitätsbibliothek sammeln, die dann besucht wird.

Die Informationen werden strukturiert in einer Infomappe zusammengestellt. Später können sie dann noch um neue, vor Ort gewonnene Erkenntnisse ergänzt werden.

Themen der Referate könnten zum Beispiel sein:
- Anmeldung und Ausleihe
- Zugangsbedingungen
- Literaturrecherche in der UB
- Digitale Angebote der Bibliothek
- Nutzungsbereiche
- Fernleihe
- Fachinformation
- Beratungen und Online-Lernangebote

Der Besuch selbst sollte dann in enger Abstimmung mit der Universitätsbibliothek erfolgen und wenn möglich bereits auf den Informationsbedarf der Jugendlichen für ihre Facharbeiten oder Referate eingehen.

Mitarbeiterinnen und Mitarbeiter von Universitätsbibliotheken freuen sich in der Regel, wenn sie Schülerinnen und Schüler schon vor einem möglichen Studienbeginn erreichen und ihre vielfältigen Angebote, die über das reine Medienangebot weit hinausgehen, präsentieren können.

Abschluss
In einem Abschlussgespräch wird nach der Exkursion mit der Klasse geklärt, ob die vielen neuen Informationen auch angekommen sind und verstanden wurden. Die wichtigsten Erkenntnisse sollten in der Informationsmappe ergänzt werden. Diese Mappe kann der gesamten Schulgemeinschaft zur Verfügung gestellt werden und in der (Schul-)Bibliothek für die Auskunftstätigkeit Verwendung finden.

Matrix Exkursion in die UB (Word-Dokument, Google Drive)

Arbeitsblatt Infomappe (Word-Dokument, Google Drive)

3.5 Matrix Informationskompetenz: Exkursion in die UB

UNTERRICHTSEINHEIT

Exkursion in die UB – Der Blick in die Welt der Wissenschaft

Kompetenztraining	Informationskompetenz
Zeitbedarf	2 x 45 Min. Individuelle Arbeitszeit für das Referat ½ Tag Exkursion 20 Min. Nachbereitung
Klassenstufe(n)	Ab Klassenstufe 10–11

KERN-LERNINHALT(E)	MATERIAL
· Was bietet eine Universitätsbibliothek?	· Kontakt zur benachbarten UB: Anmeldung zur Führung · Vorlagen für Informationsmappe · PC-Arbeitsplätze für das Ausfüllen der Vorlage

EINSTIEG 10 MIN.	ARBEITSPHASE 80 MIN.	ERGEBNISSICHERUNG ½ TAG	ABSCHLUSS 10 MIN.
· Einführung in das Thema	· Kurzreferate	· Exkursion	· Nachbesprechung
SCHÜLER/-INNEN	**SCHÜLER/-INNEN**	**SCHÜLER/-INNEN**	**SCHÜLER/-INNEN**
· erzählen von ihren Vorstellungen und, falls vorhanden, Vorerfahrungen mit einer Universitätsbibliothek	· halten je ein Kurzreferat zu ihrem Thema · erstellen ein Infoblatt für die Infomappe	· folgen der Führung durch die UB und stellen Fragen	· berichten von ihren Ergebnissen
TRAINER/-IN	**TRAINER/-IN**	**TRAINER/-IN**	**TRAINER/-IN**
· stellt das Projekt vor · erläutert die notwendigen Inhalte der Kurzreferate · verteilt die Info-Blätter an die Schüler/-innen	· organisiert die Abfolge der Referate · stellt Fragen zum Thema der Präsentationen	· begleitet die Schüler/-innen · ermuntert sie dazu, Fragen zu stellen	· druckt die Info-Blätter der Schüler aus · präsentiert die Info-Mappe

ERGÄNZENDE INFORMATIONEN

Die individuelle Arbeitsleistung kann im Unterricht oder zu Hause erbracht werden – im ersten Fall erhöht sich der Zeitbedarf natürlich entsprechend.

3.5 Informationskompetenz: Exkursion in die UB

Die Universitätsbibliothek ...

Die Bibliothek der Universität ... von A - Z

I. Anmeldung und Ausleihe
II. Beratungen und Online-Lernangebote
III. Digitale Angebote der Bibliothek
IV. Fachinformation
V. Fernleihe
VI. Literaturrecherche in der UB
VII. Nutzungsbereiche
VIII. Regeln
IX. Zugangsbedingungen

I. Anmeldung und Ausleihe

Liste alle notwendigen Informationen auf, so dass man sich anmelden und Medien ausleihen kann: Öffnungszeiten, Kontakt, für die Anmeldung mitzubringen, wie funktioniert die Ausleihe, Bibliothekskatalog ...

II. Beratungen und Online-Lernangebote

Welche Beratungsmöglichkeiten gibt es für Studienanfänger/-innen: Führungen, Kurse, Lehrveranstaltungen, E-Tutorials, individuelle Beratung, Fachreferent/-innen usw.

3.5 Exkursion in die UB – Der Blick in die Welt der Wissenschaft — 111

III. Digitale Angebote der Bibliothek

Beschreibe die digitalen Angebote, wie zum Beispiel das Medienportal, Internetzugang, lizenzierte elektronische Medien, digitale Medien für das KIT, Elektronische Aufsatzlieferung (LEA) usw.

IV. Fachinformation

Wie komme ich an Information für ein bestimmtes Fachgebiet? Fachreferent/-innen, Suche in Fachgebieten (Beispiele), Normen, Fachbibliotheken

V. Fernleihe

Was ist die Fernleihe und wie funktioniert sie?

VI. Literaturrecherche in der UB

Welche Suchinstrumente gibt es? Wo kann ich Unterstützung bei der Literaturrecherche bekommen? Welche Angebote gibt es über den Bibliotheksbestand hinaus?

VII. Nutzungsbereiche

Welche Abteilungen gibt es in der UB? Nenne die Standorte und Bereiche, zu denen man als Benutzer/-in der Universitätsbibliothek Zutritt hat.

VIII. Regeln

Welche Spielregeln gelten, wenn man im Lesesaal arbeiten möchte? Welches sind die Arbeitsmöglichkeiten für Benutzer/-innen (Einzelarbeitsplätze, Lesesäle, Buchungsmöglichkeiten usw.)?

IX. Zugangsbedingungen

Wer kann die Universitätsbibliothek benutzen? Gibt es Beschränkungen oder Ausnahmen?

4 Medienkompetenz

4.1 Bücher und Zeitschriften – Die analoge Welt der Medien

Für Schülerinnen und Schüler ab Klassenstufe 8.

a. Didaktische Überlegungen

Unterrichtlicher Kontext
Medien sind im Unterricht Hilfsmittel und Werkzeuge der Kommunikation zwischen Schülerinnen und Schülern und ihren Lehrerinnen und Lehrern. Traditionell ist in deutschen Klassenzimmern das Lehrbuch eins der Hauptarbeitsmittel, als modern gilt Unterricht, der Smartboard, Smartphone und andere elektronische Medien mit einbezieht. Vielleicht – so sagt eine Bibliothekarin, die keine Lehrerin ist – geht es jedoch einfach um die Medienvielfalt im Unterricht, unabhängig von der Frage ob digitale oder analoge Medien eingesetzt werden.

Printmedien, hier vor allem Zeitschriften und Zeitungen, sterben nach und nach aus: Tagesaktuelle Informationen holt man sich meist schneller und aktueller aus dem Internet, gedruckte Bücher werden – vermutlich nicht ganz so schnell – teilweise durch E-Books ersetzt, und obgleich viele Fachzeitschriften nur noch online erscheinen: kleine (Schul-)Bibliotheken werden diese wohl aus Kostengründen selten vorhalten können. Deshalb soll hier ein Projekt angeboten werden, das sich ausdrücklich mit Printmedien beschäftigt.

In der Auseinandersetzung mit der Frage „fake oder echt?" können Zeitschriften und Bücher eine wichtige Rolle spielen, denn letztendlich geht es um die Frage der Vertrauenswürdigkeit von Informationsquellen. Ob diese dann auf Papier oder als E-Book oder E-Journal erscheinen ist eigentlich irrelevant.[1]

Lerngegenstand
Die Schülerinnen und Schüler beschäftigen sich mit der Informationssuche in Fachbüchern und Zeitschriften.[2] Sie erlernen (oder vertiefen) die Technik des Exzerpierens verschiedener Inhalte von Zeitschriftenartikeln und Fachbüchern und setzen sich mit der Vertrauenswürdigkeit dieser Quellen auseinander, indem sie ein festgelegtes

---

[1] Frei zugängliche Zeitschriftenartikel finden sich z. B. hier: DOAJ: *Directory of Open Access Journals*. URL https://doaj.org/. – abgerufen am 28.07.2020.
[2] Vgl.: UNIVERSITÄT HAMBURG/FAKULTÄT FÜR WIRTSCHAFTS- UND SOZIALWISSENSCHAFTEN: *Recherchetipp: Woran erkenne ich einen guten Zeitschriftenartikel?* URL https://www.wiso.uni-hamburg.de/bibliothek/ueber-die-bibliothek/neues-aus-der-bibliothek/nachricht18-025-recherchetipp44.html. – abgerufen am 19.05.2020.

Testschema anwenden. Damit setzen sich die Jugendlichen einmal in der ganzen Tiefe mit einem Text auseinander, anstatt ihn nur – wie es häufig passiert – nur zu überfliegen.

Zielsetzung
Die Schülerinnen und Schüler erfahren, dass ihre Informationsrecherche – egal in welchem fachlichen Zusammenhang – gerade auch über Zeitschriften und Sachbücher erfolgen kann und sie dort in der Regel relativ einfach passende und vertrauenswürdige Informationen finden können.
   Sie verwenden bei ihren Recherchen später stets mehrere Quellen und vergessen auch in der Zukunft Fachbücher und Fachzeitschriften nicht. Sie kennen den grundsätzlichen Aufbau einer Fachzeitschrift, eines Zeitschriftenartikels und eines Fachbuchs und üben sich darin, diese gezielt hinsichtlich ihrer Vertrauenswürdigkeit zu bewerten und die Inhalte in einem Exzerpt zusammenzufassen.

Voraussetzungen
Die Schülerinnen und Schüler erhalten Rechercheaufgaben zu verschiedenen Themen, die der Bestand an Zeitschriften und Fachbüchern der (Schul-)Bibliothek hergibt. Sie können je ein Zeitschriftenheft und ein Fachbuch ausleihen, die ihr Thema enthalten und finden die geeigneten Titel leicht im Bibliothekskatalog, diese wurden also, z. B. durch geeignete Schlagworte, ausreichend gründlich erfasst.

Methoden
In einem Unterrichtsgespräch werden die Kriterien zur Beurteilung der Vertrauenswürdigkeit an einem Beispiel mithilfe des CRAAP-Tests besprochen. Arbeitsblätter mit Aufgaben zur Beurteilung der Vertrauenswürdigkeit von Informationen und zum Verfassen eines Exzerptes ermöglichen es den Jugendlichen, einen Zeitschriftenartikel und ein Fachbuch beispielhaft selbstständig zu testen und ein Exzerpt zu einem Buch (oder Kapitel eines Buches) bzw. einem Zeitschriftenartikel zu verfassen.

Zeitbedarf
Drei- bis viermal 45 Minuten.

b. Methodische Überlegungen

Einstieg
In einer Einstiegssequenz wird mit einer kleinen Umfrage eine Bestandsaufnahme der bei den Schülerinnen und Schülern vorhandenen Kenntnisse zum Thema gemacht. Die Einstiegsfrage dafür könnte zum Beispiel lauten: „Woran erkennt man, ob die

Informationen einer Quelle vertrauenswürdig sind?" Am Ende sollten zumindest diese fünf Punkte genannt worden sein, die auch später in der Arbeitsphase wichtig werden:
- Aktualität
- Relevanz
- Expertise der Autorin/des Autors
- Quellenangaben
- Zweck

Gemeinsam wird der Text dann zunächst beispielhaft mithilfe des CRAAP-Tests[3] analysiert. Der Test dient dazu, die Verlässlichkeit und Wissenschaftlichkeit des Artikels (oder eines Fachbuchs oder einer Website ...) zu überprüfen. Gleichzeitig müssen sich die Schülerinnen und Schüler dabei – quasi nebenbei – mit der Analyse des Aufbaus und Inhalts eines wissenschaftlichen Papers auseinandersetzen.

In einem zweiten Schritt wird ein Fachartikel zu einem Exzerpt zusammengefasst. Auch die hierfür verwendete Vorlage soll später für die eigene Analyse der Jugendlichen verwendet werden. Es werden neben den bibliographischen Angaben zum Artikel das Thema, wichtige Aussagen, herausragende Zitate und die inhaltliche Relevanz für jeden einzelnen Abschnitt erfasst.

Arbeitsphase

Wenn die Jugendlichen ihre Recherchethemen erhalten haben, ist es in einer ersten Sequenz ihre Aufgabe, jeweils einen Zeitschriftenartikel und ein Fachbuch zu ihrem Thema in der Bibliothek herauszusuchen und auszuleihen.

Anschließend führen sie die Beurteilung ihrer gewählten Quellen anhand der fünf Punkte mithilfe des CRAAP-Tests durch. Anschauliche Beispiele für den CRAAP-Test (in englischer Sprache) findet sich unter anderem auch auf YouTube.[4]

Schließlich erarbeiten sie dann eine Zusammenfassung der von ihnen gelesenen Inhalte in einem Exzerpt, nach dem vorher besprochenen Muster.

Abschluss

In einem Abschlussgespräch werden die neuen Erkenntnisse der Schülerinnen und Schüler zusammengefasst und besprochen. Einzelne Jugendliche stellen ihre Ergebnisse der Klasse vor und bewerten ihre gewählten Quellen beispielhaft.

---

[3] *CRAAP Test*. URL https://en.wikipedia.org/wiki/CRAAP_test. – abgerufen am 20.05.2020. – Wikipedia.
[4] MADISON COLLEGE LIBRARY: *CRAAP Test explained: evaluating your sources*. URL https://www.youtube.com/watch?v=_eXtYmjFSzU. – abgerufen am 19.05.2020. – YouTube.

Matrix Bücher und Zeitschriften (Word-Dokument, Google Drive)

Arbeitsblatt CRAAP-Test (Word-Dokument, Google Drive)

Anleitung CRAAP-Test (pdf-Dokument, Google Drive)

Arbeitsblatt Exzerpt (Word-Dokument, Google Drive)

4.1 Matrix Medienkompetenz: Bücher und Zeitschriften

UNTERRICHTSEINHEIT

Bücher und Zeitschriften – Die analoge Welt der Medien

Kompetenztraining	Medienkompetenz
Zeitbedarf	Ca. 3–4 x 45 Min.
Klassenstufe(n)	Ab Klassenstufe 8

KERN-LERNINHALT(E)
- Informationen auf Vertrauenswürdigkeit überprüfen
- Informationen aus Quellen extrahieren

MATERIAL
- Ausreichender Bestand an Sachbüchern und Zeitschriften
- Bibliothekskatalog
- Arbeitsblatt Exzerpt
- Arbeitsblatt CRAAP-Test
- Arbeitsblatt Testanleitung

EINSTIEG	ARBEITSPHASE I	ARBEITSPHASE II	ERGEBNISSICHERUNG
10 MIN.	**35 MIN.**	**75 MIN.**[1]	**15 MIN.**
· Bestandsaufnahme der Grundkenntnisse	· Beispiel für CRAAP-Test · Beispiel für Exzerpt	· Eigenarbeit	· Präsentation einiger Ergebnisse
SCHÜLER/-INNEN	**SCHÜLER/-INNEN**	**SCHÜLER/-INNEN**	**SCHÜLER/-INNEN**
· beschreiben ihre Grundkenntnisse zum Thema „vertrauenswürdige Quellen"	· beteiligen sich an CRAAP-Test des Beispieltextes · beteiligen sich an der Zusammenfassung des Textes	· buchen Informationsquellen für ihr Thema · führen CRAAP-Test durch (Arbeitsblatt) · schreiben Exzerpt (Arbeitsblatt)	· Freiwillige präsentieren ihre Ergebnisse vor der Klasse
TRAINER/-IN	**TRAINER/-IN**	**TRAINER/-IN**	**TRAINER/-IN**
· fragt, woran man erkennt, ob eine Quelle vertrauenswürdig ist	· erarbeitet Beispiel für CRAAP-Test und Exzerpt mit den Schüler/-innen · verteilt die Recherchethemen	· unterstützt die Schüler/-innen bei ihren Aufgaben	· gibt Feedback

ERGÄNZENDE INFORMATIONEN

Dieses Projekt kann natürlich ebenso mit Online-Medien, also E-Books und E-Papers durchgeführt werden.

---

[1] Je nach Vorkenntnissen und Altersstufe kann auch mehr Zeit benötigt werden.

4.1 Medienkompetenz: Bücher und Zeitschriften – CRAAP-Test

CRAAP-TEST

1. Wähle jeweils einen Zeitschriftenartikel und ein Fachbuch zu deinem Thema aus und überprüfe die Artikel mithilfe des CRAAP-Tests!

CAARP	Mein Zeitschriftenartikel	Mein Fachbuch
C		
R		
A		
A		
P		

4.1 Medienkompetenz: Bücher und Zeitschriften

Anleitung zum CRAAP-Test

Informationen mit der CRAAP-Methode prüfen

Aktualität
CURRENCY

Ist die Information aktuell oder bereits durch neue Informationen überholt?

Hat die Information wirklich eine Bedeutung für das Thema?

Relevanz
RELEVANCE

Sorgfalt
ACCURACY

Wie vertrauenswürdig sind die Informationen? Sind alle Quellen angegeben?

Wer hat die Information verfasst? Welche Belege für die Informationsquellen gibt es?

Quelle
AUTHORITY

Zweck
PURPOSE

Ist die Information tendenziös, verfolgt sie ein bestimmtes Ziel oder möchte sie etwas verkaufen?

Wenn du nicht alle oder zumindest die meisten dieser Fragen positiv beantworten kannst, ist an dieser Information möglicherweise irgendetwas faul!

4.1 Medienkompetenz: Bücher und Zeitschriften

Exzerpt

Logo Ihrer (Schul-)Bibliothek

Thema
Mit welchem Thema befasst sich das Buch / der Artikel?

Bibliografische Angaben
Wie in einem Literaturverzeichnis!

Anmerkungen
Hinweise auf benutzte Seiten, besondere Tabellen oder Grafiken

Seite	Thema	Aussagen	Wörtliches Zitat	Eigene Notizen
Seitenzahl	*Detailthema des Abschnitts*	*Zusammenfassung der wichtigen Aussagen*	*„Diese Aussage möchte ich als wörtliches Zitat widergeben."*	*Hinweise zur Verwendung der Quelle, inhaltlichen Relevanz usw.*

4.1 Bücher und Zeitschriften – Die analoge Welt der Medien

Seite	Thema	Aussagen	Wörtliches Zitat	Eigene Notizen

4.2 Hörfunk und Fernsehen – Klassische Medien

Für Schülerinnen und Schüler ab Klassenstufe 5.

a. Didaktische Überlegungen

Unterrichtlicher Kontext
Nicht nur in Zeiten, in denen Home-Schooling angesagt ist, wird im Unterricht mehr oder weniger häufig auf YouTube-Videos zurückgegriffen. Es gibt hier inzwischen ein breites Angebot an hochwertigen Videos zu den verschiedensten Themen. Bei allen Jugendlichen ab zwölf sind YouTube und Netflix die am häufigsten genutzten Medien.[6] Das Fernsehen ist deutlich weniger interessant, Wissenssendungen oder Nachrichten liegen bei Jugendlichen in der Präferenz ganz weit hinten.[7]

Gerade heute, wo „Fake News" auf allen Kanälen Thema sind, macht es daher immer noch Sinn, Kinder und Jugendliche auf vertrauenswürdigen, professionellen Journalismus aufmerksam zu machen. Medienkritik ist auch hier ein wesentlicher Bestandteil der Medienkompetenz. So soll die Analyse einer Nachrichtensendung in Rundfunk oder Fernsehen und deren Vergleich mit Informationen aus sozialen Medien der Inhalt eines Projekts zu öffentlich-rechtlichen Medien sein. Das Beispiel muss natürlich jeweils an die aktuelle Zeit und Nachrichtenlage angepasst werden – nichts ist langweiliger als die Nachricht von gestern.

Lerngegenstand
Die Kinder und Jugendlichen beschäftigen sich mit den Grundlagen professionellen Journalismus. Sie lernen journalistische Arbeitsweisen und Prinzipien kennen und vergleichen Nachrichten in Radio und Fernsehen mit aus sozialen Netzwerken stammenden Informationen zu denselben Themen. Dabei untersuchen sie stets, welche Personen hinter den Nachrichten stehen und welche Absichten bei Urheberin oder Urheber der Nachricht mit einer Veröffentlichung verbunden sind.[8]

Zielsetzung
Die Jugendlichen sollen eine Strategie entwickeln, wie sie Informationen aus Medien – Radio, Fernsehen oder soziale Medien – auf ihre Vertrauenswürdigkeit und

---

[6] Vgl. MEDIENPÄDAGOGISCHER FORSCHUNGSVERBUND SÜDWEST: *JIM-Studie 2019: Jugend, Information, Medien; Basisuntersuchung zum Medienumgang 12- bis 19-Jähriger*. S. 37. URL https://www.mpfs.de/fileadmin/files/Studien/JIM/2019/JIM_2019.pdf. – abgerufen am 26.11.2020.
[7] MEDIENPÄDAGOGISCHER FORSCHUNGSVERBUND SÜDWEST (2019): S. 36.
[8] Nachrichtensendungen finden sich z. B. hier: ARD: *Tagesschau (Audio-Podcast)*. URL https://itunes.apple.com/podcast/id78518945. – abgerufen am 12.10.2020. – Apple Podcasts.

ihren Informationsgehalt überprüfen können. Sie entwickeln sich hin zu kritischen Nutzerinnen und Nutzern von Medien und verstehen, dass sie immer mehrere Quellen befragen sollten, um tendenziöse Beiträge identifizieren und einordnen zu können.

Voraussetzungen
Die Schülerinnen und Schüler brauchen den Zugang zu verschiedenen sozialen Medien wie zum Beispiel YouTube, Twitter, Instagram oder Facebook sowie zu den „herkömmlichen" Medien, also Fernsehen (auch Mediatheken) und Radio.

Um eingehend mit den Medien arbeiten zu können, ist ein Skript der zu analysierenden Nachrichtensendung hilfreich, wie es zum Beispiel vom Deutschlandfunk online angeboten wird.[9] In Mediatheken kann man eine der letzten Nachrichtensendungen als Audio- oder Videodatei herunterladen, so auch die Nachrichtensendungen der ARD und des ZDF. Alle öffentlich-rechtlichen Sender bieten darüber hinaus einen Zuschauerservice an, der für Rückfragen der Schülerinnen und Schüler oder die Anforderung eines Skripts genutzt werden kann.

Methoden
Am Beispiel einer aktuellen Nachrichtensendung wird von und mit allen Jugendlichen in einem Unterrichtsgespräch ein Vergleich zwischen Informationen aus klassischen Nachrichtenmedien und solchen aus sozialen Medien angestellt.

Eine ausgewählte TV-Nachrichtensendung wird in der Klasse angehört bzw. angeschaut und in die einzelnen Meldungen aufgeteilt. Jede einzelne Meldung wird dann von einer Gruppe bearbeitet. Die Schülerinnen und Schüler vergleichen Inhalt, Präsentationsweise und Informationsgehalt dieser Nachricht aus einer Nachrichtensendung des öffentlich-rechtlichen Fernsehens mit dem Inhalt und Nachrichtengehalt entsprechender Meldungen im Internet und in sozialen Medien.

Jede Gruppe fasst ihre Ergebnisse auf einer oder mehreren Folien einer digitalen Präsentation zusammen. Bei Bedarf werden die Ergebnisse durch Hintergrundinformationen ergänzt, z. B. zu den zitierten Facebook-Gruppen oder den Urheberinnen und Urhebern von YouTube-Filmen. Am Ende werden alle Folien in einer gemeinsamen Präsentation zusammengefasst.

Zeitbedarf
Je nach Altersgruppe und je nachdem, wie das Projekt organisiert wird: 3–6 Schulstunden.

---

[9] Vgl. DEUTSCHLANDRADIO: *Die Nachrichten*. URL https://www.deutschlandfunk.de/die-nachrichten-nachlesen.1794.de.html. – abgerufen am 21.09.2020. – deutschlandradio.de.

b. Methodische Überlegungen

Einstieg

Die Präsentation eines signifikanten Beispiels aus dem Bereich „Fake News" könnte ein guter Einstieg in das Thema sein.

Ein paar Beispiele:
- „Stadt rät zur Vorsicht: Keine Notfallrettung ab Freitag"[10]
- „Die Experten aus Taiwan bieten eine einfache Selbstkontrolle an, die wir jeden Morgen durchführen können. Atmen Sie tief ein und halten Sie den Atem für mehr als 10 Sekunden an. Wenn Sie die Untersuchung ohne Husten, ohne Beschwerden, ohne Prallheit oder Engegefühl usw. erfolgreich durchführen, beweist dies, dass keine Fibrose in den Lungen vorliegt, was im Grunde genommen auf keine Infektion hinweist."[11]

Sicherlich gibt es auch andere, aktuellere Erfahrungen mit „Fake News", über die Schülerinnen und Schüler hier berichten können.

Nach einer Diskussion über den Informations- und Wahrheitsgehalt dieser Nachrichten und über die Möglichkeiten, die Vertrauenswürdigkeit der Quelle zu überprüfen, wird die Aufgabe vorgestellt.

Arbeitsphase

Zunächst geht es darum, Aufbau und Funktion einer klassischen Nachrichtensendung zu besprechen:
- Die Bestandteile von Nachrichtensendungen: Vor- und Abspann, Moderation, Bericht, Kommentar, Interview, Wetter, Sport usw.
- Die gesellschaftliche Funktion der genannten Beispiele: die Informationsfunktion, Kritik- und Kontrollfunktion usw.
- Die Kriterien zur Beurteilung der Nachrichtenqualität: Vielfalt der Inhalte und Formen, gesellschaftliche Relevanz und Aktualität, Rechtmäßigkeit (Menschenwürde, Jugendschutz usw.).[12]

---

10 *Stadt rät zur Vorsicht: Keine Notfallrettung ab Freitag.* URL https://www.blitz-kurier.net/artikel/lokales/ingolstadt/politik/stadt-raet-zur-vorsicht-keine-notfallrettung-ab-freitag-50044936.html. – abgerufen am 22.06.2020. – Blitz Kurier.
11 MOSELER, KERSTIN: *Corona: So werden die Menschen in Kanada informiert.* URL https://www.deincarl.de/redation/news/corona-so-werden-die-menschen-in-kanada-informiert/579/. – abgerufen am 12.10.2020. – dein carl.
12 Zusätzliche Arbeitsblätter zu diesen Themen finden sich auch hier: FREIWILLIGE SELBSTKONTROLLE MULTIMEDIA-DIENSTEANBIETER E.V. (FSM): *Medien in die Schule.* URL https://www.medien-in-die-schule.de/unterrichtseinheiten/nachrichtensendungen-verstehen-und-selbst-erstellen/modul-1-verstehen-und-analysieren-von-nachrichtensendungen/ue1-c-merkmale-und-funktion-von-nachrichtenformaten/. – abgerufen am 12.10.2020.

Anschießend erarbeiten sie in Eigenaktivität die relevanten Informationen aus einer einzelnen Meldung einer Nachrichtensendung eines öffentlich-rechtlichen Senders und vergleichen diese mit vergleichbaren Nachrichten bzw. Recherchen zum Thema in verschiedenen sozialen Medien. Besonders wichtig ist es dabei, dass jede Meldung genau auf ihre Vertrauenswürdigkeit überprüft, ein Faktencheck durchgeführt und evaluiert werden muss, wer die Information verfasst hat.

In einer Präsentation werden die Informationen aus den verschiedenen Quellen einander gegenübergestellt. Die Erarbeitung erfolgt in Gruppenarbeit, wobei jede Gruppe eine einzelne Nachrichtenmeldung der Sendung bearbeitet. Die Schülerinnen und Schüler erhalten die Vorlage einer Präsentation, in die sie selbstständig ihre Ergebnisse eintragen.

Bei Bedarf erarbeiten sie zusätzlich noch Hintergrundinformationen zu den Urheberinnen/Urhebern der Nachrichten, z. B. in Faktenchecks des Senders, mit Internetrecherchen zu den Personen oder durch direkte Kontakte. Hilfreich sind dabei verschiedene Faktencheck-Seiten, z. B. die der öffentlich-rechtlichen Sendeanstalten, oder Seiten wie „mimikama – Verein zur Aufklärung über Internetmissbrauch"[13] oder „CORRECTIV – Recherchen für die Gesellschaft gemeinnützige GmbH"[14].

Am Ende werden die von den Gruppen gestalteten Folien in einer einheitlichen Präsentation zusammengeführt. Besonders motivierend ist es für die Jugendlichen, wenn diese Präsentation anschließend der gesamten Schulgemeinschaft oder sogar der Öffentlichkeit zur Verfügung gestellt wird. In jedem Fall muss jedoch darauf geachtet werden, dass das Urheberrecht nicht verletzt wird, also alle Quellen angegeben und Zitate als solche gekennzeichnet werden.

In einer kürzeren Version des Projekts kann man sich auch auf eine einzelne Meldung innerhalb einer Nachrichtensendung beschränken und diese mit Informationen aus mehreren anderen, vorgegebenen Informationsquellen vergleichen. Die Auswahl der Quellen und die Artikel werden hier also vorgegeben, die Jugendlichen erhalten alle Quellen, vergleichen diese nach demselben Prinzip und arbeiten die Ergebnisse in die Präsentation ein.

Abschluss

In einem Abschlussgespräch werden die Erfahrungen diskutiert, die die Schülerinnen und Schüler während dieses Projekts gemacht haben. Es werden vor allem die übergreifenden Fragen besprochen: die gesellschaftliche Funktion von Nachrichtensendungen, die Qualitätsmerkmale, die Frage, wie objektiv Nachrichtensendungen wirklich sein können und wie im Vergleich dazu die sozialen Medien Informationen vermitteln.

---

[13] *Mimikama: zuerst denken, dann klicken.* URL https://www.mimikama.at/. – abgerufen am 28.07.2020. – ZDDK-Verein zur Aufklärung über Internetmissbrauch.
[14] *CORRECTIV – Recherchen für die Gesellschaft.* URL https://correctiv.org/. – abgerufen am 28.07.2020. – Correctiv.org.

Matrix Hörfunk, Fernsehen (Word-Dokument, Google Drive)

PowerPoint Vorlage Nachrichten vergleichen (PowerPoint, Google Drive)

Tagesschau vom 23.05.2020

Nachrichten: Ein Vergleich

EIN PROJEKT DER KLASSE XXX AN DER XXX-SCHULE

Nachricht 1
Gehäufte Corona-Infektionen in Hessen und Niedersachsen

	Tagesschau	Facebook-Suche: Corona Hessen	YouTube-Suche: Corona Hessen	Internetrecherche nach Corona Hessen (Google)
Fakten bzw. Rechercheergebnisse	40 Corona-Infizierte nach Gottesdienst in Frankfurt, Hessen, 11 Infizierte nach privater Feier in Leer, NRW	viele Posts aus Nachrichtensendungen und Zeitungen, außerdem: **Gruppe Corona Rebellen:** Veranstaltungen	neben Kanälen von Zeitschriften und Fernsehsendern: **Frag uns doch!** https://youtu.be/LONDLPmAzo6	die ersten 23 Links führen zu Zeitungen oder Nachrichtensendern, danach kommt Twitter mit „**Unzensierte Nachrichten Südhessen**" ❸
Quellen genannt?	Landrat Leer, NRW Landrat Hanau, Hessen Hotel- und Gaststättenverband	Beispiel-Post (geteilter Inhalt) des Blogs „Alles Schall und Rauch": Urheber nicht erkennbar, Quelle unbekannt	nein	i.d.R. keine Quellen genannt
Autoren/Urheber?	ARD	verschiedene Gruppenmitglieder ❶	Alexander Quade ❷	unbekannt
Zweck der Nachricht?	Information	Aufruf zu Demonstrationen gegen Corona-Beschränkungen	Aufruf zu Demonstrationen gegen Corona-Beschränkungen	rechtsradikale Hetze gegen Ausländer, Verschwörungstheorien, Corona-Leugnung

Nachricht 1
Gehäufte Corona-Infektionen in Hessen und Niedersachsen

	Tagesschau	Facebook-Suche: Corona Hessen	YouTube-Suche: Corona Hessen	Internetrecherche nach Corona Hessen (Google)
Vielfalt der Inhalte und Formen?	mehrere Interviews, Vergleich Hessen – NRW, Vor-Ort-Reportage	öffentlich sichtbar viele Posts aus Nachrichtensendungen und Zeitungen, außerdem: **Gruppe Corona Rebellen**	Alexander Quade kommentiert die neuesten Entwicklungen. Aufruf zu (friedlichen) Demonstrationen	viele Nachrichten, in denen es um vermeintlich ausländische Straftäter, Corona-Leugnungen, Infragestellung von wissenschaftlichen Ergebnissen geht
Gesellschaftliche Relevanz?	Pandemie ist aktuell wichtigstes Thema	viele geteilte Posts und unbelegte Behauptungen Beispiel-Post vom 27.5.2020: Italien sagt, 96% der Virustodesfälle sind auf andere Krankheiten zurückzuführen (Post von Margret Luidl)	Demonstrationsrecht ist Grundrecht. Alexander Quade steht auch mit der Telegram-Gruppe https://t.me/KanalFragunsdoch mit verschwörungstheoretischen Inhalten in Verbindung	einseitige Darstellungen, Betonung bestimmter Ereignisse, tendenziell rechts
Rechtmäßigkeit	keine Verstöße	vermutlich rechtmäßig	vermutlich rechtmäßig	vermutlich (gerade noch) rechtmäßig
Form	Bericht	Facebook-Post	YouTube-Video	Twitter-Account

Faktencheck

❶ Julia (Julia Berger) und 3 weitere Mitglieder sind Admins. Kathi und Nicole sind Moderatoren. Die Namen sind nicht überprüfbar.

❷ Alexander Quade ist Geschäftsführer von qwp und Experte für Unternehmensentwicklung und Personalentwicklung 4.0. „Kern seiner Arbeit sind innovative Konzepte rund um die Themenfelder Mitarbeitermotivation und -zufriedenheit sowie Arbeitsleistung und -qualität. Quade arbeitet zusammen mit renommierten Instituten an einer mehrfach ausgezeichneten Methodik zur Prävention psychischer Belastung am Arbeitsplatz." (Quelle: Business Wissen Information Service, Karlsruhe.) Keine weiteren Informationen über die Person auffindbar.

❸ Auf Twitter teilt „Unzensierte Nachrichten Südhessen" regelmäßig Posts von „Der Dritte Weg", einer rechtsextremistischen Kleinstpartei.

4.2 Matrix Medienkompetenz: Hörfunk, Fernsehen

UNTERRICHTSEINHEIT

Hörfunk, Fernsehen – Klassische Medien

Kompetenztraining	Medienkompetenz
Zeitbedarf	3–6 x 45 Min.
Klassenstufe(n)	Ab Klassenstufe 5

KERN-LERNINHALT(E)	MATERIAL
· Professioneller Journalismus · Nachrichten aus Radio und Fernsehen im Vergleich zu solchen aus sozialen Netzwerken · Faktencheck („Fake News")	· Zugang zu verschiedenen sozialen Medien · Zugang zu Mediatheken · Evtl. Skript einer Nachrichtensendung · Arbeitsblätter

EINSTIEG	ARBEITSPHASE I	ARBEITSPHASE II	ERGEBNISSICHERUNG
15 MIN.	**15 MIN.**	**45 MIN.+[1]**	**15 MIN.**
· Beispiel aus dem Bereich „Fake News"	· Beispielanalyse einer Nachrichtensendung	· Eigenaktivität: Präsentation	· Resümee
SCHÜLER/-INNEN	**SCHÜLER/-INNEN**	**SCHÜLER/-INNEN**	**SCHÜLER/-INNEN**
· diskutieren über den Informations- und Wahrheitsgehalt der Nachricht	· diskutieren die Unterschiede der Nachrichten aus öffentlich-rechtlichen Sendern zu solchen aus sozialen Netzwerken	· erarbeiten ihren Teil der Präsentation anhand der Vorlage	· berichten von ihren Erfahrungen · sprechen über Qualitätsmerkmale · diskutieren die Frage von Objektivität
TRAINER/-IN	**TRAINER/-IN**	**TRAINER/-IN**	**TRAINER/-IN**
stellt Fragen: · zu den Fakten · zur Vertrauenswürdigkeit von Informationen · zu der Möglichkeit von Faktenchecks	· stellt Fragen zu den Unterschieden zwischen den Informationsquellen · teilt Gruppen ein · verteilt Vorlage	· führt am Ende die einzelnen Folien zu einer Präsentation zusammen	· stellt Fragen zu dem Projekt · bespricht Ergebnisse der Referate mit den Schüler/-innen

ERGÄNZENDE INFORMATIONEN

Für jüngere Schüler/-innen kann auch eine kürzere Variante des Projekts durchgeführt werden.

---

[1] Die Dauer der Gruppenarbeit ist abhängig von den Vorkenntnissen und der Klassenstufe. Sie kann auch zum Teil als Hausaufgabe gegeben werden.

4.3 Das Internet – Ein Weblog für die (Schul-)Bibliothek

Für Schülerinnen und Schüler ab Klassenstufe 7.

a. Didaktische Überlegungen

Unterrichtlicher Kontext

Selbst eine erste Internetseite aufbauen und sich gleichzeitig aktiv für die (Schul-)Bibliothek einsetzen – das können Schülerinnen und Schüler gut kombinieren, wenn sie ein Weblog für die Bibliothek aufbauen dürfen.

Damit entsteht eine Win-win-Situation für alle Beteiligten: Die Jugendlichen beschäftigen sich mit Aufbau, Inhalt und rechtlichen Aspekten von Websites, die Bibliothek bekommt – wenn alles gut geht – eine dauerhaft bestehende Internetplattform, auf der sie je nach Bedarf ihre Neuigkeiten, Buchtipps, Veranstaltungshinweise und vieles mehr veröffentlichen kann. Im Gegensatz zu einem Newsletter kann hier individuell entschieden werden, ob man das Weblog abonnieren möchte, eine unerwünschte Informationsflut wird also vermieden. Wichtig ist es jedoch, das Weblog bekannt zu machen, also viel Öffentlichkeitsarbeit zu betreiben.

Lerngegenstand

Schülerinnen und Schüler lernen, ein Weblog zur Darstellung bibliotheksspezifischer Inhalte zu erstellen. Sie beschäftigen sich sowohl mit der technischen Umsetzung und dem Layout als auch mit den ersten Inhalten. Außerdem müssen sie sich mit der Impressumspflicht, also mit der Datenschutz-Grundverordnung (DSGVO), auseinandersetzen und eigene Texte verfassen, die zur Veröffentlichung geeignet sind. Nebenbei üben sie auch die Einhaltung der Rechtschreibregeln.

Zielsetzung

Sich – unter Beachtung aller geltenden Regeln und Verordnungen – im Internet nicht nur passiv, sondern mit eigenen Inhalten zu bewegen, sollte für die meisten Schülerinnen und Schüler von großem Interesse sein und ihre Medienkompetenz ausbauen.

Sie müssen sich in diesem Projekt nicht nur aktiv mit den technischen Möglichkeiten der Webseitengestaltung auseinandersetzen, sondern sich auch um Fragen des Layouts, der Seitenstruktur und der Inhalte auseinandersetzen. Nicht zuletzt verfassen sie ansprechende journalistische Texte, die von einem Publikum auch außerhalb der Schule oder Bibliothek gelesen werden.

Voraussetzungen
Selbstverständlich werden auch für dieses Projekt ausreichend internetfähige Computerarbeitsplätze benötigt. Die Plattform sollte bereits ausgewählt und installiert worden sein, so dass alle Teilnehmerinnen und Teilnehmer des Projekts darauf zugreifen können.

Weit verbreitete Anbieter von Blog-Plattformen sind WordPress.com[16], Blogger.com, tumblr.com und blogger.de. Klarer Vorteil: Man benötigt hier keine technischen Vorkenntnisse zu Server, Hosting, Webdesign, außerdem bleiben Updates, Back-ups oder Spamschutz in der Verantwortung des Anbieters. Wer allerdings eine eigene URL und keine automatisch eingeblendete Werbung im Blog haben möchte, muss schon einen kleinen jährlichen Betrag investieren, zum Beispiel bei wordpress.com wenige Euro pro Monat.

Methoden
In einem Unterrichtsgespräch werden die wichtigsten Grundlagen für das Weblog gemeinsam erarbeitet und die Reihenfolge der Arbeitsschritte festgelegt. Wer selbst noch keine Erfahrung mit der Erstellung von Weblogs hat, findet im Internet zahlreiche hilfreiche Anleitungen, die den Einstieg in das Thema erleichtern können.[17] Es ist wichtig, gemeinsam zu erarbeiten, wie die Seiten, das Design (Theme), Einstellungen der Verwaltung und Impressum aussehen sollen.

Die Klasse wird nun in Gruppen aufgeteilt, und jede Gruppe erarbeitet unter Einbeziehung der Vorgaben je einen Teilbereich des Weblogs. Wenn die einzelnen Teilbereiche gestaltet sind, können die Gruppenzuordnungen getauscht werden. So überprüft z. B. die Layout-Gruppe das Impressum, die Gruppe, die das Impressum geschrieben hat, kümmert sich um die Startseite usw.

Das sorgt dafür, dass die Ergebnisse nochmals überprüft werden und mehr Schülerinnen und Schüler direkt in einem weiteren Bereich arbeiten. Sollten jedoch Änderungen erfolgen, muss dies zwischen den Gruppen abgesprochen werden – eine kleine kommunikative Herausforderung am Rande.

Zeitbedarf
Insgesamt etwa fünf- bis sechsmal 45 Minuten.
Vorbereitung 90 Minuten, Umsetzung dreimal 45 Minuten (ggf. teilweise als individuelle Arbeitszeit).

---

[16] Nicht zu verwechseln mit WordPress.org. Hier laden Sie nur eine Software herunter, Installation auf der eigenen Domain und Hosting müssen sie selbst managen.
[17] IONOS DIGITAL: *Einen eigenen Blog erstellen – Schritt für Schritt Anleitung*. URL https://www.ionos.de/digitalguide/hosting/blogs/blog-erstellen/. – abgerufen am 28.05.2020. – IONOS by 1&1.

b. Methodische Überlegungen

Einstieg

Das Beispiel eines Bibliotheksblogs könnte Einstieg und Ansporn für die Jugendlichen sein, mehr und bessere Ideen für die Umsetzung zu bekommen. Zeigen Sie ihnen mehrere Beispiele aus dem Netz. Ein sehr positives Beispiel für ein Schulbibliotheksblog ist das Bibliotheksblog des Gymnasiums W. v. d. Vogelweide Bozen.[18]

Viele Universitäts- und Stadtbibliotheken nutzen dieses Medium natürlich auch. Achten Sie bei der Auswahl der Beispiele vor allem auch auf die Aktualität der Beiträge, denn leider finden sich zahlreiche Bibliotheksblogs, die lange nicht aktualisiert wurden.

Arbeitsphase

In dem hier beschriebenen Projekt wurde die Plattform WordPress.com gewählt.

In einem Unterrichtsgespräch wird zunächst die Begrifflichkeit geklärt: Worum handelt es sich bei „Themes", „Widgets", „Menüs", „Seiten", „Plugins" und anderen Elementen, welche Designs und Einstellungen sollen gewählt werden und welche Anforderungen müssen diese erfüllen?[19]

Der Arbeitsbereich, das „Dashboard", muss gründlich erkundet werden, damit sich alle gut darin zurechtfinden. Dies geschieht am besten live im Programm, via Beamer oder Smartboard. Man sollte sich dabei auf die Einstellungen beschränken, die auch im Arbeitsblatt genannt sind – allzu leicht verliert man sich sonst in den Möglichkeiten und Untiefen des Dashboards. Danach müssen gemeinsam die Basisstrukturen des Weblogs festgelegt werden. Wie soll der Titel der Website lauten, wie kann der Untertitel möglichst aussagekräftig ausgestaltet werden? Welche Kategorien, Menüpunkte, Seiten und Tags sollen verwendet werden? Und nicht zuletzt geht es um den thematischen Schwerpunkt: Soll nur über Veranstaltungen informiert werden oder gibt es auch Buchempfehlungen? Wie sollen die Beiträge im Prinzip gestaltet sein? Welche Regeln sollen für die Vergabe von „Tags" und „Kategorien" gelten? Wie muss ein Impressum aussehen?[20] Die Ergebnisse der gemeinsamen Besprechung können in einem Arbeitsblatt dokumentiert werden, so dass eine einheitliche Arbeitsgrundlage vorhanden ist.

In der Gruppenarbeit werden dann anhand dieser Grundlage Basisstrukturen, Layout und Inhalte im Programm umgesetzt. Sind alle Vorbereitungen getroffen, ar-

---

[18] GYMNASIUM WALTHER VON DER VOGELWEIDE, BOZEN: *Bibliotheksblog des Gymnasiums W. V. D. Vogelweide, Bozen*. URL https://bibgymbz.wordpress.com/. – abgerufen am 12.10.2020.
[19] Vgl. VÖLKER, MELANIE: *Wordpress – Website erstellen für Einsteiger: Step-by-Step-Anleitung*. BoD – Books on Demand, 2020.
[20] IHK WIESBADEN: *Rechtliche Pflichten für Websites – Impressum, Datenschutz etc.* URL https://www.ihk-wiesbaden.de/recht/rechtsberatung/internetrecht-und-werbung/internetauftritt-rechtliche-anforderungen-und-pflichten-1255572. – abgerufen am 12.10.2020.

beiten die Schülerinnen und Schüler in der vorgegebenen Reihenfolge an Design, Struktur und Inhalt der Webseite. Jede Gruppe ist für die korrekte Umsetzung der Vorgaben im Programm verantwortlich, wobei die Einstellungen und Inhalte anschließend nochmals von einer zweiten Gruppe überprüft werden.

Eine der Gruppen entwirft also zum Beispiel einen ersten Blogbeitrag, der dann von einer anderen Gruppe überprüft wird. (Sollten aufgrund der Klassengröße noch weitere Gruppen gebildet werden müssen, können diese erste Blog- oder Seitenbeiträge verfassen.)

Sollte noch Zeit übrig sein, könnten die Jugendlichen auch eine erste Planung der Öffentlichkeitsarbeit für das Weblog übernehmen oder aber weitere Inhalte auf der Seite einpflegen.

Abschluss
In einem Abschlussgespräch werden das Weblog nochmals gemeinsam angeschaut und die Ergebnisse besprochen. Sollten noch Änderungen vorgeschlagen werden, können diese natürlich auch dann noch vorgenommen werden.

Ein besonders runder Abschluss wäre es, wenn die Schülerinnen und Schüler ihr Projekt nun innerhalb der Schule auch anderen Klassen präsentieren könnten. Sie könnten so nicht nur ihre Kreativität demonstrieren, sondern würden auch gleich einen Teil der Öffentlichkeitsarbeit für das Weblog übernehmen.

Matrix Das Internet (Word-Dokument, Google Drive)

Arbeitsblatt Unser Weblog (Word-Dokument, Google Drive)

4.3 Matrix Medienkompetenz: Das Internet

UNTERRICHTSEINHEIT

Das Internet – Ein Weblog für die (Schul-)Bibliothek

Kompetenztraining	Medienkompetenz
Zeitbedarf	4–6 x 45 Min.
Klassenstufe(n)	Ab Klassenstufe 7

KERN-LERNINHALT(E)	MATERIAL
· Gestaltung einer Internetseite	· Computerarbeitsplätze
· Verfassen journalistischer Texte	· Weblogplattform
· Impressumspflicht	· Beamer, Bildschirm oder Smartboard

EINSTIEG	ARBEITSPHASE I	ARBEITSPHASE II	ERGEBNISSICHERUNG
15 MIN.	**75 MIN.**	**120 MIN.**	**15 MIN.**
· Beispiel eines Bibliotheksblogs	· Erkunden der Websitefunktionen · Begriffsklärung · Festlegung der Basisstruktur	· Gruppenarbeit: Gestaltung der Website · Schreiben (mindestens) eines Blogbeitrags	· Gemeinsame Betrachtung des Ergebnisses · Evtl. Präsentation der Website in der Schule
SCHÜLER/-INNEN	**SCHÜLER/-INNEN**	**SCHÜLER/-INNEN**	**SCHÜLER/-INNEN**
· beschreiben, was ihnen an dem gezeigten Blog positiv und negativ auffällt	· notieren die Ergebnisse der Besprechung anhand des Arbeitsblattes als gemeinsame Arbeitsgrundlage	· gestalten das Weblog gemäß den Vorgaben · füllen das Weblog mit Inhalten · überprüfen die Umsetzung einer anderen Gruppe	· äußern sich zu dem Ergebnis ihrer Arbeit · (präsentieren ihr Projekt in der Schule)
TRAINER/-IN	**TRAINER/-IN**	**TRAINER/-IN**	**TRAINER/-IN**
· stellt Fragen zu dem gezeigten Beispiel	· erklärt die Funktionsweise der Website · klärt die Begriffe, die in den Einstellungen benutzt werden	· unterstützt die Schüler/-innen · beantwortet Fragen · überprüft die Einhaltung der Vorgaben	· führt den Schülerinnen und Schülern das Endprodukt des Projekts vor

ERGÄNZENDE INFORMATIONEN

Arbeitsphase II kann teilweise **auch selbstorganisiert außerhalb des Unterrichts stattfinden.**

4.3 Medienkompetenz: Das Internet

Logo Ihrer (Schul-)Bibliothek

Unser Weblog

1. **Die Seiten**

    1.1. Impressum

    1.2. _____

    1.3. _____

    1.4. _____

2. **Das Design**

    2.1. Gewähltes „Theme": _____

    2.2. Anpassen

        2.2.1. Website-Identität (Urheber + Logo) _____

        2.2.2. Farben und Hintergründe _____

        2.2.3. Schriften _____

        2.2.4. Header-Bild _____

        2.2.5. Menüs _____

        2.2.6. Inhaltsoptionen _____

        2.2.7. Widgets _____

        2.2.8. Startseite-Einstellungen _____

3. **Verwalten (Dashboard)**

   3.1. Einstellungen _____

   3.2. Schreiben _____

   3.3. Lesen _____

   3.4. Diskussion _____

   3.5. Teilen _____

   3.6. Bewertungen _____

   3.7. Administrator/-innen _____

   3.8. Einladungen (Follower/-innen, Mitarbeiter/-innen, Autor/-in, Redakteur/-innen, Administrator/-in?)
   _____
   _____

4. **Blogbeitrrräge**

   Themen: _____
   _____
   _____
   _____
   _____
   _____

4.4 Medienkritik – Informationsimperien im Blick

Für Schülerinnen und Schüler ab Klassenstufe 10.

a. Didaktische Überlegungen

Unterrichtlicher Kontext

Falschnachrichten oder „Fake News" sind inzwischen nicht nur für junge Menschen ein alltägliches Phänomen in der Online-Medienlandschaft. Rund zwei Drittel der von der Vodafone Stiftung 2019 befragten 14- bis 24-Jährigen (64 %) gaben an, mindestens einmal in der Woche mit Falschmeldungen in Kontakt zu kommen.[21]

Die Ursache hierfür könnte man nicht zuletzt im Informationsverhalten der Jugendlichen vermuten. 87 % der in der JIM-Studie 2019 befragten Jugendlichen nutzen Google zur Informationssuche, gleich darauf folgen YouTube mit 55 % und an dritter Stelle Wikipedia mit 33 %. Facebook/Twitter liegt auf Platz vier mit 16 %. Lediglich 6 % nutzen Nachrichtenportale von Fernsehsendern.[22]

Das Ergebnis erscheint Grund genug, mindestens diese Internetriesen von Schülerinnen und Schülern in einem Projekt einmal genauer unter die Lupe nehmen zu lassen.

Lerngegenstand

Die Jugendlichen untersuchen Geschichte, Entwicklung und Bedeutung der Internetkonzerne. Sie beschäftigen sich mit ihrer Entstehungsgeschichte, ihren zentralen Geschäftsmodellen und ihrer gesellschaftlichen und wirtschaftlichen Bedeutung.

Sie setzen sich kritisch mit dem Informationsangebot des jeweiligen Unternehmens auseinander und vergleichen die Konzerne und ihre Strategien. Schließlich vergleichen sie die Vertrauenswürdigkeit von Informationsquellen der jeweiligen Portale und setzen sich mit den Faktoren auseinander, die das Auffinden von Informationen wesentlich bestimmen.

Zielsetzung

Sicherlich werden die Schülerinnen und Schüler auch nach diesem Projekt ihr Informationsverhalten nicht unmittelbar und deutlich ändern. Ziel kann es dennoch sein, dass sich die Jugendlichen anschließend mit einer kritischeren Grundhaltung in der

---

[21] VODAFONE STIFTUNG DEUTSCHLAND GGMBH: *Studie zum Informationsverhalten in einer digitalen Welt.* URL https://www.vodafone-stiftung.de/studie-zum-informationsverhalten-in-einer-digitalen-welt/. – abgerufen am 28.07.2020.
[22] MEDIENPÄDAGOGISCHER FORSCHUNGSVERBUND SÜDWEST: *JIM-Studie 2019.* URL https://www.mpfs.de/fileadmin/files/Studien/JIM/2019/JIM_2019.pdf. – Landesanstalt für Kommunikation (LFK). S. 41.

digitalen Welt bewegen und ihre Medienkompetenz im Sinne kritischer Betrachtung der Angebote ausbauen.

Es geht an dieser Stelle vor allem darum, Einblick in die Strukturen, das Wirtschaften und die Geschäftsmodelle der Internetkonzerne zu bekommen, in die Funktionsweise von Algorithmen sowie in die Bedeutung und den Wert von Nutzerdaten in der Welt von Google, YouTube und Co.

Voraussetzungen
Selbstverständlich wird auch hier wieder ein Zugang zu den entsprechenden Portalen an internetfähigen Computern benötigt. Die Jugendlichen erarbeiten digitale Präsentationen zu ihren Themen, die dann per Beamer oder Smartboard gezeigt werden sollen. Ein kleiner Bestand an geeigneten und vor allem aktuellen Sachbüchern zu den Konzernen wäre von Vorteil.

Methoden
Nach einem Einführungsgespräch erarbeiten die Schülerinnen und Schüler ihre Themen weitestgehend selbstständig in Eigenaktivität. Als Vorgabe dient lediglich eine Handreichung, in der die wichtigsten Aspekte genannt sind, die von allen in ihrem Bereich gleichermaßen untersucht werden sollen.

In Gruppenarbeit werden Präsentationen zu den Unternehmen erstellt, die mindestens die im Arbeitsblatt genannten Punkte enthalten. Anschließend werden die Präsentationen im Klassenverband vorgeführt und diskutiert.

Zeitbedarf
Insgesamt sechs- bis achtmal 45 Minuten.

Je nach Anteil der individuellen Arbeitszeit: zwei- bis dreimal 45 Minuten Informationsrecherche, zwei- bis dreimal 45 Minuten Erarbeitung der Präsentation, zweimal 45 Minuten Präsentation und Diskussion.

b. Methodische Überlegungen

Einstieg
Als Einstieg in das Thema eignet sich die JIM-Studie, in der das Informationsverhalten von Jugendlichen untersucht wird. Man könnte zunächst eine Umfrage zum Informationsverhalten der Schülerinnen und Schüler in der Klasse durchführen und die Ergebnisse mit der JIM-Studie vergleichen.[23]

---

[23] MEDIENPÄDAGOGISCHER FORSCHUNGSVERBUND SÜDWEST: *JIM-Studie 2019*. URL https://www.mpfs.de/fileadmin/files/Studien/JIM/2019/JIM_2019.pdf. – Landesanstalt für Kommunikation (LFK).

Arbeitsphase

Zunächst werden – möglichst unter Einbeziehung der Schülerwünsche – die Projekte der einzelnen Gruppen festgelegt, also welche Gruppe sich mit welchem Konzern beschäftigt. Die Grundstruktur der zu erarbeitenden Präsentation (Arbeitsblatt) wird in der Klasse besprochen. Wichtig ist es dabei zu betonen, dass die Gruppen je nach Projekt auch weitere Punkte in die Präsentation aufnehmen können. Das Arbeitsblatt ist also lediglich ein Mindeststandard für jede Gruppe, der eine gewisse Vergleichbarkeit der Informationen garantieren soll.

Sofern man über eine gut ausgestattete Bibliothek verfügt und womöglich vor Projektbeginn noch entsprechende Literatur einkaufen konnte, ist es sinnvoll, die Jugendlichen zu verpflichten, auch ein Buch oder eine Zeitschrift zum Thema für ihre Präsentation zu verwenden. Erfahrungsgemäß stößt dies bei manchen auf Widerstand, stellt aber zum Beispiel sicher, dass nicht nur Google für die Recherche nach dem Google-Konzern benutzt wird.

In der anschließenden Gruppenarbeit wird von jeder Gruppe eine Präsentation zu dem jeweiligen Internetkonzern erstellt. Google, Facebook, YouTube, Twitter – es gibt reichlich Auswahl an möglichen Kandidaten für eine gründliche Recherche. Natürlich müssen die Schülerinnen und Schüler sich auch und gerade in diesem Projekt an die Regeln korrekten Zitierens halten und alle verwendeten Informationsquellen in einem Quellenverzeichnis angeben.

Aus einer Zusammenfassung der wichtigsten Informationen kann man anschließend gemeinsam Plakate gestalten, auf denen die wichtigsten Merkmale der Konzerne vergleichend aufgelistet werden. Oder aber man verarbeitet die Ergebnisse zu einer Slideshow, die in der Schulgemeinschaft oder der (Schul-)Bibliothek gezeigt werden kann.

Abschluss

In einer Abschlussrunde werden die Ergebnisse und Erkenntnisse der Schülerinnen und Schüler diskutiert. Es sollte in jedem Fall besprochen werden, ob und welche neuen Informationen und Erkenntnisse die Jugendlichen gewonnen haben und welche Konsequenzen sie für ihr Verhalten daraus ziehen werden. Die Plakate werden in der Schule oder der Bibliothek ausgestellt.

Matrix Medienkritik

Arbeitsblatt Präsentationen (Word-Dokument, Google Drive)

4.3 Matrix Medienkompetenz: Medienkritik

UNTERRICHTSEINHEIT

Medienkritik – Informationsimperien im Blick

Kompetenztraining	Medienkompetenz
Zeitbedarf	6–8 x 45 Min.
Klassenstufe(n)	Ab Klassenstufe 10

KERN-LERNINHALT(E)	MATERIAL
· Internetkonzerne, deren Bedeutung und Einfluss auf die Gesellschaft	· Computerarbeitsplätze mit Internetzugang und PowerPoint
· Zitieren und Quellenangaben	· Sachliteratur zum Thema

EINSTIEG	ARBEITSPHASE I	ARBEITSPHASE II	ERGEBNISSICHERUNG
15 MIN.	**75 MIN.**	**90 MIN.**	**90 MIN.**
· JIM-Studie	· Informationsrecherche	· Präsentationen erstellen	· Präsentationen · Diskussion
SCHÜLER/-INNEN	**SCHÜLER/-INNEN**	**SCHÜLER/-INNEN**	**SCHÜLER/-INNEN**
· berichten von ihrem Informationsverhalten · vergleichen sich mit den Ergebnissen der Studie	· recherchieren im Internet und in der verfügbaren Sachliteratur zu einem der Konzerne · dokumentieren ihre Quellen	· arbeiten ihre Rechercheergebnisse in eine Präsentation ein · geben Quellen und Zitate an	· stellen ihre Präsentationen vor · diskutieren über die Ergebnisse der Recherchen · gestalten ein Plakat für die Ausstellung
TRAINER/-IN	**TRAINER/-IN**	**TRAINER/-IN**	**TRAINER/-IN**
· präsentiert die JIM-Studie · stellt Fragen zum Informationsverhalten der Schüler/-innen	· unterstützt die Schüler/-innen bei der Informationssuche	· berät bei der Erstellung der Präsentation	· stellt Fragen zu den Präsentationen · regt eine Diskussion über die vorgestellten Konzerne an

ERGÄNZENDE INFORMATIONEN

Arbeitsphase II kann auch teilweise **selbstorganisiert außerhalb des Unterrichts stattfinden.**

4.4 Medienkompetenz: Medienkritik

Facebook, Twitter & Co.: Präsentationen

Logo Ihrer (Schul-)Bibliothek

IN EUREN PRÄSENTATIONEN SOLLEN **MINDESTENS** FOLGENDE PUNKTE ENTHALTEN SEIN:

- Art des Unternehmens
- Eigentümer, Mutterkonzern
- Verflechtungen: Tochterkonzerne, Beteiligungen, ...
- Geschäftsmodell (Funktionen und Technik)
- Geschichte des Konzerns, Entwicklung
- Aktuelle Geschäftszahlen, Marktstellung (weltweit)
- Kritik

Achtet darauf, alle Informationsquellen anzugeben

und alle Zitate korrekt zu kennzeichnen!

4.5 Medienteilhabe – Ein Video-Tutorial für die Bibliothek

Für Schülerinnen und Schüler ab Klassenstufe 9.

a. Didaktische Überlegungen

Unterrichtlicher Kontext

Möchte man, dass Schülerinnen und Schüler in der Medienwelt aktiv gestaltend tätig werden, gibt es neben dem Weblogprojekt noch zahlreiche weitere Möglichkeiten, ihnen die Grundlagen der Mediengestaltung zu vermitteln. Denkbar wäre es, sich bei Wikipedia zu engagieren, ein Podcast könnte die Neuigkeiten in der Schule besprechen oder Lehrerinterviews beinhalten. Möchte man jedoch auch für die (Schul-)Bibliothek einen bleibenden Gewinn erzielen, bietet es sich an, die Jugendlichen verschiedene Videoanleitungen gestalten zu lassen.

Wie reserviert man Medien im Bibliothekskatalog? Wie kann man sich E-Books ausleihen? Wie schreibt man eine Buchrezension? Für jede (Schul-)Bibliothek finden sich bestimmt zahlreiche Themen, die man in einem solchen Tutorial erläutern kann.

Jugendliche (wie auch Trainerinnen und Trainer) benötigen dabei gute Kenntnisse in der Bedienung der entsprechenden Computerprogramme. Sie müssen sich zugleich genau in die darzustellenden Funktionen und Abläufe einarbeiten, die im Video dargestellt werden sollen, um sie den Mitschülerinnen und Mitschülern klar und verständlich zeigen zu können.

Lerngegenstand

Die Schülerinnen und Schüler lernen den Umgang mit einem Videoaufnahmeprogramm (Screen-Recorder) und einer Videoschnittsoftware. Sie beschäftigen sich detailliert mit den Angeboten der (Schul-)Bibliothek und müssen sich in ihr potenzielles Publikum hineinversetzen, das mit Hilfe ihrer Videos die relevanten Informationen schnell verstehen und umsetzen können soll. Die Jugendlichen werden so selbst zu Informationsvermittlern und Bibliothekspädagoginnen und -pädagogen. Außerdem verfassen sie ein erstes kleines Drehbuch zu ihrem Film.

Zielsetzung

Es entstehen mehrere Tutorials zu Angeboten der (Schul-)Bibliothek. Grundstruktur und Layout sind aufeinander abgestimmt, der Inhalt selbst wird von den Jugendlichen festgelegt. Ein YouTube-Kanal mit mehreren Videos, die langfristig zur Schulung eingesetzt werden können, wird aufgebaut. Die Schülerinnen und Schüler nehmen aktiv an der Gestaltung von Onlinemedien zur Schulung von Kundinnen und Kunden der Bibliothek teil. Statt bei passiven Konsumverhalten zu verharren werden die Jugendlichen zu Produzentinnen und Produzenten eigener Inhalte.

Voraussetzungen
Für das Projekt werden ausreichend ausgestattete, internetfähige Computerarbeitsplätze benötigt. Grundsätzlich werden zwei Arten Software gebraucht: ein Programm zur Aufzeichnung und eines zur Bearbeitung von Videos. Vergleichen Sie die zahlreichen Angebote für Screen-Recorder-Software (Bildschirmaufnahmesoftware) und Videoschnittsoftware.[24]

Darüber hinaus sollte die (Schul-)Bibliothek einen eigenen YouTube-Videokanal einrichten, auf den die Videos hochgeladen werden können. Hier kann man die Privatsphäre so einstellen, dass lediglich per Link auf die Videos zugegriffen werden kann – das vermeidet urheberrechtliche Schwierigkeiten und unerwünschtes Publikum. Sie können ihre gelungenen Ergebnisse auch mit der Öffentlichkeit teilen, wenn Sie das wünschen.

Welche Software Sie benutzen möchten, hängt von Ihren persönlichen Präferenzen und Ihren Kenntnissen im Umgang mit derartiger Software ab.[25] Vor allem Videoschnittsoftware kann in der Bedienung recht kompliziert erscheinen. Planen Sie daher etwas Zeit ein, um sich mit der Software eingehend zu beschäftigen. Es schadet aber auch nicht, wenn Sie sich gleichzeitig und gemeinsam mit Schülerinnen und Schülern in ein neues Programm einfuchsen.

Eines der wichtigsten aktuellen kostenlosen Schnittprogramme – „Shotcut" zum Beispiel[26] – ist für den Schnitt von Videos hervorragend geeignet. Für ein Tutorial, das lediglich mit Bildschirmmitschnitten arbeitet, genügt aber möglicherweise auch ein wesentlich einfacheres Tool.

In dem hier dargestellten Projekt wurde mit der etwas älteren, aber sehr intuitiv zu bedienenden Software Captura[27] und dem Movie-Maker[28] gearbeitet. Movie-Maker wird für Windows 10 nicht mehr empfohlen, funktioniert aber dennoch einwandfrei und ist völlig unkompliziert bedienbar.

Natürlich kann man auch die neue Windows-10-App Video Editor 10[29] benutzen oder eines der zahlreichen anderen Videobearbeitungsprogramme, die auf dem Markt zu finden sind. Einschlägige Portale, zum Beispiel von Computer-Zeitschriften, bieten anschauliche Vergleiche der verschiedenen Angebote.

---

24 CHIP ONLINE: *Top 100 Screenrecorder Downloads aller Zeiten.* URL https://www.chip.de/download/tag_screenrecorder_Screenrecorder/gesamt-charts/. – abgerufen am 28.07.2020. – CHIP.
25 ABB, ANDREAS: *Die besten kostenlosen Videoschnittprogramme 2020.* URL https://youtu.be/R_8ZMCAaSYM. – abgerufen am 09.06.2020. – YouTube.
26 MELTYTECH, LLC.: *Shotcut – Home.* URL https://shotcut.org/. – abgerufen am 12.10.2020.
27 OPPITZ, MARKUS: *Bildschirm abfilmen – so schnell geht's mit dem kostenlosen Captura 8.0.* URL https://youtu.be/3RkoSqTj3lU. – abgerufen am 09.06.2020. – YouTube.
28 Vgl.: ZENTRUM FÜR SCHULQUALITÄT UND LEHRERBILDUNG (ZSL): *Tutorial Windows Movie Maker 2.* URL https://lehrerfortbildung-bw.de/st_digital/medienwerkstatt/multimedia/video/wmmtut/. – abgerufen am 26.11.2020. – Zentrum für Schulqualität und Lehrerbildung (ZSL).
29 Vgl. MICROSOFT: *Erstellen von Filmen mit dem Video-Editor.* URL https://support.microsoft.com/de-de/help/17205/windows-10-create-videos. – abgerufen am 12.10.2020.

Methoden
In einem Unterrichtsgespräch werden zunächst die gewünschten Inhalte und Vorgaben besprochen. Die Schülerinnen und Schüler erarbeiten dann für ihren Bereich ein knappes Drehbuch. In diesem dokumentieren sie die Schritte, die sie in ihrem Tutorial zeigen möchten, und dokumentieren die wichtigsten Vorgaben bezüglich Struktur, Darstellung und Layout.

Nach diesen Vorgaben werden zunächst ein Vor- und ein Abspann erstellt. In einem Wettbewerb wird der beste Vor- bzw. Abspann für die Videos gewählt.

In Gruppenarbeit setzen die Jugendlichen dann ihre Projekte am Computer um, wobei Vor- und Abspann der Siegergruppen verwendet werden. Das garantiert, dass Sie am Ende einigermaßen einheitlich gestaltete Videos zur Verfügung haben.

Die Endergebnisse aller Gruppen werden in der Klasse vorgeführt und in einem Praxistest im Ringtausch auf Herz und Nieren geprüft. Nach allen erforderlichen Korrekturen werden die Videos auf YouTube gespeichert und per Link allen Mitgliedern der Schulgemeinschaft zur Verfügung gestellt.

Zeitbedarf
Vorbereitung: ca. zweimal 45 Minuten, vier- bis fünfmal 45 Minuten Projektarbeit, ggf. stattdessen teilweise zusätzliche individuelle Arbeitszeit der Jugendlichen.

b. Methodische Überlegungen

Einstieg
Nicht wenige Schülerinnen und Schüler haben bereits Erfahrungen damit, Videospiele aufzuzeichnen und zu teilen. So könnte ein Einstig in das Projekt eine entsprechende Umfrage sein: „Wer hat schon einmal ein Videospiel aufgezeichnet und mit anderen geteilt?" So lässt sich nicht nur herausfinden, welche Vorerfahrungen in der Klasse vorhanden sind, sondern man kann so auch die Aufmerksamkeit der Klasse gewinnen.

Arbeitsphase
Die Arbeitsphase besteht aus mehreren Abschnitten. In einem ersten Schritt müssen sich die Schülerinnen und Schüler intensiv mit den Inhalten beschäftigen, die in den Tutorials vermittelt werden sollen. Dafür sollten sie jeweils nur eine kurze Anleitung bekommen und dann überwiegend selbstständig die Funktionen oder Angebote austesten. So können sie selbst erst einmal die Hürden und Knackpunkte erleben, die Nutzerinnen und Nutzer später mithilfe des Tutorials überwinden sollen. Natürlich geben die Trainerinnen oder Trainer bei Bedarf Hilfestellung.

In einem zweiten Schritt beschäftigen sich die Jugendlichen mit den Vorgaben der (Schul-)Bibliothek und legen die Grundstruktur ihrer Videos in einem Drehbuch fest. Auch das Layout der eingeblendeten Erklärtexte muss gemeinsam einheitlich bestimmt werden.

Zunächst wird nun der Vor- bzw. Abspann erstellt. Dafür erarbeiten die einzelnen Gruppen ihre Vorschläge und es findet ein Wettbewerb zwischen den Gruppen statt. In geheimer Abstimmung werden die Sieger bestimmt. Alternativ zu der Abstimmung könnte man vielleicht auch eine andere Klasse oder das Kollegium als Jury gewinnen. Die Ergebnisse der jeweiligen Siegergruppe werden dann von allen Gruppen einheitlich verwendet.

Nun arbeiten die Gruppen eigenständig an der Umsetzung ihrer Teilprojekte. Trainerin oder Trainer sind zur Unterstützung an ihrer Seite, achten darauf, dass die Vorgaben der Drehbücher eingehalten werden, und geben Support bei technischen oder inhaltlichen Fragen.

Damit Verständlichkeit und Korrektheit der Videos geprüft werden können, tauschen die Gruppen ihre Videos untereinander aus und testen ein jeweils fremdes Video. So kann eine sich möglicherweise einschleichende Betriebsblindheit von vornherein vermieden werden. Dann werden die Videos noch einmal in der gesamten Klasse betrachtet. Sind alle in Ordnung, können sie bei YouTube hochgeladen und per Link an die Nutzerinnen und Nutzer verteilt oder auf der Homepage eingebettet werden.

Abschluss

In einem Abschlussgespräch werden die Erfahrungen ausgetauscht, die von den einzelnen Gruppen gemacht wurden. Die Jugendlichen werden zu ihren Erlebnissen während des Projekts befragt. Die Trainerinnen und Trainer präsentieren die Seiten, auf denen die Videos verlinkt oder eingebettet wurden. Man könnte auch noch Ideen sammeln, wie man die Videos in der (Schul-)Bibliothek am besten promoten kann.

Matrix Medienteilhabe (Word-Dokument, Google Drive)

4.5 Medienteilhabe – Ein Video-Tutorial für die Bibliothek — 147

Arbeitsblatt Movie Maker Voreinstellungen

Arbeitsblatt Drehbuch (Word-Dokument, Google Drive)

LINK zum Beispiel-Video (YouTube)

https://youtu.be/yImjKANrxyM

4.5   Matrix Medienkompetenz: Medienteilhabe

UNTERRICHTSEINHEIT

Medienteilhabe – Ein Video-Tutorial für die Bibliothek

Kompetenztraining	Medienkompetenz
Zeitbedarf	5–7 x 45 Min.
Klassenstufe(n)	Ab Klassenstufe 9

KERN-LERNINHALT(E)	MATERIAL
· Umgang mit Screen-Recorder-Programm und Videoschnitt-Software	· Internetfähige Computerarbeitsplätze
· Angebote der (Schul-)Bibliothek	· Screen-Recorder-Software
· Drehbuch schreiben	· Videoschnitt-Software
	· YouTube-Kanal

EINSTIEG	ARBEITSPHASE I	ARBEITSPHASE II	ERGEBNISSICHERUNG
15 MIN.	**75 MIN.**	**150 MIN.**	**30 MIN.**
· Vorerfahrungen der Schüler/-innen	· Inhalte der Tutorials erforschen und festlegen	· Tutorials erstellen	· Abschlussgespräch
· Projektbeschreibung			· Demo der Tutorials
			· (Ideensammlung für das Promoten)
SCHÜLER/-INNEN	**SCHÜLER/-INNEN**	**SCHÜLER/-INNEN**	**SCHÜLER/-INNEN**
· berichten von ihren Vorerfahrungen	· testen die Schritte, die im Tutorial dargestellt werden sollen	· entwickeln einen einheitlichen Vorspann	· berichten von Erfahrungen und Problemen
· stellen Fragen zum Projekt	· schreiben Drehbuch	· produzieren ein Tutorial	· kommentieren die Tutorials
	· legen Layout fest	· testen die Tutorials	
TRAINER/-IN	**TRAINER/-IN**	**TRAINER/-IN**	**TRAINER/-IN**
· stellt Fragen zu den Vorerfahrungen der Schüler/-innen	· gibt kurze Anleitung in Funktionen	· organisiert Abstimmung zum Vorspann	· stellt YouTube-Kanal vor
· beschreibt die Anforderungen an die Tutorials	· betreut Drehbuch	· unterstützt bei Produktion und Test	· fragt nach Erfahrungen und Meinungen
	· begleitet Entwicklung des Layouts		· (sammelt Ideen für das Promoten)

ERGÄNZENDE INFORMATIONEN

Arbeitsphase II kann teilweise auch selbstorganisiert außerhalb des Unterrichts stattfinden.

4.5 Medienkompetenz: Medienteilhabe

MovieMaker: Unsere Voreinstellungen

Logo Ihrer (Schul-)Bibiothek

- Startseite

Titel

Bildtitel

Abspann

- Animationen

Übergänge

Schwenken/Zoomen

- Format

Schriftarten

Textdauer

Effekte

- Musik / Audio-Kommentare

Hintergrundmusik (Achtung: auf Lizenz achten)?

Audio-Kommentare?

Nicht vergessen: Startseite → Film speichern für: YouTube

4.5   Medienkompetenz: Medienteilhabe

Unser Drehbuch für _____

                                                                                     Logo Ihrer (Schul-)Bibliothek

Beispiel der Grundstruktur:

VIDEO-SEQUENZ

Regieanweisung/Layout

                 BILDSCHIRMFENSTER
                 (Erläuterung, in Klammer)
```
            Aktion in diesem Fenster
```

SEQUENZ 1: LOGO

Animation: Übergänge spiegeln

SEQUENZ 2: VIDEOTITEL „ESRM eBooks"

Animation Fensterinhalt einblenden. Hintergrund: leuchtend blau, Schrift: Segoe UI, blassgelb, 48 pt.

SEQUENZ 3: ISERV/NEWS

Text einblenden „iServ/News". Effekt: Fensterinhalt von unten verschieben. Schrift Segoe UI, blau, 26 pt.

                STARTBILDSCHIRM ISERV/NEWS
                (angemeldet, E-Mails vorher löschen!)
```
    Mauszeiger über iServ → Links der
    Schulbibliotheken → zu Soraapp
    Hilfeseiten → zu Soraapp → Klick
```

SEQUENZ 4: SORAAPP START

Text einblenden „European Schools". Effekt: Fensterinhalt von unten verschieben. Schrift Segoe UI, blau, 26 pt.

                STARTBILDSCHIRM SORAAPP
     (Cache vorher leeren, damit die Schule nicht angezeigt wird!)
```
    European Schools eingeben → Schule
    erscheint → Europäische Schule
    RheinMain wählen → Klick auf „Das ist
    meine Schule"
```

SEQUENZ 5: AUSWAHL DER SCHULE

Text einblenden „ES RheinMain". Effekt: Fensterinhalt von unten verschieben. Schrift Segoe UI, blau, 26 pt.

<u>SORAAPP: WÄHLE DEINE SCHULE</u>

(Langsam!)
Europäische Schule RheinMain auswählen
→ Anmeldefenster erscheint

SEQUENZ 6: ANMELDUNG

Text einblenden „Login: School Card ID + Date of birth dd/mm/yyyy – Schulerausweis-Nr. + Geburtsdatum TT/MM/JJJJ".

Effekt: Fensterinhalt von unten verschieben. Schrift Segoe UI, blau, 26 pt.

<u>SORAAPP: ANMELDUNG</u>

(in allen Videos dieselbe ID verwenden!)
ID eingeben → PW eingeben → auf
„Anmelden" klicken

SEQUENZ 7:

Regieanweisung

<u>BILDSCHIRMFENSTER</u>

(Erläuterung, in Klammer)
Aktion in diesem Fenster

SEQUENZ 8:

Regieanweisung

<u>BILDSCHIRMFENSTER</u>

(Erläuterung, in Klammer)
Aktion in diesem Fenster

...

4.6 Bevor es schiefgeht – Kommunikation im Netz und anderswo

Für Schüler und Schülerinnen ab Klassenstufe 5.

a. Didaktische Überlegungen

Unterrichtlicher Kontext

Am zweiten Tag der zweiten Woche im Februar jeden Jahres ist der weltweite *Safer Internet Day*. Nicht nur dieser Tag eignet sich jedoch, das Thema Sicherheit im Netz zu thematisieren.

Schülerinnen und Schüler bewegen sich wie selbstverständlich immer früher mit Smartphone und Tablet im Netz. Medienkompetenz vermitteln zu wollen bedeutet nicht, sie von den Online-Kommunikationsmedien fernzuhalten, sondern sie im Umgang damit zu trainieren und für mögliche Gefahren zu sensibilisieren. Dabei soll jedoch nicht vergessen werden, dass es noch immer auch die analogen Kommunikationsmöglichkeiten gibt – ein Brief oder eine Postkarte kann anderen viel Freude bereiten.

Wie eine freundliche Nachricht als Brief, E-Mail oder in einer Messenger-Nachricht aussieht, was erlaubt und hilfreich, was jedoch verboten und unerwünscht ist und wie man sich vor fremden, unerwünschten Nachrichten schützen kann, könnte auch innerhalb einer Unterrichtseinheit „Briefe schreiben" oder im Zusammenhang mit konkreten Mobbing-Ereignissen in der Klasse behandelt werden.

Das Projekt kann auch ganz einfach gekürzt und an ein jüngeres Publikum angepasst werden, indem man sich auf eines der Beispiele beschränkt, also zum Beispiel alle Schülerinnen und Schüler sich nur mit Instant-Messenger-Diensten beschäftigen, oder indem man das klassische Briefeschreiben einfach weglässt und in einer getrennten Unterrichtseinheit behandelt.

Lerngegenstand

Die Schülerinnen und Schüler beschäftigen sich mit Positiv- und Negativbeispielen von Briefen, E-Mails und Instant-Messaging-Nachrichten und vergleichen Aufbau und Inhalt der verschiedenen Textformen. Sie erarbeiten Gemeinsamkeiten und Unterschiede der verschiedenen Kommunikationsformen und beschäftigen sich mit deren Besonderheiten.

Die Kinder und Jugendlichen verstehen, welche unterschiedlichen Formen von unerwünschten Nachrichten es geben kann, wie diese funktionieren und wie sie selbst am besten damit umgehen und sich schützen.

Sie reflektieren die negativen Auswirkungen von Phishing,[30] Spam[31] und Mobbing
Sie machen sich Gedanken über ihr eigenes Verhalten in Kommunikationssituationen und lernen, wie sie agieren können, sollten sie einmal selbst von Mobbing betroffen sein oder Mobbing in ihrem Umfeld beobachten.[32]

Zielsetzung
Die Schülerinnen und Schüler kennen verschiedene Formen unerwünschter Nachrichten, die in Instant-Messaging-Diensten und E-Mail-Programmen zum Problem werden können.

Sie werden für einen kritischen Umgang mit eingehenden Nachrichten sensibilisiert und üben sich darin, problematische Nachrichten zu erkennen und nicht auf die Absichten derjenigen, die sie senden, hereinzufallen.

Sie beschäftigen sich mit den verschiedenen Aspekten unerwünschter Nachrichten einschließlich des Themas Mobbing. Sie erarbeiten Strategien, wie sie sich und andere vor unerwünschten Nachrichten und Mobbing schützen können.

Voraussetzungen
Die Schülerinnen und Schüler brauchen Zugriff auf das Internet und sollen auch ihre persönlichen internetfähigen Geräte (Smartphones, Tablets) nutzen können. Wichtig ist es, dafür das Einverständnis von Schulleitung und Eltern zu haben, gerade bei jüngeren Kindern. Es sollte der Zugriff auf ein Portal zur Erstellung eines Online-Quiz möglich sein.

Methoden
In einem Unterrichtsgespräch werden die verschiedenen Möglichkeiten besprochen, wie sich Menschen untereinander persönlich austauschen können. Dabei entsteht eine Liste der schriftlichen Kommunikationsmittel, vom Brief bis zur Kurznachricht.

In Gruppenarbeit beschäftigen sich die Kinder und Jugendlichen dann mit vier verschiedenen Formen der schriftlichen Kommunikation, recherchieren die in Aufgaben geforderten Informationen zu ihrem Thema und erarbeiten eine Präsentation mit ihren Antworten – als Plakat, mit einer Präsentationssoftware oder mündlich. Sie tragen die wichtigsten Ergebnisse in eine gemeinsame Vergleichsliste ein, die

---

30 Vgl.: VERBRAUCHERZENTRALE: *Merkmale einer Phishing-Mail*. URL https://www.verbraucherzentrale.de/wissen/digitale-welt/phishingradar/merkmale-einer-phishingmail-6073. – abgerufen am 17.06.2020.
31 Vgl.: VERBRAUCHERZENTRALE: *Spam: E-Mail-Müll im Internet*. URL https://www.verbraucherzentrale.de/wissen/digitale-welt/phishingradar/spam-emailmuell-im-internet-10757. – abgerufen am 17.06.2020. – Verbraucherzentrale.
32 Siehe auch: *Ratgeber Cyber-Mobbing*. URL https://www.klicksafe.de/fileadmin/media/documents/pdf/klicksafe_Materialien/Eltern_Allgemein/Elternratgeber_Cybermobbing.pdf. – abgerufen am 26.10.2020. – klicksafe.de c/o Landesanstalt für Medien NRW.

einen Überblick über die wichtigsten Probleme und mögliche Lösungen für die verschiedenen Kommunikationsformen gibt.

Am Ende entsteht aus den relevantesten Informationen ein Quiz zum Thema „Kommunikation im Netz", das die Klasse in ihrer Schule „promoten" darf. Als Überschrift für dieses Quiz könnte man beispielsweise den Titel „Bleib sicher im Netz!" wählen.

Zeitbedarf
Drei- bis viermal 45 Minuten, je nach Klassenstufe.

b. Methodische Überlegungen

Einstieg
Auch hier kann eine Umfrage in der Klasse ein guter Einstieg in das Thema sein. Wer benutzt WhatsApp oder TikTok? Wer hat schon einmal eine Nachricht von einem Fremden per E-Mail erhalten? Wer hat schon einmal unangenehme E-Mails bekommen? Wer hat einen Instagram-Account? Es wird in jeder Klasse Schülerinnen und Schüler geben, die von eigenen negativen Erfahrungen auf den verschiedenen Portalen berichten können.

Nach diesem Gespräch wird gemeinsam eine Liste der schriftlichen Kommunikationsformen erarbeitet, mit denen man sich in der modernen Welt austauschen kann. Es entsteht so eine Liste der verschiedenen Möglichkeiten: Briefe, Postkarten, E-Mails, SMS, Messenger-Nachrichten, Kurznachrichten, Twitter usw.

Zu einigen der Kommunikationsformen legt der Trainer oder die Trainerin Beispiele vor, welche die Schülerinnen und Schüler zur Analyse heranziehen. Jede Gruppe erhält eine spezielle Aufgabenstellung zu ihrem Thema.

Arbeitsphase
Anhand verschiedener Arbeitsblätter erarbeiten die Schülerinnen und Schüler in Gruppenarbeit die Merkmale der in den Beispielen genannten Kommunikationsmittel. Es werden sowohl Sprache und Inhalte der Beispiele analysiert als auch die mögliche Wirkung auf den Empfänger. Die Kinder und Jugendlichen recherchieren nach technischen und persönlichen Möglichkeiten, wie man sich gegen unerwünschte oder herabwürdigende Nachrichten wehren kann. Sie gestalten selbst – auf Papier, oder mit entsprechenden Online-Tools – Nachrichten, in denen sie das Thema verarbeiten.

Sie befassen sich so auch mit dem Thema Cyber-Mobbing, Kommunikationsregeln[33] und rechtlichen Aspekten der verschiedenen Portale, und sie entwickeln Bei-

---

33 Ein Beispiel: TWITTER: *Die Twitter Regeln*. URL https://help.twitter.com/de/rules-and-policies/twitter-rules. – abgerufen am 12.10.2020.

spiele und Fragen zur eigenen, möglicherweise problematischen Kommunikation. In einer Vergleichsliste fassen alle Gruppen ihre Ergebnisse einheitlich zusammen.

Die Ergebnisse der Gruppen werden mündlich, mit Plakaten oder einer Präsentationssoftware der gesamten Klasse vorgestellt und diskutiert. Es sollte ausreichend Zeit für das Gespräch über die Erkenntnisse der einzelnen Gruppen eingeplant werden.

Trainer oder Trainerin oder noch besser die Schülerinnen und Schüler selbst wandeln die wichtigsten Ergebnisse aus der Vergleichsliste und ihren Aufgaben am Ende in Fragen für ein Online-Quiz um. Dieses Quiz zum Thema „Kommunikation im Netz" wird der Schulgemeinschaft zur Verfügung gestellt und bekannt gemacht.

Abschluss
In einer Abschlussrunde werden die neuen Erkenntnisse der Gruppen bezüglich der verschiedenen Kommunikationswege noch einmal gemeinsam wiederholt und das Quiz wird in der Klasse gemeinschaftlich gelöst.

Matrix Bevor es schiefgeht (Word-Dokument, Google Drive)

Vergleichsliste Bevor es schiefgeht (Word-Dokument, Google Drive)

Arbeitsblatt Briefe (Word-Dokument, Google Drive)

Arbeitsblatt E-Mail (Word-Dokument, Google Drive)

Arbeitsblatt Twitter (Word-Dokument, Google Drive)

Arbeitsblatt WhatsApp (Word-Dokument, Google Drive)

LINK zu einem Beispiel-Quiz (Educaplay)

https://www.educaplay.com/learning-resources/6154378-bist_du_sicher_im_netz.html

4.6 Bevor es schiefgeht – Kommunikation im Netz und anderswo

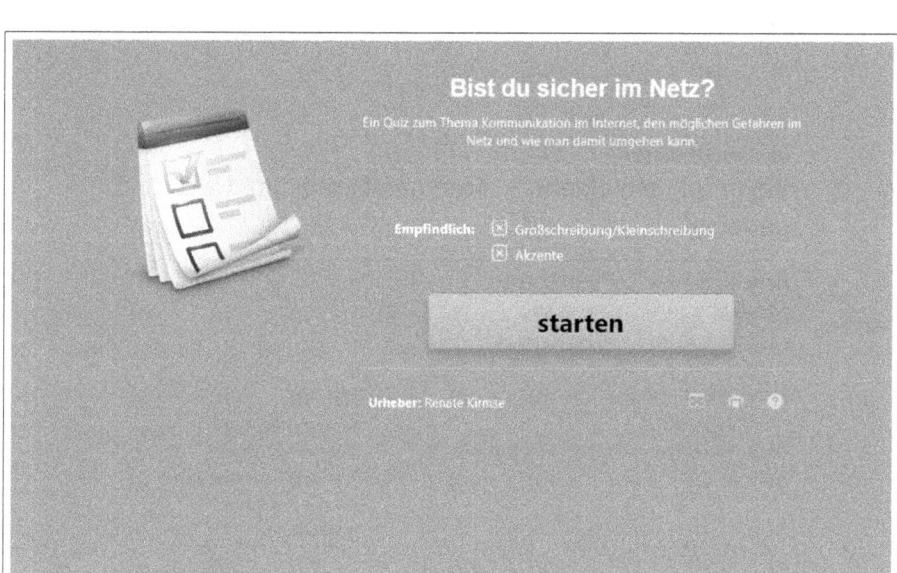

4.6 Matrix Medienkompetenz: Bevor es schiefgeht

UNTERRICHTSEINHEIT

Bevor es schiefgeht – Kommunikation im Netz und anderswo

Kompetenztraining	Medienkompetenz
Zeitbedarf	3–4 x 45 Min.
Klassenstufe(n)	Ab Klassenstufe 5

KERN-LERNINHALT(E)	MATERIAL
· Sicherheit im Netz	· Computerarbeitsplätze
· Verschiedene Formen schriftlicher Kommunikation	· Smartphones/Tablets
· Mobbing	· Tabellenkalkulationsprogramm
	· Online-Quiz-Software
	· Arbeitsblätter

EINSTIEG	ARBEITSPHASE I	ARBEITSPHASE II	ERGEBNISSICHERUNG
10 MIN.	**35 MIN.**	**75 MIN.**	**15 MIN.**
· Kommunikation im Netz	· Merkmale schriftlicher Kommunikationsformen	· Regeln für die schriftliche Kommunikation	· Reflexion zu den Erkenntnissen
		· Erstellen eines Quiz	· Gemeinsames Lösen des Quiz
SCHÜLER/-INNEN	SCHÜLER/-INNEN	SCHÜLER/-INNEN	SCHÜLER/-INNEN
· berichten von ihren Vorerfahrungen mit Messenger-Nachrichten und E-Mails	· erarbeiten Merkmale · recherchieren zu ihren Aufgaben	· erarbeiten ihre Themen der Arbeitsblätter · tragen ihre Erkenntnisse in eine Vergleichsliste ein · erarbeiten ein Plakat, eine Präsentation oder ein Referat	· wiederholen die neuen Erkenntnisse · lösen die Quiz-Fragen
TRAINER/-IN	TRAINER/-IN	TRAINER/-IN	TRAINER/-IN
· stellt Fragen zu den Vorerfahrungen · legt Beispiele vor · verteilt Aufgaben	· unterstützt bei Recherche	· unterstützt bei der Bearbeitung der Themen	· stellt Fragen zu den neuen Erkenntnissen · präsentiert das Quiz

ERGÄNZENDE INFORMATIONEN

Jüngere Schüler/-innen benötigen möglicherweise mehr Zeit für die Bearbeitung ihrer Themen.

4.6 Medienkompetenz: Bevor es schiefgeht

Schriftliche Kommunikation: Ein Vergleich

WhatsApp
Positive Merkmale
Negative Merkmale
Vor allem geeignet für…
Besonderheiten
Missbrauchsmöglichkeiten
Verhalten bei Missbrauch
Bemerkungen

Schriftliche Kommunikation: Ein Vergleich

Twitter	
Positive Merkmale	
Negative Merkmale	
Vor allem geeignet für…	
Besonderheiten	
Missbrauchsmöglichkeiten	
Verhalten bei Missbrauch	
Bemerkungen	

Schriftliche Kommunikation: Ein Vergleich

Brief
Positive Merkmale
Negative Merkmale
Vor allem geeignet für...
Besonderheiten
Missbrauchsmöglichkeiten
Verhalten bei Missbrauch
Bemerkungen

Schriftliche Kommunikation: Ein Vergleich

E-Mail
Positive Merkmale
Negative Merkmale
Vor allem geeignet für...
Besonderheiten
Missbrauchsmöglichkeiten
Verhalten bei Missbrauch
Bemerkungen

4.6 Medienkompetenz: Bevor es schiefgeht

Beispiel für einen Brief

Briefkopf: Max Mustermann
Beispielstraße 1, 10115 Berlin

Postanschrift des Absenders: Max Mustermann · Beispielstraße 1 · 10115 Berlin

Postanschrift des Empfängers:
Familie
Herbert Mustermann
Beispielstraße 2
60306 Frankfurt

Ort, Datum: Berlin, den 01.01.2020

Anrede: Liebe Oma, lieber Opa,

Einleitung: gestern kam euer Paket bei uns an. Vielen Dank für euer tolles Geburtstagsgeschenk, über das ich mich sehr gefreut habe.

Brieftext: Gleich nächste Woche werde ich mit dem Tischtennis-Training beginnen, da kann ich die Sportschuhe gut gebrauchen. Sie passen auch perfekt und sehen richtig cool aus. Meine Freunde werden bestimmt neidisch werden.

Schlusssatz: Nochmals ganz lieben Dank, und ich freue mich, wenn ihr uns bald wieder einmal besuchen kommt!

Grußformel: Viele Grüße

Unterschrift: *Max*

Beispiel für einen Brief

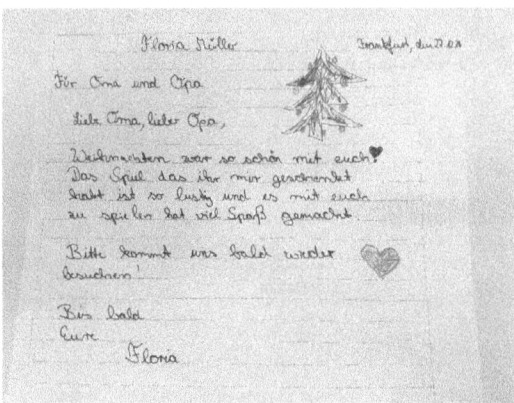

Eure Aufgabe

Entwerft in WORD eine eigene Vorlage für euren Brief mit einem Briefkopf, einem festgelegten Layout (Schriftarten, Schriftgrößen, Farbgebung, Seitenränder, Absätze usw.) und schreibt einen Brief an eine Mitschülerin/einen Mitschüler, bei der/dem ihr euch für seine/ihre Hilfe bei einem Referat bedankt!
Schreibt den Brief noch einmal, aber mit der Hand – möglichst schön gestaltet!

Welcher Brief gefällt euch besser? Welcher Brief würde der Empfängerin oder dem Empfänger besser gefallen?

4.6 Medienkompetenz: Bevor es schiefgeht

Beispiel für eine seriöse E-Mail

Seriöse E-Mail-Adresse verwenden!	max.mustermann@domain
Betreffzeile immer präzise	Hausaufgaben Mathematik 8a
Förmliche Anrede, kein „Hallo" oder Ähnliches, Titel nicht vergessen, Komma nicht vergessen!	Sehr geehrte Frau Dr. Mustermann,
Text	Im Anhang finden Sie meine Präsentation zum Thema „Rubik's Cube". Bitte entschuldigen Sie, dass ich einen Tag zu spät abgebe, aber ich musste gestern dringend mit Schmerzen zum Zahnarzt und bin auch heute noch krankgeschrieben. Meine Mutter wird ein Attest in die Schule schicken.
Schlusssatz	Vielen Dank für Ihr Verständnis.
Grußformel	Viele Grüße
Name + evtl. Telefonnummer und Adresse	Max Mustermann Beispielstraße 1 10115 Berlin Tel.: +49 (0)611/22334455

Eure Aufgaben

- Recherchiert bei verbraucherzentrale.de und https://www.klicksafe.de zum Thema „Spam"!
- Macht eine Liste mit wichtigen Hinweisen auf Spam bzw. Phishing in E-Mails: Was ist Spam bzw. Phishing? Wie kann man solche E-Mails erkennen? Worauf muss man achten? Welche Beispiele findet ihr noch?
- Erstellt eine Tabelle mit Merkmalen und Erkennungszeichen von unerwünschten E-Mails und wie man sich schützen kann!

166 — 4 Medienkompetenz

Beispiel für eine „Phishing E-Mail"

Sehr geehrte Kundin, sehr geehrter Kunde,

Der technische Dienst der Bank führt die planmässige Aktualisierung der Software durch Für die Aktualisierung der Kundendatenbank ist es nötig, Ihre Bankdaten erneut zu bestätigen Dafuer mussen Sie unseren Link (unten) besuchen, wo Ihnen eine spezielle Form zum Ausfüllen angeboten wird.

https://meine.deutsche-bank.de/mod/WebObjects/dbpbc.woa/407/wo/confirm.asp

Diese Anweisung wird an allen Bankkunden gesandt und ist zum Erfüllen erforderlich.

Wir bitten um Verständnis und bedanken uns fur die Zusammenarbeit

© Deutsche Bank AG. Alle Rechte vorbehalten.

Quelle: Phishing-E-Mail im Deutsche-Bank-Design, Spam-E-Mail, Dezember 2005 (gemeinfreie Grafik)

Beispiel für eine „Spam E-Mail"

Hallo ▮

Ich möchte dir eine Nachricht übermitteln die überaus WICHTIG für dich ist. Du wirst sehr erfreut sein wenn du diese liest. Ich werde dir kostenlos deine Zukunft deuten. Zudem habe ich auch fantastische Neuigkeiten im Hinblick auf die Liebe, die Arbeit, deine Gesundheit und überall dort wo du es wissen möchtest. Lass mich deuten was in deinem Leben geschehen wird. Es ist ganz einfach kostet dich keinen einzigen Cent und ist **in zwei Minuten erledigt!**

Links zum Anklicken → Jetzt verlieben / Jetzt verlieben / Jetzt verlieben

Laut Firmenregister Online: „Erbringung von Dienstleistungen im Online-Marketing, Webdesign und -entwicklung."

Impressum
Focused & Straight GmbH
Lipowskistr. 26
81373 München
Germany
Tel 089 /81 452 173 33
E-Mail: info@straightbet.com

Geschäftsführung
Jasko Demic
Amtsgericht München, HRB 230687
USt-ID: DE 311 736 262

Quelle: Privat

4.6 Medienkompetenz: Bevor es schiefgeht

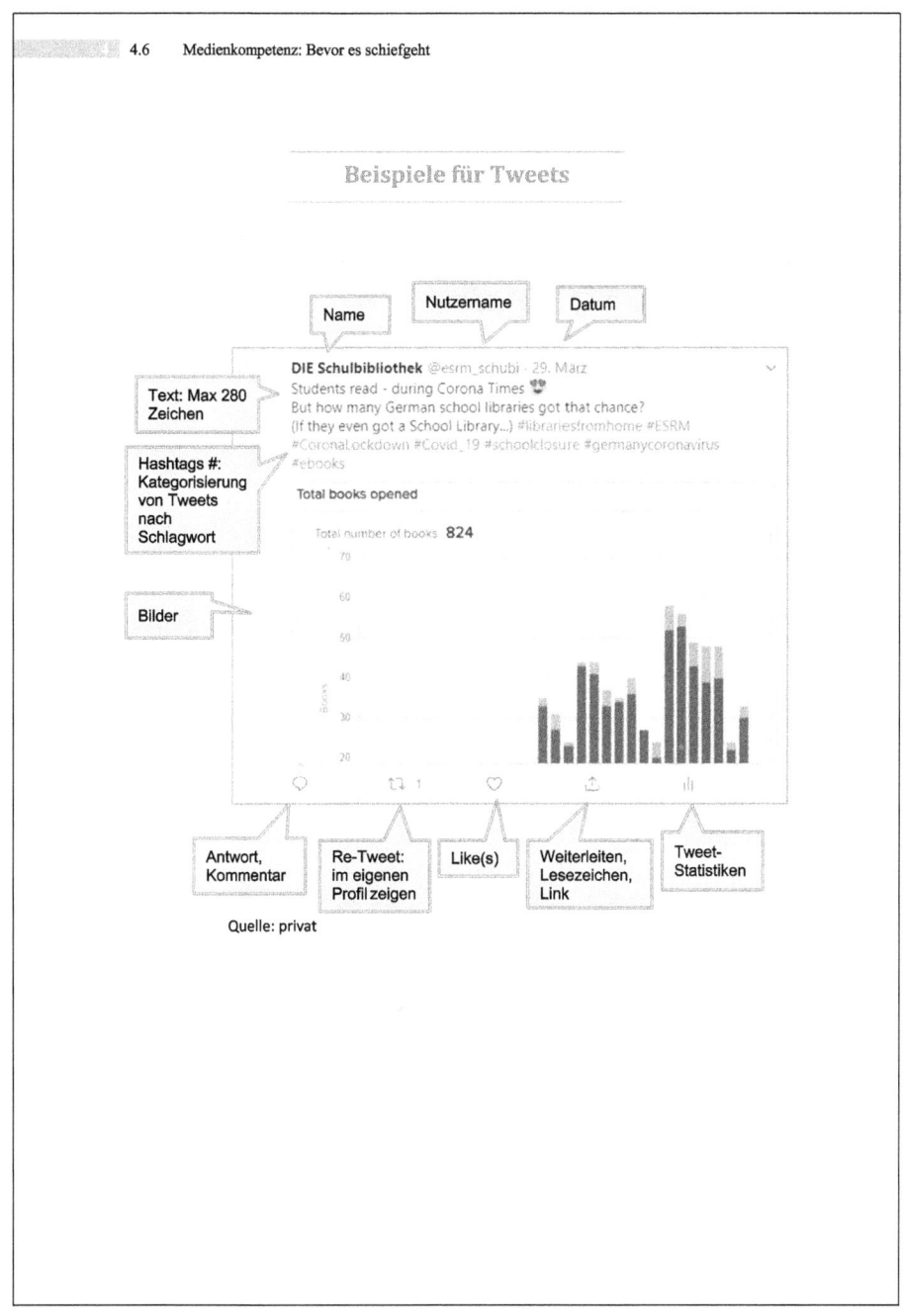

Quelle: privat

Beispiele für Tweets

Donald J. Trump @realDonaldTrump · May 26

There is NO WAY (ZERO!) that Mail-In Ballots will be anything less than substantially fraudulent. Mail boxes will be robbed, ballots will be forged & even illegally printed out & fraudulently signed. The Governor of California is sending Ballots to millions of people, anyone.....

(!) Get the facts about mail-in ballots

💬 44,4K 🔁 39K ♡ 133,9K

Donald J. Trump @realDonaldTrump · May 26

....living in the state, no matter who they are or how they got there, will get one. That will be followed up with professionals telling all of these people, many of whom have never even thought of voting before, how, and for whom, to vote. This will be a Rigged Election. No way!

(!) Get the facts about mail-in ballots

💬 13,6K 🔁 21,7K ♡ 81,1K

Quelle: Pelajanela / CC BY-SA
(https://creativecommons.org/licenses/by-sa/4.0)

Kinderbuch-Couch.de @kinderbuchcouch · 25. Apr.
+++ neu rezensiert +++
"Schnee war gestern" (@arsEdition)
kinderbuch-couch.de/titel/2302-sch...

💬 🔁 1 ♡ 2

Quelle: Privat

4.6 Bevor es schiefgeht – Kommunikation im Netz und anderswo

3

Eure Aufgaben

- Gestaltet hier einen Twitter-Account für die Bibliothek mit Name, Benutzername, Logo usw.!
- Entwerft die ersten Tweets, gerne auch mit Likes, Retweets und Kommentaren! Achtet auf Sprache, Rechtschreibung und Inhalt!
- Recherchiert im Netz bei https://help.twitter.com/de/ nach den Regeln, die Twitter für seine Kunden festgelegt hat und haltet diese in einer Tabelle fest!

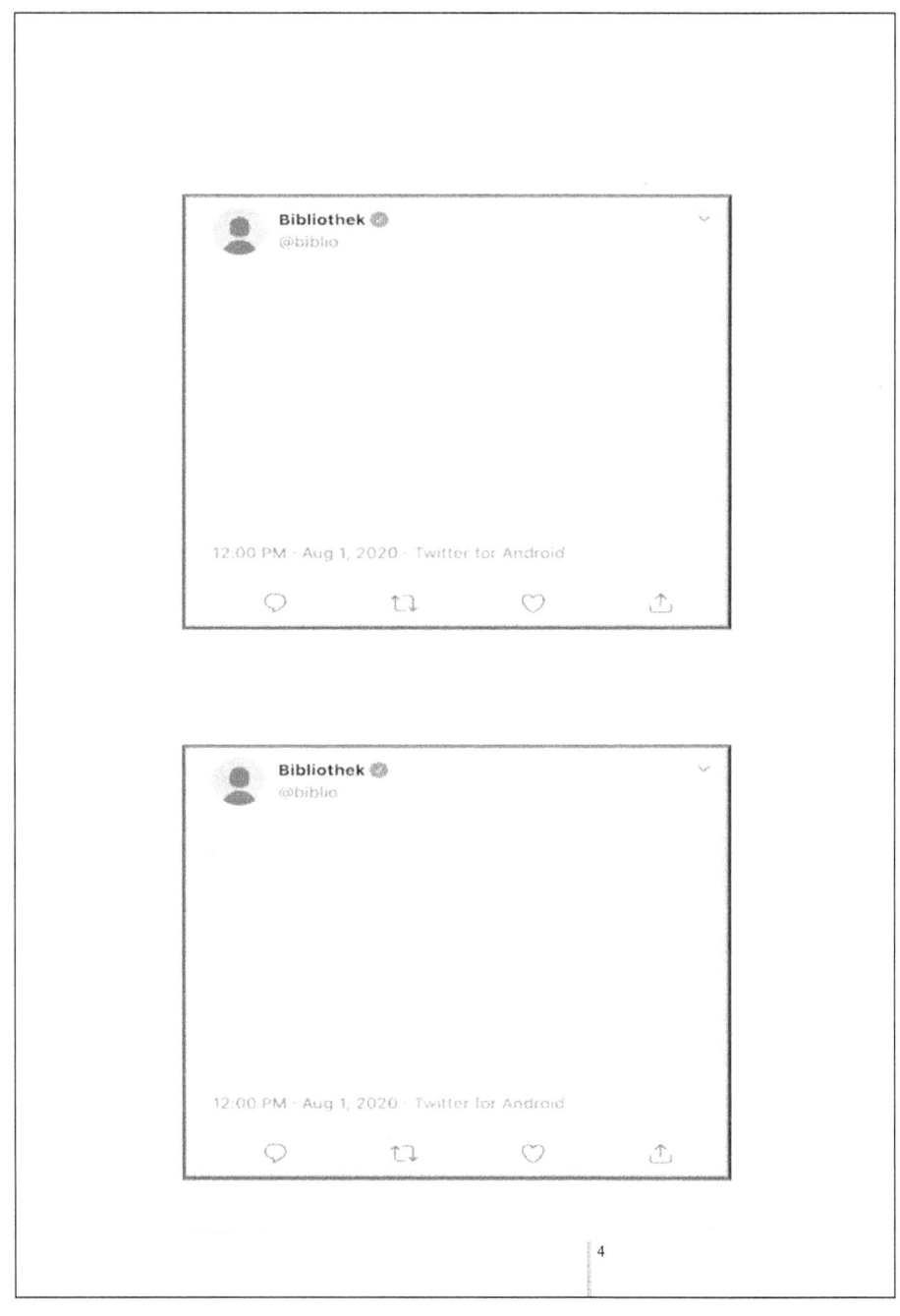

4.6 Medienkompetenz: Bevor es schiefgeht

Beispiele für Kurznachrichten

> Du blöde Kuh geh blos von unserer Schule. Keiner brauchts dich so hässlich wie du bist. nutte hau ab und tu uns einen Gefallen

> Lieber Tom, ich hab keine Ahnung, was ich dir getan habe. Wie wäre es, wenn wir morgen mal persönlich darüber reden? Meine Eltern werden auch mit deinen reden. Und dann muss ich dich wohl blockieren. Viele Grüße Tina

Quelle: Text frei erfunden mit http://www.fakewhats.com/generator

Eure Aufgaben

- Welche Unterschiede in Sprache und Struktur erkennt ihr in dem Beispiel?
- Recherchiert im Internet auf https://www.klicksafe.de/jugendbereich/klicksafe-fuer-jugendliche/ und https://mobbing-schluss-damit.de/cybermobbing/10fragen zum Thema „Mobbing"! (Tipp: Es gibt auf der Seite eine Suchfunktion.) Erstellt eine Liste mit Tipps für Betroffene, was sie tun können, wenn sie Mobbing erleben!
- Erstellt einen eigenen fiktiven Dialog mit http://www.fakewhats.com/generator oder hier auf Papier! Das Thema des Dialogs sollte mit dem Thema Cyber-Mobbing in Verbindung stehen.

4.6 Bevor es schiefgeht – Kommunikation im Netz und anderswo

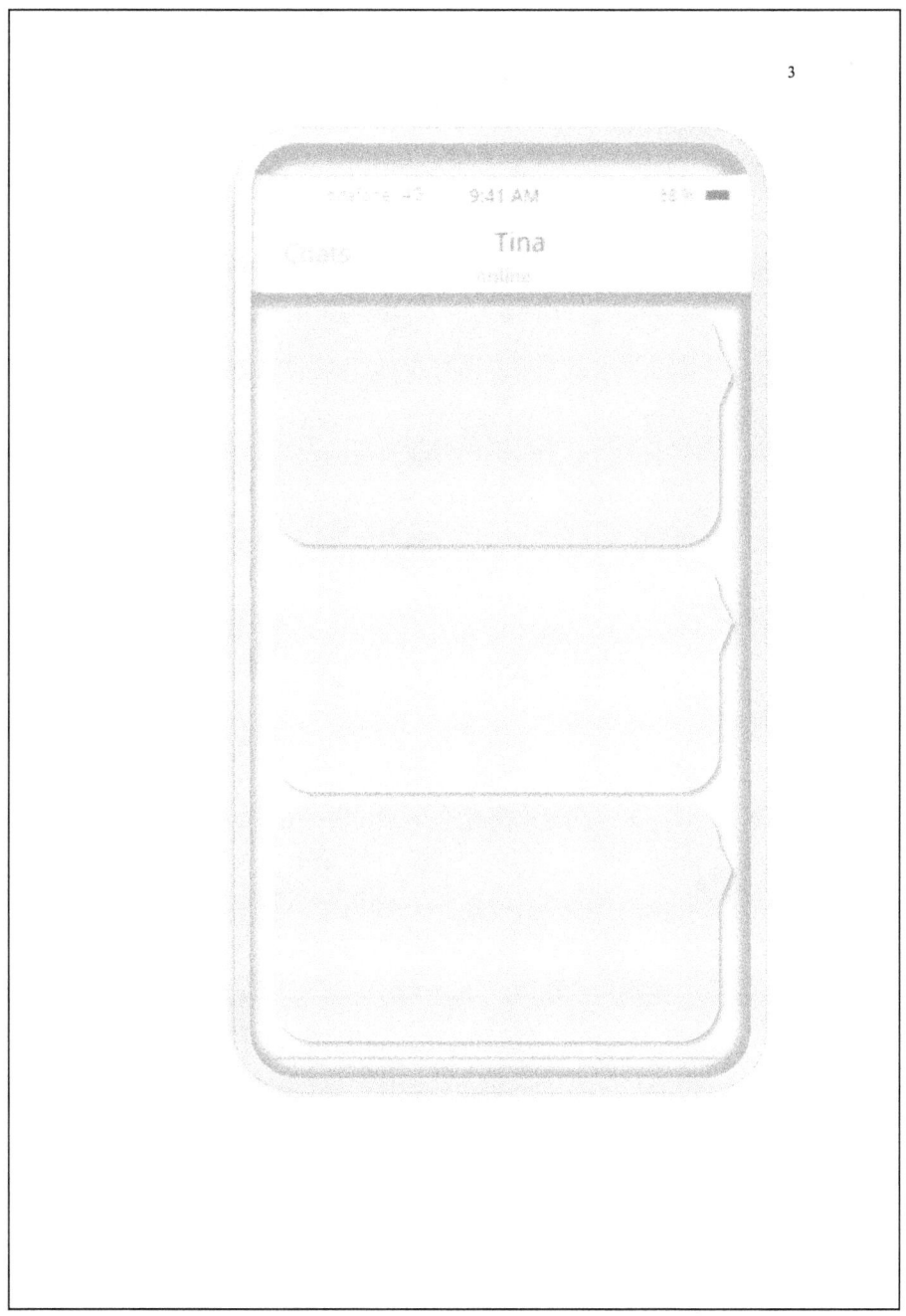

3

5 Bibliothekskompetenz

5.1 Alles vor Ort finden – Die Logik der Bibliothek verstehen

Wer Tag für Tag, Woche für Woche in der Bibliothek und mit Büchern und anderen Medien arbeitet, für den ist es natürlich und selbstverständlich zu wissen, was eine Signatur ist, wie Medien logischerweise sortiert sind und dass der Klappentext häufiger auf Umschlagrückseite zu finden ist als auf der Einschlagklappe.

Doch selbst wenn Schülerinnen und Schüler bereits einige Erfahrung mit und in Bibliotheken haben: Es ist wichtig, ihnen die Informationen zu den prinzipiellen Ordnungsprinzipien der Bibliothek, angepasst an den Wortschatz und Lernstand, immer wieder aufs Neue und nicht nur während der Projektarbeit, sondern auch im alltäglichen Umgang zu vermitteln. Die Frage: „Wo steht ...?" sollte eigentlich nicht mit der unmittelbaren Antwort: „Im dritten Regal, zweites Fach von oben!" beantwortet werden, sondern im besten Fall mit einer Gegenfrage: „Weißt du schon, wie du das selbst herausfinden könntest?" Natürlich kostet das erst einmal mehr Zeit: Die Kinder und Jugendlichen dann individuell nach ihrem Kenntnisstand an die Nutzung des Bibliothekskatalogs und die Ordnung in der Bibliothek heranzuführen ist zeitaufwendig. Haben sie allerdings einmal eine gute Bibliothekskompetenz erworben, werden sie in Zukunft seltener solche Fragen stellen. Langfristig spart man also viel Zeit ein. Noch mehr Ersparnis bringen gut geplante Projekte mit ganzen Klassen, die regelmäßig und auf angepasstem Niveau die Kenntnisse zur Ordnung in der Bibliothek vermitteln. Ganz davon abgesehen, dass ein lockerer Wettbewerb untereinander auch mehr Spaß bereitet.

5.1.1 Mehr als nur Bibliotheksführung – Der Einstieg

Für den ersten Einstieg ab Klassenstufe 3.

a. Didaktische Überlegungen

Unterrichtlicher Kontext
Diese Einheit dient dazu, Schülerinnen und Schüler auf die möglichst selbstständige Nutzung einer Bibliothek einzustimmen und ihnen eine erste Orientierung über die Angebote und Grundregeln zu geben. Der Spaß und die Entwicklung einer positiven Haltung zur Bibliothek sollen dabei im Vordergrund stehen, um Schwellenängste abzubauen oder gar nicht erst aufkommen zu lassen.

Lerngegenstand

Die Kinder lernen, welche Angebote sie in der Bibliothek finden können und welches die wichtigsten Regeln sind, die in einer Bibliothek gelten. Sie erhalten einen ersten Überblick über die Informations- und Medienangebote der (Schul-)Bibliothek und entwickeln eine positive Grundhaltung der Bibliothek gegenüber. Sie erfahren, dass alle, die in der Bibliothek arbeiten, für aufkommende Fragen ansprechbar sind, und erfahren, dass diese sie unterstützen und ihnen mit Rat und Tat zur Seite stehen.

Zielsetzung

Die Schülerinnen und Schüler vertrauen darauf, dass sie in der Regel die Medien finden können, die sie suchen. Sie verstehen die Grundlagen der Systematik in der (Schul-)Bibliothek und kennen die wichtigsten Regeln für die Ausleihe. Sie erleben die Bibliothekarinnen und Bibliothekare als hilfreiche, freundliche Unterstützung bei ihrer Suche und ihrem Aufenthalt in der Bibliothek und erweitern ihre Bibliothekskompetenz.

Voraussetzungen

Trainerinnen und Trainer sollten eine ausreichende Anzahl an Kopien des Arbeitsblatts bereithalten. Zur Belohnung gibt es Süßigkeiten (für alle Essgewohnheiten: vegan, ohne Gelatine usw.) sowie Stifte, Buchzeichen usw.

Methoden

Bei einem Gang durch die (Schul-)Bibliothek erklärt die Trainerin oder der Trainer vor Ort die wichtigsten Abteilungen der Bibliothek und – möglichst nebenbei – auch die wichtigsten Regeln, die in der Bibliothek gelten. Der Frontalunterricht kann dabei durch Fragen an die Schülerinnen und Schüler aufgebrochen werden: „Wenn ihr das Regal anschaut: Was meint ihr, wie ihr hier Harry Potter finden könntet?" – „Ihr seht hier auch ältere Schülerinnen und Schülersitzen. Was meint ihr, was die hier machen und was ist für sie vielleicht besonders wichtig?" Solche Fragen binden die Klasse in das Geschehen ein und verhindern die aufkommende Langeweile, die durch Passivität entstehen könnte.

Anschließend füllen die Kinder einzeln oder in Gruppenarbeit ein Multiple-Choice-Arbeitsblatt aus.

Zeitbedarf

Ein- bis zweimal 45 Minuten, je nach Leistungsstand und Vorerfahrungen der Schülerinnen und Schüler.

b. Methodische Überlegungen

Einstieg

Nach der Begrüßung der Klasse und dem Vorstellen der eigenen Person wird ein Gang durch die Bibliothek angetreten. Idealerweise ist genügend Platz, um die verschiedenen Bereiche der Bibliothek vorzustellen. Ist dieser nicht vorhanden, kann auch mit einem Übersichtsplan gearbeitet werden, der einfach in Papierform auf den Boden gelegt oder aber per Beamer oder Smartboard gezeigt wird. Dann hilft es, wenn man je ein Kind bittet, die Bereiche „live" zu zeigen, also den im Plan gezeigten Bereich unmittelbar aufzusuchen.

Arbeitsphase

Wichtig ist, dass bei einer Führung durch die Bibliothek nicht zu viel Informationen auf einmal vermittelt werden – Schülerinnen und Schüler verkraften bei dieser für sie doch eher passiven Unterrichtsform nur sehr wenig Input pro Schulstunde. Man sollte sich hier beschränken auf: Wo finde ich Bücher für meine Altersgruppe (Sachbücher und Romane)? Wo sind elektronische Medien bzw. der Katalog zu finden? Was brauche ich für die Ausleihe? Welche Regeln gelten in der Bibliothek? Und diese Informationen sollten während der Führung durch die Bibliothek mehrfach in verschiedener Weise wiederholt werden – auch durch Fragen an die Klasse: „Wisst ihr noch, ...?"

Das Multiple-Choice-Arbeitsblatt, das die Kinder bearbeiten dürfen, wiederholt danach die wichtigsten bei der Führung erwähnten Fakten, vermischt mit einigen mehr oder weniger lustigen Alternativen, und ist recht schnell bearbeitet. Wichtiger als die richtigen ist hier der Spaß an den teils absurden Antworten. Der Kreativität der Trainerinnen und Trainer sind hier keinerlei Grenzen gesetzt!

Abschluss

Bewährt hat sich das gemeinsame „Ja"- und „Nein"-Rufen im Chor, während die Fragen des Arbeitsblatts nacheinander vorgelesen werden. Rechnen sie damit, dass es an verschiedenen Stellen beides geben wird: „Ja" und „Nein", bunt gemischt. Freundliches Lachen ist dann die beste Reaktion, danach sollte jedoch die Frage gemeinsam geklärt werden.

Die letzte Frage, ob es Süßigkeiten in der Bibliothek gibt, sollten die Schülerinnen und Schüler eigentlich mit „Nein" beantworten. Eine schöne Überraschung, wenn es dann doch (vegane) Gummibärchen und kleine Schokoladenbonbons zum Abschluss gibt. So wird der erste Eindruck von der Bibliothek eine süße Erinnerung. Wer vermeiden möchte, Süßigkeiten anzubieten, kann auch auf andere kleine Geschenke ausweichen. Buchzeichen, Postkarten, Stifte oder kleine Haftnotizen sind preiswerte Alternativen. Die letzte Frage muss dann natürlich entsprechend abgewandelt werden.

Matrix Mehr als nur Bibliotheksführung (Word-Dokument, Google Drive)

Arbeitsblatt Mehr als nur Bibliotheksführung (Word-Dokument, Google Drive)

Hinweis zum Arbeitsblatt:
Sie haben noch keine Sammlung guter Websites im Katalog eingefügt? Dann müssen Sie diesen Punkt unter 2) natürlich streichen – oder aber die eine oder andere Website einfügen!

5.1.1 Matrix Bibliothekskompetenz: Mehr als nur Bibliotheksführung

UNTERRICHTSEINHEIT

Mehr als nur Bibliotheksführung – Der Einstieg

Kompetenztraining	Bibliothekskompetenz
Zeitbedarf	45 Min.
Klassenstufe(n)	Ab Klassenstufe 3

KERN-LERNINHALT(E)	MATERIAL
· Ordnung in der Bibliothek	· Arbeitsblatt
· Regeln in der Bibliothek	· Süßigkeiten und Alternativen
· Die Bibliothek ist für mich da	

EINSTIEG	ARBEITSPHASE I	ARBEITSPHASE II	ERGEBNISSICHERUNG
5 MIN.	**15 MIN.**	**15 MIN.**	**10 MIN.**
· Begrüßung und Vorstellung	· Rundgang	· Multiple-Choice Arbeitsblatt	· Antworten im Chor
SCHÜLER/-INNEN	**SCHÜLER/-INNEN**	**SCHÜLER/-INNEN**	**SCHÜLER/-INNEN**
· hören zu	· stellen Fragen	· beantworten die Fragen auf dem Arbeitsblatt	· beantworten im Chor die gestellten Fragen
TRAINER/-IN	**TRAINER/-IN**	**TRAINER/-IN**	**TRAINER/-IN**
· stellt sich und die Bibliothek vor	· erklärt die verschiedenen Bereiche der Bibliothek und ihre Besonderheiten	· unterstützt die Schüler/-innen bei der Beantwortung der Fragen	· stellt die Fragen des Arbeitsblatts · klärt Fragen · verteilt die Süßigkeiten

ERGÄNZENDE INFORMATIONEN

Kann aufgrund von Platzmangel kein Rundgang gemacht werden, können die Bereiche anhand eines Plans erläutert werden.

Neben Süßigkeiten sollten auch andere kleine Präsente bereitliegen.

5.1.1 Bibliothekskompetenz: Mehr als nur Bibliotheksführung

Bibliotheks-Quiz

Logo Ihrer
(Schul-)Bibliothek

Name: _____ Klasse: _____

Was weißt du schon über die Bibliothek? Kreuze die richtigen Antworten an!
Achtung, es können mehrere Antworten richtig sein!

1. Wenn ich ein Buch suche, kann ich:
   - einen Arzt fragen ○
   - am Regal schauen ○
   - laut um Hilfe schreien ○
   - im Katalog suchen ○
   - mich auf den Kopf stellen ○
   - die Bibliothekarin fragen ○

2. Im Bibliothekskatalog finde ich:
   - Bücher zum Ausleihen ○
   - Bücher zum Kaufen ○
   - ein neues Smartphone ○
   - Gebrauchsanleitungen für meinen Fernseher ○
   - neue Klamotten ○
   - E-Books zum Herunterladen ○
   - Links zu ausgewählten Websites im Internet ○
   - Hotdogs ○

3. In der Bibliothek ist folgendes <u>verboten</u>:
   - Essen ○
   - Gähnen ○
   - Lesen ○
   - Möbel beschmutzen ○
   - Stehlen ○
   - Flüstern ○
   - Lernen ○
   - Bücher suchen ○
   - Spaß am Lesen haben ○

4. Wenn ich mich in den Katalog einloggen möchte – oder E-Books herunterladen – brauche ich:
   - den Bibliotheksausweis ○
   - eine Kreditkarte ○
   - ein Ladegerät ○
   - mein Passwort ○
   - Mama/Papa ○
   - einen Computer ○
   - eine lange Leitung ○

5.1 Alles vor Ort finden – Die Logik der Bibliothek verstehen

5. Die Sachbücher sind sortiert nach:
   - der Farbe des Umschlags ○
   - Buchstaben ○
   - Nummern ○
   - Lust und Laune ○
   - Sachthemen ○
   - der Seitenzahl der Bücher ○

6. Die Romane sind sortiert:
   - alphabetisch nach dem Buchtitel ○
   - nach der Größe ○
   - alphabetisch nach dem Vornamen des Autors ○
   - nach der ISBN-Nummer ○
   - alphabetisch nach dem Nachnamen des Autors ○

7. Auf der Homepage der Bibliothek finde ich:
   - Neuigkeiten ○
   - meine verlorenen Socken ○
   - wichtige Dokumente ○
   - vergessene Schulhefte ○
   - den Bibliothekskatalog ○
   - meine Hausaufgaben ○

8. In der Bibliothek gibt es neben Büchern auch:
   - belegte Brötchen ○
   - DVDs ○
   - Mangas ○
   - Hörbücher ○
   - Hilfe bei Fragen ○
   - Zeitschriften ○
   - Klopapier ○
   - Comics ○
   - E-Books ○
   - Pizza ○
   - schlechte Noten ○
   - Süßigkeiten ○

5.1.2 Die Bibliothek erforschen – Die Vertiefung

Für Schülerinnen und Schüler mit Vorkenntnissen ab Klassenstufe 4.

a. Didaktische Überlegungen

Unterrichtlicher Kontext
Ziel ist eine breite Einführung in alle Angebote der (Schul-)Bibliothek ab etwa Klassenstufe 4. Die erste Aufgabe des Arbeitsblatts kann sich im besten Fall an den aktuell im Fachunterricht (Sachkunde, Biologie, Geografie, Geschichte ...) behandelten Themen orientieren. Diese Einheit ist jedoch auch für höhere Klassen immer wieder aktuell – vor allem, wenn die Schülerinnen und Schüler selten eine Bibliothek benutzen. Sie sollten damit mehr Sicherheit bei der Literatur- und Informationssuche in der (Schul-)Bibliothek gewinnen.

Lerngegenstand
Die Kinder und Jugendlichen lernen die verschiedenen Medien kennen, die in einer Bibliothek zu finden sind. Sie setzen sich mit den Signaturetiketten auseinander und üben, diese in ihre eigene Sprache zu übersetzen.

Darüber hinaus entdecken sie auch elektronische Angebote der Bibliothek, lernen den Online-Katalog genauso kennen wie auch Veranstaltungsangebote und andere Unterstützungsmaßnahmen für die Kunden und Kundinnen der Bibliothek.

Sie erleben die Bibliothek als eine Einrichtung, die sie im Lernen und bei der Suche nach Lektüre unterstützt.

Zielsetzung
Die Schülerinnen und Schüler können sich selbstständig in der Bibliothek zurechtfinden und in der Regel die gesuchten Themen bzw. Medien finden und auswählen. Sie haben gelernt, das Signaturetikett zu entziffern, und verstehen das Prinzip der Interessenkreise für Kinder- und Jugendliteratur. Sie wissen, dass es Angebote der Bibliothek gibt, die über den sichtbaren Medienbestand hinausgehen, und erfahren so einen Gewinn an Bibliothekskompetenz.

Voraussetzungen
Die Schülerinnen und Schüler haben bereits erste Erfahrungen in und mit der Bibliothek gesammelt und wissen ungefähr, wo sie welche Medien finden können.

Das Leitsystem der Bibliothek ist entsprechend ausgestaltet, so dass die Fragen mit einem Blick auf das Regal oder die Beschilderung auch beantwortet werden können.

In der Bibliothek finden sich auch Hinweise auf die Online-Angebote der Bibliothek, auf Veranstaltungen oder andere Angebote, die nicht auf den ersten Blick ersichtlich sind. Arbeitsblätter und kleine Präsente zur Belohnung liegen bereit.

Methoden
In Gruppenarbeit wird ein Arbeitsblatt bearbeitet, das die Schülerinnen und Schüler zu den wichtigsten Bereichen und Angeboten der Bibliothek führt.

Zeitbedarf
Zweimal 45 Minuten (bei älteren Schülerinnen und Schülern auch weniger).

b. Methodische Überlegungen

Einstieg
Bibliothekskompetenzen werden in der Regel nicht benotet, ein „Test" der Bibliothekskenntnisse sollte also nicht wie eine Prüfung aufgefasst und vermittelt werden, sondern eher wie ein Spiegel für die Bibliothekarin oder den Bibliothekar: Was können die Kinder – und was nicht?

Nach dem Motto „Ich will wissen, was ihr könnt" könnte das Arbeitsblatt also als Test für die (Schul-)Bibliothek selbst eingeführt werden: Haben wir euch schon etwas beigebracht? Sind wir auf dem richtigen Weg? Diese Rallye durch die Bibliothek soll Spaß machen und eine kleine Belohnung am Ende für alle – nicht nur für die Schnellsten – erhöht die Identifikation mit der Institution (Schul-)Bibliothek durchaus.

Arbeitsphase
Ist genügend Zeit vorhanden, macht es Sinn, die Aufgaben von den Kindern vorlesen zu lassen und dabei auftretende Fragen sofort zu klären. Die Aufgaben sollten nicht unbedingt der Reihe nach bearbeitet werden, um „Ballungen" vor den entsprechenden Regalen zu vermeiden. Man kann – auch um sicherzustellen, dass die letzte Frage tatsächlich zuletzt erledigt wird – gleich mehrere verschiedene Arbeitsblätter ausdrucken, bei denen sowohl das Thema der ersten Frage als auch die Reihenfolge der übrigen Fragen unterschiedlich sind. Nicht nur ökologisch sinnvoll ist es, die Klasse in Gruppen arbeiten zu lassen und dann nur vier oder fünf verschiedene Arbeitsblätter in unterschiedlicher Version anzubieten.

Während der Arbeitsphase sind Sie selbstverständlich dabei, beantworten Fragen (am besten mit Gegenfragen) und beobachten das Geschehen. Es wird immer wieder Kinder geben, die völlig hilflos vor einer Aufgabe stehen, andere sind in kürzester Zeit fertig. Den einen muss man ab und an auf die Sprünge helfen (Geheimnisverrat ist in diesem Fall ausdrücklich erwünscht!), die anderen dürfen vielleicht in der verbleibenden Zeit nach falsch einsortierten Büchern Ausschau halten oder einfach selbst neuen Lesestoff aussuchen.

Abschluss
Da vor allem die Trainerin oder der Trainer etwas lernen will, ergibt es Sinn, im Rahmen einer Abschlussrunde genau hierzu Fragen zu stellen: Was kann ich lernen?

Waren die Fragen verständlich? Wo gab es Probleme? Welche Ordnungsprinzipien unserer Bibliothek sind unverständlich oder gar unlogisch? Haben die Schülerinnen und Schüler Fehler gefunden (zum Beispiel falsch einsortierte Bücher)?

Kinder und Jugendliche sprechen in der Regel nicht so gern über eigene Defizite – nehmen Sie also die Schuld auf Ihre erwachsenen Schultern und sprechen mit ihnen darüber, wo die (Schul-)Bibliothek etwas besser machen kann! Denken Sie daran, die Arbeitsblätter am Ende einzusammeln und auszuwerten. Nur so finden Sie heraus, ob im einen oder anderen Bereich noch weitere Schulungen notwendig sind.

Ein (fast) kostenloses Präsent zum Abschluss wäre ein Lesezeichen mit dem Logo der Bibliothek und ein paar Infos, das – auf Karton bunt ausgedruckt – recht einfach herzustellen ist. Beliebt sind aber auch besondere Stifte mit Glitzereffekt oder andere Schulutensilien. Einschlägige Bibliotheksausstatter bieten auch weitere Werbematerialien für Bibliotheken an.

Matrix Die Bibliothek erforschen (Word-Dokument, Google Drive)

Arbeitsblatt Bibliotheks-Rallye (Word-Dokument, Google Drive)

Hinweise zum Arbeitsblatt:
- Wer Interessenkreisetiketten benutzt, kann die Kinder auch dazu auffordern, sie abzumalen. Das Thema kann aber auch dem Klappentext entnommen werden, wenn die Bücher nicht sowieso schon thematisch nach Interessenkreisen geordnet sind.
- Die Antwort auf die sechste Frage wäre z. B. Bibliothekskatalog, Linksammlung, Website der Bibliothek ... Nahezu jede Bibliothek hat mehr zu bieten als nur die Büchersammlung!
- Je nach Ordnung in der Bibliothek kann bei der letzten Frage ein Bereich genommen werden, der erfahrungsgemäß eher selten genutzt wird oder etwas abseits im Raum liegt.

5.1.2 Matrix Bibliothekskompetenz: Die Bibliothek erforschen

UNTERRICHTSEINHEIT

Die Bibliothek erforschen – Die Vertiefung

Kompetenztraining	Bibliothekskompetenz
Zeitbedarf	2 x 45 Min.
Klassenstufe(n)	Ab Klassenstufe 4

KERN-LERNINHALT(E)	MATERIAL
· Medienarten in einer (Schul-)Bibliothek	· Arbeitsblatt
· Entschlüsseln von Signaturen	· Leitsystem in der Bibliothek
· Einstieg in den Online-Katalog	· Bibliothekskatalog
· Angebote der Bibliothek	· Kleine Präsente

EINSTIEG	ARBEITSPHASE I	ARBEITSPHASE II	ERGEBNISSICHERUNG
5 MIN.	**15 MIN.**	**60 MIN.**	**10 MIN.**
· Einführung	· Aufgabenklärung	· Erforschung der Bibliothek	· Problemklärung
SCHÜLER/-INNEN	**SCHÜLER/-INNEN**	**SCHÜLER/-INNEN**	**SCHÜLER/-INNEN**
· hören zu	· lesen abwechselnd die Aufgaben des Arbeitsblattes vor · stellen Fragen	· bearbeiten in Gruppen die Arbeitsblätter	· beschreiben ihre Erfahrungen bei der Lösung der Aufgaben
TRAINER/-IN	**TRAINER/-IN**	**TRAINER/-IN**	**TRAINER/-IN**
· erläutert Sinn und Zweck des Projektes	· klärt die Fragen zu den Arbeitsblättern	· unterstützt die Schüler/-innen bei der Lösung der Aufgaben	· erfragt Probleme der Schüler/-innen bei der Lösung der Aufgaben · klärt Fragen und Probleme

ERGÄNZENDE INFORMATIONEN

Halten Sie für besonders schnelle Gruppen kleine Extra-Aufgaben bereit!

5.1.2 Bibliothekskompetenz: Die Bibliothek erforschen

Bibliotheks-Rallye

Logo Ihrer
(Schul-)Bibliothek

Name: _____   Klasse: _____

1. **Suche in der Bibliothek <u>zwei</u> Bücher zum Thema *Säugetiere* aus!**

    1.1. Schreibe genau (!) ab, was du auf den Etiketten auf dem Buchrücken findest:

    _____   _____

    _____   _____

    _____   _____

    1.2. Was fällt dir auf? Welche Gemeinsamkeiten haben die Etiketten? Worin unterscheiden sie sich?

    Gemeinsamkeit(en): _____

    Unterschied(e): _____

    1.3. Sortiere das Buch wieder an der richtigen Stelle im Regal ein!

2. **Finde in der Bibliothek eine *DVD*, die du gerne ausleihen möchtest!**

    2.1. Wonach sind die DVDs im Regal der Bibliothek geordnet? Vergleiche, wo deine DVD stand und wo du andere DVDs finden kannst!

    Die DVDs sind nach _____ geordnet.

    2.2. Schreibe ab, was du auf dem Etikett auf der DVD findest, und erkläre, was die Kürzel wohl bedeuten:

    Zeile 1: _____ bedeutet _____

    Zeile 2: _____ bedeutet _____

    Zeile 3: _____ bedeutet _____

    2.3. Was musst du bei der Ausleihe von DVDs beachten?

    _____

    2.4. Ordne deine DVD wieder richtig im Regal ein!

3. **Finde in der Bibliothek zwei *Jugendbücher (Kinderbücher)*, die für deine beste Freundin/deinen besten Freund interessant sein könnten!**

    3.1. Wie sind die *Jugendbücher/Kinderbücher* in den Regalen geordnet?

    Die Bücher sind nach _____ geordnet.

    3.2. Wie kannst du herausfinden, welches *Genre/Thema/welchen Interessenkreis* die Bücher haben?

    _____

    3.3. Sortiere die Bücher wieder an der richtigen Stelle im Regal ein!

4. **Finde die *Zeitschriftenregale* in der Schulbibliothek!**

    4.1. Gibt es eine oder mehrere Zeitschriften, die für dich und deine Freundinnen und Freunde geeignet sind? Nenne einen Titel, den du für geeignet hältst!

    _____

    4.2. Welches Thema konntest du bei den Zeitschriften <u>nicht</u> finden? Nenne ein Wunsch-Thema für die Zeitschriftenauswahl durch die Bibliothek:

    _____

5. **Deine Bibliothek hat auch Mangas und andere *Comics*. Finde heraus, wie die Comics in deiner Bibliothek sortiert sind!**

    Die Comics sind nach _____ sortiert.

6. **Viele Harry-Potter-Bücher sind aus der Bibliothek ausgeliehen. Finde im *Bibliothekskatalog* heraus, wie viele Bücher dieser Reihe ausgeliehen sind und wie viele verfügbar.**

    Es sind _____ Bände ausgeliehen und _____ Bände verfügbar.

7. **Was du nicht sehen kannst: Die Bibliothek hat auch Angebote, die man nicht auf den ersten Blick sehen kann. Welche *„unsichtbaren" Angebote* der Bibliothek kennst du?**

    _____

8. **Im Regal für *Englisch als Fremdsprache* findest du in den Büchern für die Stufe 1 eine Überraschung, die du mitnehmen darfst. Viel Spaß beim Suchen!**

5.1.3 Die Ordnung verstehen – Eine Etiketten-Rallye

Für Schülerinnen und Schüler ab Klassenstufe 4.

a. Didaktische Überlegungen

Unterrichtlicher Kontext
Welcher (Schul-)Bibliothekar, welche (Schul-)Bibliothekarin kennt das nicht: Kaum war eine Schulklasse in der Bibliothek, schon ist die gesamte frisch aufgeräumte Ordnung im Regal wieder dahin. Es ist immer wieder erstaunlich, wie schnell die jungen Leute ein relatives Chaos erzeugen können. Auch wenn das Leitsystem der (Schul-)Bibliothek noch so ausgeklügelt und übersichtlich sein mag: Schülerinnen und Schüler stellen ihre Bücher mit Vorliebe da ab, wo sie glauben, es sei ein guter Platz dafür, weniger begeistert studieren sie die Signaturetiketten und die Leitsysteme an den Regalen. Bevor Sie als Trainer oder Trainerin die Verzweiflung hierüber packt, wird es Zeit, mit der Klasse eine Etiketten-Rallye zu starten.

Lerngegenstand
Die Schülerinnen und Schüler lernen, die Signaturetiketten auf den Bibliotheksmedien genau zu betrachten, verstehen das System dahinter und können Medien an der richtigen Stelle im Regal einräumen.

Zielsetzung
Bei diesem Projekt geht es darum, Schülerinnen und Schüler für die Systematik und Ordnung der Medien in den Regalen zu sensibilisieren und zukünftig zumindest weniger Durcheinander in den Regalen vorzufinden, ein wichtiger Bestandteil der Bibliothekskompetenz.

Voraussetzungen
Sie produzieren längliche A3-Streifen mit Beispielen ihrer Signaturetiketten. Davon brauchen Sie mindestens fünf Streifen pro Kind. Diese jeweils fünf Streifen erhalten zusätzlich eine gemeinsame Nummer, damit man diese individuell zuordnen kann und am Ende weiß, wer welche Streifen gesteckt hat. In einer Liste halten Sie fest, welche Nummer von wem gesteckt wurde.

Damit die Streifen nicht jedes Mal neu produziert werden müssen, sollten sie auf dicken Karton gedruckt oder laminiert werden – umwelttechnisch inzwischen unbeliebt, aber in diesem Fall besser, als sie immer wieder neu zu drucken.

Methoden
In einer fragend-entwickelnden Unterrichtseinheit zur Einführung in die Systematik der Bibliothek sollte zunächst vor allem darauf abgehoben werden, dass die bibliotheksspezifischen Begriffe verständlich werden. Es soll schon Schülerinnen und Schüler gegeben haben, die nicht wussten, was ein Etikett ist – von einem Signaturschild haben sie vielleicht noch nie gehört.

Anschließend wird ein Wettbewerb unter den Kindern angeregt, möglicherweise auch in Gruppenarbeit: Die vorbereiteten Karten mit Signaturen sollen in den Bestand an der richtigen Stelle so eingesteckt werden, dass die Signatur von außen schnell erkennbar ist. Trainerinnen und Trainer bilden eine Jury, die zunächst Punkte für die Schnellsten und am Ende Punkte für jedes richtig einsortierte Schild vergibt. Die Gruppe mit den meisten Punkten (oder die ersten drei oder alle, die das Ziel erreichen …) erhält ein kleines Geschenk.

Zeitbedarf
Je nach Alter, Gruppengröße und Vorbildung ca. ein- bis zweimal 45 Minuten.

b. Methodische Überlegungen

Einstieg
Ein toller Einstieg in das Thema „Ordnung in der Bibliothek" können Fotos vom Gegenteil sein. Fotografieren Sie das Chaos, das Sie sicher schon einmal vorgefunden haben! Daraus kann bei diesem Projekt dann das Spiel „Finde den Fehler" entstehen: Die Kinder erklären selbst, was andere falsch gemacht haben. Natürlich ist es den Trainerinnen und Trainern auch erlaubt, immer wieder leidvoll Erlebtes nachzustellen, also das Chaos nachträglich selbst zu erzeugen und dann zu fotografieren.

Mit der Klasse muss dann noch einmal (gemeinsam) erarbeitet werden, wie das richtige Einsortieren der Medien in der Bibliothek eigentlich funktioniert. Konzentrieren Sie sich dabei auf die Kinder- und Jugendbuchabteilung, aber vergessen Sie auch die Sachbücher und andere Medienarten nicht.

Arbeitsphase
Während der Arbeitsphase dürfen sich die Trainerinnen und Trainer bei diesem Projekt mit Unterstützung zurückhalten, um den Wettbewerb nicht zu verfälschen. Die Kinder sollen eigenständig ihre Karten in den Regalen einstecken. Dass dabei auf faires Verhalten geachtet wird, ist selbstverständlich.

Abschluss
Nachdem die Jury die Punkte vergeben und addiert hat, gibt es eine kleine Siegerehrung. Ob Sie Preise vergeben, gute Noten, Smiley-Stempel oder lediglich verbale An-

erkennung, bleibt dabei Ihnen überlassen und hängt sicher auch von der Gruppe ab, mit der Sie das Projekt durchführen. Kleine Geschenke erhalten allerdings die Freundschaft, sagt man.

Ganz wesentlich ist es aber auch zu klären, wo Schülerinnen und Schüler die Streifen an der falschen Stelle einsortiert haben, möglichst ohne ihren Namen preiszugeben. Nur so kann vermieden werden, dass dieselben Fehler auch in Zukunft wieder gemacht werden. Sie können dies – zum Beispiel in einer zweiten Unterrichtsstunde – auch wieder anhand von Fotos klären, die Sie nach der ersten Stunde gemacht haben.

Matrix Die Ordnung verstehen (Word-Dokument, Google Drive)

Beispiel Signaturstreifen (Word-Dokument, Google Drive)

Hinweise zu den Signaturstreifen:
- Die Beispiele sind der Stadtbibliothek Frankfurt entnommen und individuell an die Signaturschilder und das Ordnungssystem Ihrer Bibliothek anzupassen.
- Möchten Sie die Vorlage verwenden, ist es am einfachsten mit strg + a alles zu markieren, mit strg + c das Markierte zu kopieren und mit strg + v einzufügen – und zwar letzteres immer wieder, so lange, bis Sie die gewünschte Zahl an Streifen erzeugt haben.
- Die gelbe Farbe wird beim Word-Ausdruck nicht mit abgedruckt. Möchten Sie die Streifen farbig drucken, speichern Sie Ihr Dokument im PDF-Format und drucken dieses dann aus.

5.1.3 Matrix Bibliothekskompetenz: Die Ordnung verstehen

UNTERRICHTSEINHEIT

Die Ordnung verstehen – Eine Etiketten-Rallye

Kompetenztraining	Bibliothekskompetenz
Zeitbedarf	1–2 x 45 Min.
Klassenstufe(n)	Ab Klassenstufe 4

KERN-LERNINHALT(E)	MATERIAL
· Ordnung der Medien im Regal	· Streifen mit Signatur-Etiketten (mindestens 5 Streifen pro Teilnehmer/-in)
	· Teilnehmerliste mit Nummer

EINSTIEG	ARBEITSPHASE I	ERGEBNISSICHERUNG
10 MIN.	**25 MIN.**	**10 MIN.**
· „Finde den Fehler"	· Richtig einsortieren	· Auswerten
SCHÜLER/-INNEN	**SCHÜLER/-INNEN**	**SCHÜLER/-INNEN**
· beschreiben, welche Fehler sie auf den Fotos entdecken können	· stecken die Signaturstreifen an der richtigen Stelle im Regal zwischen die vorhandenen Medien	· hören zu
		· beantworten Fragen
		· nehmen Preise entgegen
TRAINER/-IN	**TRAINER/-IN**	**TRAINER/-IN**
· zeigt Fotos	· beobachtet	· fragt, warum einzelne Signaturschilder falsch einsortiert sind
· stellt Fragen zu den Fehlern auf den Fotos	· wertet die Ergebnisse aus	
· erklärt die richtige Sortierung im Regal		· erklärt die richtige Sortierung
· verteilt die Signaturstreifen		· vergibt kleine Preise für alle, die gewonnen haben
· erklärt die Aufgabe		
· führt die Teilnehmerliste		

ERGÄNZENDE INFORMATIONEN

Möchte man sich mehr Zeit für die Auswertung lassen, verlängert man die Arbeitsphase (durch mehr Streifen) und verschiebt die Auswertung auf eine zweite Unterrichtsstunde.

5.1.3 Bibliothekskompetenz: Die Ordnung verstehen – Eine Etiketten-Rally

Nr. 1	Nr. 2
5.1 **Fantasy** **Rowl**	**4.3** **Gesch** **Forsch**

5.2 Alles online finden – Den Bibliothekskatalog nutzen

Einen Bibliothekskatalog mit seinen vielfältigen Möglichkeiten der Recherche nutzen zu können, sollte eine Fähigkeit sein, die alle Schülerinnen und Schüler erlernen. Nicht erst an der Universität, sondern bereits sehr früh – bei geeigneter Software sogar schon im Grundschulalter – kann damit begonnen werden, diese Kompetenz, die eigentlich der Kompetenz einer Datenbankrecherche entspricht, aufzubauen und zu trainieren.

Selbstverständlich muss auch hier immer wieder aufs Neue und angepasst an die Klassenstufe geübt werden. Das kann in solchen Gruppentrainings geschehen, wie sie hier vorgestellt werden, jedoch auch immer wieder im alltäglichen Beratungsgeschehen einer (Schul-)Bibliothek.

Leider bieten deutsche Anbieter von Bibliothekssoftware keine wirklich kindgerechten Katalogoberflächen,[1] daher wird für den Einstieg an dieser Stelle die Klassenstufe 5 gewählt. Mutige Bibliothekarinnen und Bibliothekare werden vielleicht schon ab der dritten oder vierten Klassenstufe mit der Katalogarbeit beginnen.

5.2.1 Erste Klicks – Der Einstieg in die OPAC-Recherche

Für Schülerinnen und Schüler ab Klassenstufe 5.

a. Didaktische Überlegungen

Unterrichtlicher Kontext
Bibliothekskataloge effektiv nutzen zu können, ist wichtiger Bestandteil der Informationskompetenz von Schülerinnen und Schülern und sollte möglichst frühzeitig eingeübt werden. Gut trainierte Kinder und Jugendliche werden in der Bibliothek seltener Fragen stellen, die sie mithilfe des Katalogs selbst gut beantworten könnten. Kinder und Jugendliche, die gerne an Computern arbeiten, werden mit Freude die Möglichkeiten nutzen, andere kann man an die erste Nutzung einer Website bzw. eines Programms heranführen.

Einen Onlinekatalog sollte es heutzutage eigentlich in jeder Bibliothek geben. Leider werden sehr kleine Schulbibliotheken manchmal nicht darüber verfügen – sie sollten dann mit dem Bibliothekskatalog der nächstgelegenen Öffentlichen Bibliothek arbeiten. Es empfiehlt sich, die Kolleginnen und Kollegen dort um ein Bibliothekskonto für die (Schul-)Bibliothek zu bitten, das man auch zu Demonstrationszwecken

---

[1] Ein Beispiel für einen Kinder-OPAC finden Sie bei der Europäischen Schule RheinMain: Olly – der Bibliothekskatalog für Kinder. Dort wird der Katalog von vielen Schülerinnen und Schüler bereits ab Klassenstufe 1 genutzt.

nutzen kann. Schließlich wird so auch kostenlose Werbung für die Öffentliche Bibliothek in der Nachbarschaft gemacht.

Lerngegenstand
Die Schülerinnen und Schüler erweitern ihre Bibliothekskompetenz, indem sie die grundlegenden Funktionen eines Bibliothekskatalogs zu verstehen beginnen, und üben den Umgang damit ein: die Recherche nach Medien, das Login in das eigene Bibliothekskonto mit Vorbestell- und Verlängerungsfunktion und möglicherweise weitergehende Funktionen wie z. B. das Entleihen von E-Books oder andere Spezialfunktionen (Linksammlungen usw.).

Zielsetzung
Die Schülerinnen und Schüler sollen in einem ersten Schritt die Möglichkeiten kennenlernen, die ein Bibliothekskatalog bietet. Es wird nicht davon ausgegangen, dass sie danach alle Funktionen problemlos bedienen können, vielmehr geht es zunächst um den Überblick über das Potenzial des Katalogs.

Der erste Einstieg in den Bibliothekskatalog dient also mehr dazu, die sich bietenden Möglichkeiten aufzuzeigen, als konkrete Bedienungsanleitungen zu vermitteln.

Voraussetzungen
Die beteiligten Schülerinnen und Schüler sollten schon einmal einen Computer bedient haben und mit einer Maus umgehen können. Die Bibliothek verfügt über die Möglichkeit, den Bibliothekskatalog per Beamer, Bildschirm oder Smartboard einer Gruppe zeigen zu können.

Es kann sinnvoll sein, größere Klassen in zwei oder drei kleinere Gruppen aufzuteilen, je nach Ausstattung der Bibliothek oder der Schule mit entsprechender Hardware.

Methoden
In einem Unterrichtsgespräch werden die wichtigsten Funktionen des Bibliothekskatalogs eingeführt. Parallel dazu findet eine unterstützende Livedemonstration des Katalogs statt, bei der teilweise auch die Schülerinnen und Schüler Funktionen vorführen können.

In der Praxisanwendung werden die vorher gezeigten – und möglicherweise darüber hinaus auch weitere – Funktionen mithilfe eines Arbeitsblatts in Gruppenarbeit wiederholt.

Zeitbedarf
Je nach Alter, Gruppengröße und Vorbildung zwei- bis dreimal 45 Minuten.

b. Methodische Überlegungen

Einstieg

Zu Beginn sollten im Gespräch die grundlegendsten Fragen mit den Klassen geklärt werden. Was ist überhaupt ein Bibliothekskatalog? Wozu kann man ihn nutzen? Warum braucht man ihn eigentlich, wo man die Bücher doch im Regal aussuchen kann? Wo kann ich auf ihn zugreifen? Wie kann ich Hilfe dafür bekommen?

Arbeitsphase

Da es in dieser ersten Sequenz darum geht, den Kindern und Jugendlichen einen generellen Überblick zu geben, macht es Sinn, sich bei der Demonstration auf die wesentlichen Funktionen eines Bibliothekskatalogs zu beschränken. Am Smartboard oder Bildschirm gezeigt werden sollten die einfache Suche, die Einschränkung auf bestimmte Medienarten, das Login in das persönliche Bibliothekskonto und die Möglichkeiten der Reservierung von Medien und der Verlängerung von Leihfristen. Dabei sollte man auch immer wieder auf die Schülerinnen und Schüler zurückgreifen, die diese Kenntnisse bereits erworben haben, und sie einzelne Funktionen dann selbst vorführen lassen.

Mit dem Arbeitsblatt kann man dann – soweit gewünscht – die Klasse auch auf das eine oder andere Detail hinweisen, das nicht explizit vorgestellt wurde, und so vielleicht eine gewisse Bereitschaft zum Experimentieren fördern. Erfahrungsgemäß finden sich in jeder Gruppe einerseits Jugendliche, die nur wenig computeraffin sind, andere jedoch stürzen sich sofort auf diese Technik. Es kann daher hilfreich sein, die eine oder andere Extraaufgabe in der Hinterhand zu halten.

Während der Bearbeitung des Arbeitsblatts am Computer wird die Klasse durch die Trainerinnen und Trainer betreut und beraten. Die Jugendlichen sollten stets die Gelegenheit haben, Fragen zu stellen und den einen oder anderen Tipp zu bekommen, wie eine Aufgabe gelöst werden kann.

Abschluss

Wie bei jedem Projekt ist es auch hier wichtig, die Arbeitsblätter auszuwerten. Sie liefern wertvolle Hinweise auf die Stolpersteine, mit denen Kinder und Jugendliche kämpfen. Fehler dienen dazu, selbst zu lernen und die Schülerinnen und Schüler zum Selbstlernen anzuregen. Daher sollte eine Besprechung der Ergebnisse erst nach deren ausführlichem Studium durch die Trainerin/den Trainer erfolgen. Die Lösungen für häufige Fehlerquellen oder Probleme sollten danach möglichst direkt am Bildschirm vorgeführt werden – am besten durch die Jugendlichen selbst.

Matrix Erste Klicks (Word-Dokument, Google Drive)

Arbeitsblatt Erste Klicks (Word-Dokument, Google Drive)

Hinweise zum Arbeitsblatt:
- Auch wenn Sie in ihrer Bibliothek keinen Online-Katalog zur Verfügung haben: Nutzen Sie die Angebote der nächstliegenden Öffentlichen Bibliothek mit deren Katalog.
- Katalogoberflächen sind sehr unterschiedlich gestaltet. Hier werden lediglich einige übliche Funktionen, etwa die einfache Suche und Anmeldung im Katalog, eingeübt, wie sie auf den meisten Katalog-Webseiten vorkommen. Im Einzelfall muss das Arbeitsblatt an die lokalen Gegebenheiten angepasst werden.

5.2.1 Matrix Bibliothekskompetenz: Erste Klicks

UNTERRICHTSEINHEIT

Erste Klicks – Der Einstieg in die OPAC-Recherche

Kompetenztraining	Bibliothekskompetenz
Zeitbedarf	2–3 x 45 Min.
Klassenstufe(n)	Ab Klassenstufe 5

KERN-LERNINHALT(E)	MATERIAL
· Grundlegende Funktionen eines Bibliothekskatalogs	· Online-Bibliothekskatalog
· Verständnis der Möglichkeiten eines Online-Katalogs	· Beamer/Bildschirm/Smartboard
	· Arbeitsblätter

EINSTIEG	ARBEITSPHASE I	ARBEITSPHASE II	ERGEBNISSICHERUNG
10 MIN.	**35 MIN.**	**35 MIN.**	**10 MIN.**
· Begriffsklärung	· Überblick über die Funktionen des Bibliothekskatalogs	· Bearbeitung der Aufgaben	· Besprechung der Ergebnisse
· Funktionen eines OPAC			
SCHÜLER/-INNEN	**SCHÜLER/-INNEN**	**SCHÜLER/-INNEN**	**SCHÜLER/-INNEN**
· teilen ihre Vorkenntnisse mit	· beteiligen sich gemäß ihren Vorkenntnissen an der Vorführung	· bearbeiten die Aufgaben am Computer	· stellen Fragen
· beantworten Fragen	· beantworten Fragen	· stellen Fragen	· klären Fragen der Mitschüler/-innen
TRAINER/-IN	**TRAINER/-IN**	**TRAINER/-IN**	**TRAINER/-IN**
· stellt Fragen zum Bibliothekskatalog: Was? Wo? Wozu? Wie?	· führt die Funktionen vor	· betreut die Schüler/-innen bei den Aufgaben	· demonstriert die Antworten live am Bildschirm
	· stellt Fragen zu den Funktionen	· beantwortet Fragen	
		· wertet die Aufgaben aus	

ERGÄNZENDE INFORMATIONEN

Für besonders schnelle Schüler/-innen sollten Extraaufgaben bereitliegen.
Jüngere Schüler/-innen benötigen ggf. mehr Zeit in **Arbeitsphase II**.

5.2.1 Bibliothekskompetenz: Erste Klicks

Der Bibliothekskatalog

Name: _____   Klasse: _____

Logo Ihrer (Schul-)Bibliothek

1. **Gehe auf die Homepage der Schule/Bibliothek!**

    1.1. Suche den Bibliothekskatalog und öffne ihn! Schreibe die URL ab:

    _____

    1.2. Welche Informationen findest du auf der Startseite des Bibliothekskatalogs?

    _____

    _____

    _____

    1.3. Welche Aktionen kannst du auf der Startseite des Bibliothekskatalogs durchführen, ohne dich angemeldet zu haben?

    _____

    _____

2. **Suche mit der „einfachen Suche" nach „ Europa"!**

    2.1. Wie viele Medien zu diesem Thema findest du?

    Die Suche ergab _____ Treffer.

    2.2. Grenze die Treffermenge auf die Medienart „*Sachbuch*" ein!

    Die Eingrenzung ergab _____ Treffer.

    2.3. Nenne den ersten Titel zum Thema!

    _____

    _____

    2.4. Woran erkennst du, ob es sich um ein gedrucktes Buch oder ein E-Book handelt?

    _____

3. **Wähle ein beliebiges Thema, das dich interessiert oder das du gerade in der Schule behandelst!**

   3.1. Suche im Katalog nach diesem Thema!

   Mein Thema heißt: _____

   Die Suche ergab _____ Treffer.

   3.2. Grenze die Suche auf die Medienart „Kinderbuch" oder „Sachbuch" ein – je nachdem welche Art von Buch du möchtest! Wähle ein verfügbares Buch aus und finde heraus, welchen Standort dieses Buch hat!

   Der Standort heißt: _____

   Findest du das Buch nun im Regal?

   ❏ Ja

   ❏ Nein*

4. **Lege deinen Bibliotheksausweis bereit und melde dich im Bibliothekskatalog mit deiner Lesernummer und deinem Passwort an!**

   4.1. a) Wenn du schon Bücher ausgeliehen hast: Welche Aktionen kannst du jetzt für diese Bücher durchführen?

   _____

   b) Wenn du noch keine Bücher ausgeliehen hast: Welche Aktionen kannst du trotzdem durchführen?

   _____

   4.2. Gehe zurück zu deiner Suche aus Frage 3 und wähle ein entliehenes Buch aus der Liste aus! Bestelle das Buch für dich vor!

   ❏ Ja, ich habe es vorbestellt

   ❏ Nein, ich konnte es nicht vorbestellen*

   Wende dich mit Fragen an deine Bibliothekarin/ deinen Bibliothekar!

5.2.2 Navigation im OPAC – Katalogrecherche für Profis

Für Schülerinnen und Schüler ab Klassenstufe 6.

a. Didaktische Überlegungen

Unterrichtlicher Kontext

Wenngleich viele Schülerinnen und Schüler davon überzeugt sind, gute IT-Cracks zu sein: Die Erfahrung zeigt, dass die Technik der Literaturrecherche unter ihnen wenig verbreitet ist. Sie „googeln" auch im Bibliothekskatalog, die Suchen sind häufig wenig zielgerichtet, die Syntax der Datenbanken bleibt ihnen oft verborgen, die Ergebnisse sind entsprechend unbefriedigend.

Mit diesem Projekt sollen sie daher erste Einblicke in die Funktionsweise einer Datenbank erhalten, wie sie der Bibliothekskatalog darstellt. Damit wird nicht nur ihre Bibliothekskompetenz gefördert, sondern gleichzeitig erhalten sie mit diesem Training einen ersten Einstieg in die Technik wissenschaftlicher Literaturrecherche.

Lerngegenstand

Die Schülerinnen und Schüler bauen ihre Bibliothekskompetenz weiter aus. Sie lernen die einfache und fortgeschrittene Suche im Bibliothekskatalog kennen, verstehen die Bedeutung der verschiedenen Datenbankfelder (Schlagwort, Medienart ...), navigieren durch die verschiedenen Seiten und lernen die erweiterten Funktionen des Bibliothekskatalogs kennen, die sie nach einer Anmeldung mit ihrem Bibliotheksausweis nutzen können.

Zielsetzung

Die Schülerinnen und Schüler können ihre Literaturrecherchen weitgehend selbstständig durchführen. Sie sind in der Lage, im Katalog Medien zu reservieren, Leihfristen zu verlängern, Suchergebnisse zu teilen und (wenn im Katalog möglich) Buchbewertungen abzugeben.

Voraussetzungen

Die Schülerinnen und Schüler haben bereits erste Erfahrungen mit dem Bibliothekskatalog gesammelt und einige Grundkenntnisse in der Bedienung von Computerprogrammen. Die Bibliothek kann genügend Arbeitsplätze für die Nutzung des Katalogs zur Verfügung stellen und hat die Möglichkeit, den Katalog live an einem Bildschirm (mit Beamer oder Smartboard) vorzuführen.

Methoden

In einem Unterrichtsgespräch werden die zahlreichen Funktionen des Bibliothekskatalogs erklärt und parallel bei einer Liveübertragung der Ergebnisse der Katalogrecherche am Beamer oder Smartboard vorgeführt.

Die vorgestellten Funktionen werden in der Praxisanwendung mithilfe eines Arbeitsblatts in Kleingruppen wiederholt. Als kleines Extra gibt es auch eine Aufgabe, die explizit *nicht* vorgestellt wurde – für alle, die schon Spezialwissen haben, und als Herausforderung für alle anderen.

Zeitbedarf

Je nach Alter, Gruppengröße und Vorbildung zwei- bis dreimal 45 Minuten.

b. Methodische Überlegungen

Einstieg

Was ist eine Datenbank? Wie funktionieren Datenbanken und welche spezifischen Abfragen kann man in einer Datenbank durchführen? Es erfolgt zunächst eine Begriffsklärung für die Sprache der Datenbankabfragen (UND, ODER, NICHT) sowie die wichtigsten Begriffe, wie „exakte Suche" und „Trunkieren". Dabei wird auf die Gemeinsamkeiten und Unterschiede zwischen Internetsuchmaschinen wie z. B. Google und Katalog-Datenbanken eingegangen.

Arbeitsphase

Bei der Demonstration des Bibliothekskatalogs werden wichtige Funktionen erläutert, die der OPAC (wie auch andere Datenbanken) liefert:
- der Unterschied zwischen einfacher und fortgeschrittener Suche,
- das „Trunkieren" von Begriffen bei der Suche,
- logische Verknüpfungen bei der Suche (UND/ODER/NICHT),
- die Navigation durch die Seiten am Beispiel eines Titels,
- die Möglichkeit der Eingrenzung von Ergebnissen auf bestimmte Medienarten, Erscheinungsjahre oder Ähnliches,
- die Funktionsweise der Vorbestellung und Leihfristverlängerung nach Anmeldung im Katalog,
- die Möglichkeit der Buchbewertung (wenn diese im Katalog gegeben ist – ansonsten muss diese Aufgabe gestrichen werden).

Das Teilen einer Ergebnisliste wird ausdrücklich nicht besprochen, sondern es soll den Schülerinnen und Schülern während der Gruppenarbeit überlassen bleiben, diese Funktion bei der Eigenaktivität selbstständig zu entdecken.

Trainerinnen und Trainer stehen ihnen dann während der Arbeitsphase an den Computerarbeitsplätzen bei der Bearbeitung des Arbeitsblatts für Fragen zur Verfügung und unterstützen sie mit Tipps und Hinweisen bei ihrer Arbeit.

Abschluss
In einer Abschlussrunde können Fragen der Klasse gemeinsam geklärt werden. Auch hier sollten die Trainerinnen und Trainer weitgehend darauf verzichten, die Antworten selbst zu geben, sondern diese von der Klasse einfordern.

Hilfreich ist es, das Feedback der Schülerinnen und Schüler zu den Aufgaben einzuholen und die Fragen zu sammeln und zu dokumentieren. Beim nächsten Projekt kann man diese dann bereits im Vorfeld klären.

Nach Auswertung der Arbeitsblätter sollte möglichst eine weitere kurze Feedbackrunde möglich sein, damit verbreitete Fehlerquellen oder fehlende Lösungswege besprochen werden können.

Matrix Navigation im OPAC (Word-Dokument, Google Drive)

Arbeitsblatt Navigation im Bibliothekskatalog (Word-Dokument, Google Drive)

5.2.2 Matrix Bibliothekskompetenz: Navigation im OPAC

UNTERRICHTSEINHEIT

Navigation im OPAC – Katalogrecherche für Profis

Kompetenztraining	Bibliothekskompetenz
Zeitbedarf	2–3 x 45 Min.
Klassenstufe(n)	Ab Klassenstufe 6

KERN-LERNINHALT(E)	MATERIAL
· Funktionsweise einer Datenbank · Fortgeschrittene Recherche im OPAC · Einstieg in die wissenschaftliche Literaturrecherche	· Computer-Arbeitsplätze mit Zugang zum Bibliothekskatalog · Beamer/Bildschirm/Smartboard · Arbeitsblatt

EINSTIEG 10 MIN.	ARBEITSPHASE I 30 MIN.	ARBEITSPHASE II 35 MIN.	ERGEBNISSICHERUNG 15 MIN.
· Begriffsklärung rund um das Thema „Datenbank"	· Demonstration des Bibliothekskatalogs	· Bearbeitung des Arbeitsblatts am Computer	· Abschlussrunde
SCHÜLER/-INNEN	**SCHÜLER/-INNEN**	**SCHÜLER/-INNEN**	**SCHÜLER/-INNEN**
· stellen Fragen · beteiligen sich mit eigenen Beiträgen	· hören zu · stellen Fragen · beteiligen sich mit eigenen Kenntnissen	· arbeiten die Aufgaben des Arbeitsblatts ab · entdecken neue Funktionen	· stellen Fragen · erklären ihre Schwierigkeiten
TRAINER/-IN	**TRAINER/-IN**	**TRAINER/-IN**	**TRAINER/-IN**
· erklärt die wichtigen Begriffe: Datenbank, logische Operatoren, Trunkieren usw.	· beschreibt die wichtigen tiefergehenden Funktionen des Bibliothekskatalogs · erläutert die Aufgabenstellung	· unterstützt die Schüler/-innen bei der Beantwortung der Fragen	· klärt die Fragen · zeigt korrekte Lösungswege · wiederholt Aufgaben, die viele Probleme erzeugt haben

ERGÄNZENDE INFORMATIONEN

Es ist wichtig, die Arbeitsblätter anschließend auszuwerten und häufig auftretende Fehler oder Lücken mit der Klasse zu besprechen.

Jüngere Schüler/-innen werden mehr Zeit für die Bearbeitung der Arbeitsblätter benötigen.

2.2 Bibliothekskompetenz: Navigation im OPAC

Logo Ihrer (Schul-)Bibliothek

Der Bibliothekskatalog für Profis

Name: _____ Klasse: _____

1. **Gehe auf die Homepage der Schule/Bibliothek!**

    1.1. Suche den Link zum Bibliothekskatalog und öffne diesen.

    1.2. Recherchiere mit der **einfachen Suche** nach dem Wort „Judenverfolgung"!

    Wie viele Treffer erhältst du mit dieser Suche?

    Die Suche ergab _____ Treffer.

    1.3. Wiederhole die Suche mit der **fortgeschrittenen Suche**! Suche nach dem genauen Schlagwort „Judenverfolgung"!

    Wie viele Treffer erhältst du mit dieser Suche?

    Die Suche ergab _____ Treffer.

    1.4. Erkläre, warum es bei den beiden Suchen unterschiedliche Ergebnisse gegeben hat:

    _____

    _____

    _____

2. **Suche mithilfe der fortgeschrittenen Suche nach dem Autorennamen „Rowling"!**

    2.1. Wie viele Medien der Autorin findest du?

    Die Suche ergab _____ Treffer.

    2.2. Wähle eines der Bücher aus der Harry-Potter-Serie aus. Wie kannst du dir nun die ganze Reihe „Harry Potter" anzeigen lassen?

    _____

    _____

    _____

2.3. Wähle ein E-Book aus der Reihe „Harry Potter" aus und leihe es aus – oder reserviere es für dich, falls alle E-Books der Reihe schon entliehen sind! Du musst dich dafür mit deinem Bibliotheksausweis und deinem Passwort am Katalog anmelden.

☐ Ja, ich habe ein E-Book ausgeliehen.

☐ Ja, ich habe ein E-Book für mich reserviert.

☐ Nein, beides ist mir nicht gelungen. *

Wende dich mit Fragen an deine Bibliothekarin/deinen Bibliothekar!

3. **Suche nach einem (gedruckten) Buch im Katalog, das du schon gelesen hast.**

    3.1. Melde dich im Katalog an und bewerte das Buch, so dass andere Leser erfahren, wie es dir gefallen hat!

    Mein Buch heißt _____

    Ich habe _____ Sternchen vergeben.

    Begründung: _____
    _____
    _____

    3.2. Lass dir die Exemplare des gewählten Buches anzeigen! Welche Informationen findest du bei den Exemplaren? Nenne drei Informationen!

    1) _____

    2) _____

    3) _____

    Findest du das Buch nun im Regal?

    ☐ Ja

    ☐ Nein*

    Wende dich mit Fragen an deine Bibliothekarin/deinen Bibliothekar!

2

3.3. Welche weiteren wichtigen Funktionen kannst du durchführen, nachdem du dich im Bibliothekskatalog angemeldet hast? Nenne mindestens 3 Funktionen!

1) _____

2) _____

3) _____

4. **Suche nach einem beliebigen Thema, das dich privat oder schulisch interessiert! Nutze dabei die Möglichkeit, die Suche auf bestimmte Medienarten einzugrenzen!**

4.1. Welches ist dein Thema?

Mein Thema ist: _____

Ich habe nach dem Schlagwort _____ gesucht.

Ich habe die Suche auf die Medienart _____ eingegrenzt.

4.2. Teile die Ergebnisliste per E-Mail mit deiner Lehrerin/deinem Lehrer und einer Freundin/einem Freund! Liste <u>exakt</u> die dabei von dir durchgeführten Schritte auf!

Schritt 1 _____

Schritt 2 _____

Schritt 3 _____

Schritt 4 _____

Gut gemacht!

5.3 Alles Elektronische finden – E-Books im Fokus

Gerade kleine (Schul-)Bibliotheken werden selbst kaum die Möglichkeit haben, E-Book-Lizenzen für die Ausleihe zu erwerben. Vielleicht ergibt sich jedoch die Chance, mit der benachbarten Öffentlichen Bibliothek zu kooperieren und so den eigenen Schülerinnen und Schülern diese Form des Lesens trotzdem näherbringen zu können, oder aber die Bibliothek nimmt an einem Verbund teil.

Noch immer gibt es hier und da Vorbehalte gegen E-Books an Schulen, doch gerade Kinder und Jugendliche mit schwächerer Lesekompetenz, mit Leseschwächen oder diejenigen, die alles ablehnen, was nicht mit einem elektronischen Gerät zu tun hat, kann man – jedenfalls in manchen Fällen – mit E-Books gewinnen. Vielleicht genügt es schon, die Schriftgröße des E-Books zu erhöhen, damit das Lesen leichter fällt. E-Books bieten zusätzlich spezielle Schriftarten, die für Menschen mit diagnostizierter Leseschwäche leichter zu lesen sind.

Oft stellt es jedoch eine recht hohe Hürde dar, E-Books von Bibliotheken auf einen entsprechenden Reader herunterzuladen – ein Prozedere, das zahlreiche Fallstricke beinhaltet, vor allem, wenn kein WLAN zur Verfügung steht. Nicht nur für diesen Fall ist es sehr hilfreich, wenn die Bibliothek einige E-Book-Reader bereithält und die Übertragung der Bücher auf das Gerät selbst übernimmt. Gemeinsam mit den Jugendlichen kann so der Download eingeübt werden – irgendwann übernehmen sie es dann selbst. Und so manches Mal kann dann der Anruf von Eltern kommen, die vor Weihnachten, Ostern oder einem Geburtstag eine Empfehlung brauchen, welches Gerät denn zu kaufen sei.

Einige Anbieter (z. B. Onleihe, Overdrive) bieten eine spezielle App zur Nutzung auf dem Smartphone oder Tablet an. Je einfacher die Navigation zum gewünschten Titel und je einfacher die Ausleihe eines E-Books ist, das heißt, je weniger Klicks notwendig sind, desto eher bleiben die Schülerinnen und Schüler auch nach den Projekten bei der Stange und leihen weiter E-Books aus. 75 % der Schülerinnen und Schüler der Europäischen Schule RheinMain benutzen zum Lesen ihrer E-Books die Sora-App, eine speziell für Schulen entwickelte Anwendung. Lediglich 25 % laden E-Books von der Standardplattform über Adobe Digital Editions (ADE) herunter.

5.3.1 Mit E-Book-Readern lesen – E-Books mit ADE downloaden

Für Schülerinnen und Schüler ab Klassenstufe 6.

a. Didaktische Überlegungen

Unterrichtlicher Kontext
Schülerinnen und Schüler unterscheiden meist nicht zwischen gekauften und geliehenen E-Books, zwischen E-Book und E-Book-Reader (von vielen oft „Kindle" genannt, ein Deonym, das wir in der Bibliothek nicht so gerne hören …) und können eher selten verstehen, dass ein E-Book aus der Bibliothek in der Regel nur von einer Person und nicht von mehreren gleichzeitig genutzt werden kann.

Elektronische Medien der (Schul-)Bibliothek zu nutzen, erfordert ein paar Grundkenntnisse, die an dieser Stelle vermittelt werden sollen. Außerdem können so Schwellenängste gegenüber E-Book-Readern abgebaut werden, und Computerkenntnisse werden wie nebenbei auch noch vermittelt.

Lerngegenstand
Die Schülerinnen und Schüler lernen, wie sich die E-Books der Bibliotheken von E-Books unterscheiden, die man kaufen kann. Sie können die einzelnen Schritte nachvollziehen: von der Recherche über das Ausleihen bis zum Herunterladen mit Adobe Digital Editions und der Übertragung auf den E-Book-Reader. In diesem Projekt zur Vermittlung von Bibliothekskompetenz werden die grundlegenden Bedingungen für das Lesen von E-Books aus Bibliotheken vermittelt: Man braucht eine Datei zum Herunterladen, ein Programm, das diese Datei lesen kann, und ein Gerät, auf dem man die Datei öffnen kann.

E-Books müssen zunächst also im Katalog gefunden, nach der persönlichen Anmeldung heruntergeladen und auf ein Gerät übertragen werden. Wie das grundsätzlich funktioniert, soll zunächst unter Verwendung einer Präsentation erläutert und dann in der Praxis erprobt werden. Im Idealfall können die Kinder und Jugendlichen eigene Geräte mitbringen und nutzen, und die Bibliothek stellt ergänzend Geräte zur Verfügung.

Zielsetzung
Auf jedem Gerät ist mindestens ein E-Book heruntergeladen und alle können ihr Buch öffnen und lesen.

Voraussetzungen
Die Bibliothek oder Schule ermöglicht es den Schülerinnen und Schülern, ihren E-Book-Reader mitzubringen und zu nutzen, oder sie stellt selbst die Geräte bereit. Es

steht eine ausreichende Anzahl an internetfähigen Computern zur Verfügung, und auf diesen ist Adobe Digital Editions installiert und mit einer Adobe-ID autorisiert.

Der Unterricht muss nicht in einer Bibliothek stattfinden: Der Computerraum der Schule ist vermutlich in vielen Fällen besser geeignet. Da in der Regel nicht ein E-Book-Reader pro Schülerin und Schüler zur Verfügung stehen wird, macht es Sinn, die Klasse in Gruppen entsprechend den zur Verfügung stehenden Geräte einzuteilen.

Methoden
In einem Unterrichtsgespräch, das von einer Präsentation (Prezi, eine online-basierte Präsentationssoftware) begleitet wird, werden die notwendigen Arbeitsschritte erläutert und anschließend in der Praxis in Gruppenarbeit am Computer und mit E-Book-Readern umgesetzt.

Zeitbedarf
Je nach Alter, Gruppengröße und Vorbildung zwei- bis dreimal 45 Minuten.

b. Methodische Überlegungen

Einstieg
Der Einstieg kann über zwei Fragen erfolgen, mit denen man die Klasse sofort einbeziehen kann. Erstens: „Wer hat schon einmal ein E-Book gelesen?", und zweitens: „Was ist ein E-Book, und was benötige ich, um ein E-Book lesen zu können?" Diese Fragen bieten einen guten Einstieg ins Thema und erste Missverständnisse – und damit die Chance zum Lernen – zeigen sich erfahrungsgemäß bereits an dieser Stelle.

Arbeitsphase
Mithilfe einer Präsentation werden die grundlegenden Schritte des Downloads eines E-Books erklärt. Wichtig ist es, die klare Struktur und die Reduzierung auf die wesentlichen Punkte in der Präsentation nicht durch zu viel zusätzliche Information aufzuweichen. Die Schülerinnen und Schüler sollten am Ende der Präsentation selbst – möglichst auswendig – die fünf Schritte wiederholen können, die für das Download nötig sind. Ein wichtiges Stichwort ist also – nicht nur hier – „Teilzielwiederholung".

Nach der Präsentation, die auch immer mit einem Gespräch und Fragen an die Klasse verbunden sein sollte, erhalten die Jugendlichen ein Arbeitsblatt, das sie als Eigenaktivität bearbeiten, und laden selbstständig ein E-Book ihrer Wahl herunter. Sie werden dabei von den Trainerinnen und Trainern unterstützt.

Abschluss

Das Abschlussgespräch sollte vor allem die Erfahrungen der Schülerinnen und Schüler mit den E-Books thematisieren. Alle Fragen rund um mögliche Hürden, Verständnisprobleme, technische Schwierigkeiten sollten am Ende beantwortet werden. Im besten Fall übernehmen die Jugendlichen selbst die Aufgabe, einzelne Punkte nochmals zu erklären. Damit vermeidet man, dass die Trainerinnen und Trainer immer wieder mit denselben Worten etwas beschreiben – was dann möglicherweise erneut nicht verstanden wird. Übernehmen andere die Erklärungen, werden sie auch andere Wege und Worte verwenden und erhöhen damit die Wahrscheinlichkeit, dass alle Beteiligten die Abläufe verstehen.

Matrix Mit E-Book-Readern lesen (Word-Dokument, Google Drive)

Arbeitsblatt Mit E-Book Readern lesen (Word-Dokument, Google Drive)

Präsentation E-Books mit ADE (Prezi)

https://prezi.com/view/1TXnfwjNgUVcQbRmTfsZ/

5.3.1   Matrix Bibliothekskompetenz: Mit E-Book-Readern lesen

UNTERRICHTSEINHEIT

Mit E-Book-Readern lesen – E-Books mit ADE downloaden

Kompetenztraining	Bibliothekskompetenz
Zeitbedarf	2–3 x 45 Min.
Klassenstufe(n)	Ab Klassenstufe 6

KERN-LERNINHALT(E)	MATERIAL
· Download von E-Books auf E-Book-Lesegeräte	· eine ausreichende Anzahl Lesegeräte
	· internetfähige Computer mit Adobe Digital Editions + Adobe-ID
	· Bildschirm / Beamer / Smartboard für Präsentation

EINSTIEG 5 MIN.	ARBEITSPHASE I 40 MIN.	ARBEITSPHASE II 40 MIN.	ERGEBNISSICHERUNG 5 MIN.
· Begriffsklärung	· Präsentation	· Arbeitsblatt zur Bearbeitung am Computer und mit dem Lesegerät	· Abschlussgespräch
SCHÜLER/-INNEN	**SCHÜLER/-INNEN**	**SCHÜLER/-INNEN**	**SCHÜLER/-INNEN**
· beantworten die Fragen	· hören zu · stellen Fragen · beantworten Fragen	· bearbeiten Schritt für Schritt das Arbeitsblatt	· berichten von ihren Erfahrungen · wiederholen die fünf Schritte
TRAINER/-IN	**TRAINER/-IN**	**TRAINER/-IN**	**TRAINER/-IN**
· stellt Fragen zu den Begriffen „E-Book" und „E-Book-Reader" · stellt Fragen zu den technischen Voraussetzungen	· präsentiert die fünf Schritte · stellt Fragen zu den Inhalten der Präsentation · beantwortet Fragen	· unterstützt die Schüler/-innen · beantwortet Fragen	· stellt Fragen zu den Erfahrungen während Phase II · fordert zur Wiederholung der fünf Schritte auf

ERGÄNZENDE INFORMATIONEN

Je jünger die Schüler/-innen sind, desto mehr Zeit sollte für die Arbeitsphase II eingeplant werden.

5.3.1 Bibliothekskompetenz: Mit E-Book Readern lesen

E-Books herunterladen – mit Adobe Digital Editions

Logo Ihrer
(Schul-)Bibliothek

Name: _____ Klasse: _____

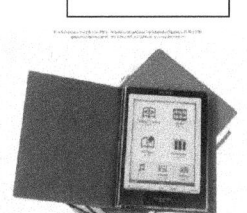

1. **Starte den Computer und öffne einen Internet-Browser (Internet-Explorer, Firefox, Chrome…)!**

    1.1. Suche den Link zum Bibliothekskatalog und öffne diesen!

    1.2. Suche nach einem E-Book, das du gerne lesen möchtest!
    Denke daran, dass es mit den Mediengruppen/Medienarten möglich ist, die Suche auf E-Books einzuschränken!

    Der Titel meines E-Books lautet:

    _____

    1.3. Klicke auf den Download-Link!
    1.4. Melde Dich mit deiner Ausweisnummer und deinem Passwort an, und leihe das E-Book aus!
    1.5. Lade das E-Book auf den Computer herunter!

2. **Verbinde den E-Book-Reader per USB-Kabel mit dem Computer und öffne Adobe Digital Editions!**

    2.1. ENTWEDER
    du klickst mit der rechten Maustaste auf die heruntergeladene Datei und wählst „öffnen mit" Adobe Digital Editions und speicherst die Datei direkt im Ordner *Regale/Pocket* (oder ein anderer Gerätename)

    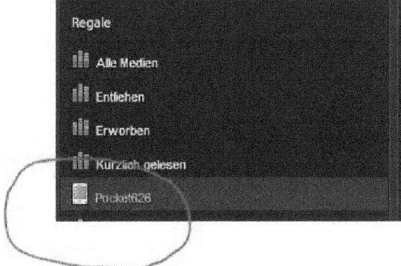

    ODER
    du verschiebst die heruntergeladene Datei aus den Downloads mit der Maus in den Ordner *Regale/Pocket* (oder ein anderer Gerätename)
    von Adobe Digital Editions.

    2.2. Trenne den E-Book-Reader vom Computer (evl. USB-Symbol auf der Task-Leiste →„auswerfen")!

3. **Öffne das Buch auf dem E-Book-Reader und beginne mit dem Lesen!**

Viel Spaß!

5.3.2 Smartphone oder Tablet – E-Books mit einer App herunterladen

Für Schülerinnen und Schüler ab Klassenstufe 5.

a. Didaktische Überlegungen

Unterrichtlicher Kontext
Smartphones für den Unterricht zu nutzen kann auch Schülerinnen und Schüler motivieren, die sonst weniger leseaffin sind. Ein Buch in der Hand zu halten ist in einem bestimmten Alter weniger „cool", ein Smartphone in der Hand dagegen ein selbstverständlicher Anblick. Selten ist es einfacher, Kinder und Jugendliche für ein Projekt zur Bibliothekskompetenz zu begeistern.

Nicht jeder Haushalt hat einen E-Book-Reader oder ein Tablet für die Nutzung in der Schule zur Verfügung, aber nahezu alle Jugendlichen besitzen ein Smartphone. Wer nicht selbst lesen möchte, kann sich vielleicht für Hörbücher begeistern lassen. Dafür eignet sich das Smartphone mit einer E-Book-App besonders gut.

Lerngegenstand
Die E-Book-App soll von den Schülerinnen und Schülern auf ihrem Smartphone installiert werden. Sie erlernen, damit Bücher und Hörbücher zu finden und auszuleihen. Sie können am Ende das Buch auf dem Smartphone lesen bzw. das Hörbuch hören. Sie reflektieren das Gelernte mithilfe eines Feedbackbogens.

Zielsetzung
Alle Schülerinnen und Schüler haben mithilfe der App ein E-Book oder ein Hörbuch ausgeliehen und können es lesen bzw. hören. Alle haben darüber reflektiert, wie einfach die App zu bedienen ist und ob es sich für sie lohnt, weitere E-Books auszuleihen.

Voraussetzungen
Arbeiten Schülerinnen und Schüler mit ihren privaten Smartphones, ist es besonders wichtig, vorab die Eltern darüber zu informieren und eine klare Vereinbarung zu treffen, wozu das Smartphone genutzt werden darf – und wozu nicht.

Es sollte unbedingt vermieden werden, dass am Ende die Jugendlichen untereinander chatten, anstatt sich mit den E-Books zu beschäftigen. Deshalb sollte es eine klare Ansage über die Konsequenzen einer Smartphone-Nutzung außerhalb des vorgegebenen Rahmens geben, und diese Konsequenzen sollten dann auch umgesetzt werden, wenn der Rahmen überschritten wird.

Nicht überall ist es möglich, falls überhaupt vorhanden, der Klasse freien Zugang zum WLAN zu geben, damit die App heruntergeladen werden kann. Eine Alternative ist es daher, Tablets zur Verfügung zu stellen, die ans WLAN der Schule oder der (Schul-)

Bibliothek angeschlossen sind. Stellen Sie sicher, dass alle Tablets funktionieren und geladen sind sowie dass das Herunterladen der App funktioniert.

Methoden
In einem Unterrichtsgespräch werden das Herunterladen und die Funktionsweise der App mithilfe einer Präsentation eingeführt.
   Die Wiederholung in der Praxisanwendung erfolgt in Gruppen- oder Einzelarbeit. Ein Feedbackbogen ermöglicht es den Trainerinnen und Trainern zu bewerten, ob alle das Herunterladen und die Bedienung der App verstanden haben.

Zeitbedarf
Je nach Alter, Gruppengröße und Vorbildung ein- bis zweimal 45 Minuten.

b. Methodische Überlegungen

Einstieg
„Smartphone raus", das klingt doch einmal ganz anders, als „Lesebuch raus"! Es ist sicher nicht besonders schwer, Schülerinnen und Schüler für die Nutzung des Smartphones im Unterricht zu motivieren. Umso schwerer dürfte es sein, sie auf die konkreten Aufgaben zu fokussieren und Ablenkungen durch Messenger-Nachrichten und Spiele zu verhindern. Daher ist es bei diesem Projekt sicher ein guter Start, die Regeln für die kommenden Schulstunden festzulegen. Diese können durchaus gemeinsam in der Klasse erarbeitet und auf einem Plakat festgehalten werden.
   Welche Toleranz Sie dabei walten lassen möchten und welche Konsequenzen Sie bei Überschreitung der gesteckten Grenze ziehen möchten, hängt von Ihrer persönlichen Grundhaltung ab – und von der Struktur der Gruppe, die Sie vor sich haben. In jedem Fall sollten Sie sich das vorher überlegen.
   Beispiele für Regeln:
- Es darf nur die E-Book-App benutzt werden.
- Keine Nutzung von Chat-Programmen wie WhatsApp usw.
- Kein Telefonieren, keine SMS.
- Keine Browser.

Beispiele für Konsequenzen:
- 1. Verstoß: Fünf Bücher einsortieren.
- 2. Verstoß: Nach der Stunde die Stühle aufräumen.
- 3. Verstoß: Einen Kuchen für die Klasse backen.

Der Kreativität sind hier keine Grenzen gesetzt. Mutige lassen sich von der Klassengemeinschaft selbst Anregungen geben, wie Konsequenzen aussehen könnten. Selbstverständlich müssen die Trainerinnen und Trainer die Einhaltung der Regeln überprüfen, also immer wieder ein Auge auf die Smartphones der Schülerinnen und Schüler werfen.

Arbeitsphase
Erst wenn die Regeln (visualisiert an Tafel, Smartboard oder Flipchart) erarbeitet und die Konsequenzen eines Verstoßes dargelegt sind, kann die eigentliche Arbeit beginnen.

In einer kurzen Präsentation werden nun die einzelnen Schritte bis zum Lesen des ersten E-Books am Smartphone dargestellt und gemeinsam besprochen. Dann arbeiten die Jugendlichen während der Phase der Eigenaktivität selbstständig, aber mit Unterstützung des Trainers oder der Trainerin daran, die App zu laden und zu nutzen.

Abschluss
Wenn es schließlich alle geschafft haben, die App herunterzuladen und ein E-Book oder Hörbuch auszuleihen, geht es in die Abschlussrunde. Mithilfe eines Feedbackfragebogens können die Trainerinnen und Trainer herausfinden, ob ihre Erklärungen und Hilfestellungen ausreichend waren. Eine kleine Statistik der Ergebnisse könnte dann sogar zur Veröffentlichung als Grafik aufbereitet werden – zum Beispiel um sie im Bibliotheksblog zu veröffentlichen (siehe Kapitel 4.3 Medienkompetenz: Das Internet – Ein Weblog für die (Schul-)Bibliothek).

Matrix Smartphone oder Tablet (Word-Dokument, Google Drive)

Feedback (Word-Dokument, Google Drive)

Präsentation „E-Book-Reader-App" (Prezi)

https://prezi.com/view/Dq0EvJD6dTqSL8slXazC/

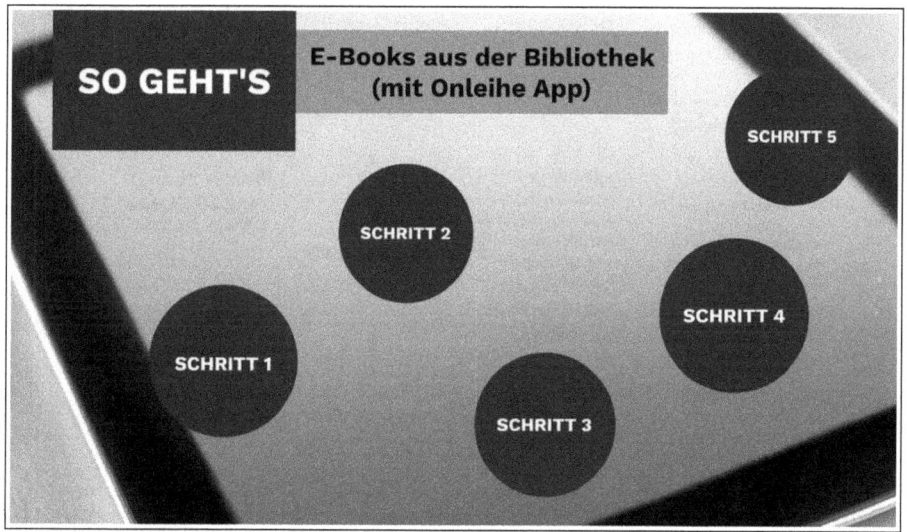

5.3.2 Matrix Bibliothekskompetenz: Smartphone oder Tablet

UNTERRICHTSEINHEIT

Smartphone oder Tablet – E-Books mit einer App herunterladen

Kompetenztraining	Bibliothekskompetenz
Zeitbedarf	1–2 x 45 Min.
Klassenstufe(n)	Ab Klassenstufe 5

KERN-LERNINHALT(E)	MATERIAL
· Herunterladen und Lesen eines E-Books mit einer App	· Private Smartphones bzw. Tablets der Schule · WLAN · Ggf. Information an Eltern · Beamer/Bildschirm/Smartboard · Arbeitsblatt

EINSTIEG	ARBEITSPHASE I	ARBEITSPHASE II	ERGEBNISSICHERUNG
5 MIN.	**10 MIN.**	**25 MIN.**	**5 MIN.**
· Vereinbarung der Regeln	· Präsentation	· Download der App und eines E-Books	· Feedback
SCHÜLER/-INNEN	**SCHÜLER/-INNEN**	**SCHÜLER/-INNEN**	**SCHÜLER/-INNEN**
· schlagen Regeln und Konsequenzen vor · dokumentieren Regeln und Konsequenzen schriftlich	· hören zu · beantworten Fragen · stellen Fragen	· führen die Arbeitsschritte am Smartphone oder Tablet durch	· füllen Feedback-Bogen aus
TRAINER/-IN	**TRAINER/-IN**	**TRAINER/-IN**	**TRAINER/-IN**
· entscheidet über Regeln und Konsequenzen	· präsentiert die Arbeitsschritte für das Herunterladen der App und das Lesen der E-Books · beantwortet Fragen · stellt Fragen	· unterstützt die Schüler/-innen · verteilt Arbeitsblätter	· wertet Ergebnisse des Feedbacks statistisch aus

ERGÄNZENDE INFORMATIONEN

Jüngere Schüler/-innen **benötigen möglicherweise etwas mehr Zeit für Arbeitsphase II**.

5.3.2   Bibliothekskompetenz: Smartphone oder Tablet

Feedback zur E-Book-App

Dies ist ein anonymer Feedbackbogen.
Vergib je Antwort 0 bis 5 Sterne, wobei 0 Sterne sehr schlecht und 5 Sterne sehr gut ist!

Logo Ihrer (Schul-)Bibliothek

1. Wie schwer oder leicht ist es, die E-Book-App herunterzuladen?
      schwer   *leicht*
   ☆ ☆ ☆ ☆ ☆

2. Wie schnell konntest du dich in der Menüführung der App zurechtfinden?
      langsam   *schnell*
   ☆ ☆ ☆ ☆ ☆

3. Wie leicht oder schwer ist es, E-Books oder Hörbücher zu finden?
      schwer   *leicht*
   ☆ ☆ ☆ ☆ ☆

4. Wie einfach ist es, E-Books oder Hörbücher mit der App herunterzuladen?
      schwer   *leicht*
   ☆ ☆ ☆ ☆ ☆

5. Wie verständlich waren die Anweisungen bei der Präsentation?
      unverständlich   *verständlich*
   ☆ ☆ ☆ ☆ ☆

6. Wie gut lässt sich ein E-Book auf dem Smartphone oder Tablet lesen?
      schlecht   *gut*
   ☆ ☆ ☆ ☆ ☆

7. Wie wahrscheinlich ist es, dass du weitere E-Books oder Hörbücher mit der App liest?
      unwahrscheinlich   *wahrscheinlich*
   ☆ ☆ ☆ ☆ ☆

Meine Anregungen: _____

_____

DANKE!

5.4 Alles selbst ausprobieren – Bibliothekspraktikum „light"

Für Schülerinnen und Schüler ab Klassenstufe 5.

a. Didaktische Überlegungen

Unterrichtlicher Kontext

Wer sich nach vielen Jahren an die eigene Schulzeit erinnert, denkt bestimmt nicht zuerst an die vielen Schulstunden Frontalunterricht, die viele von uns erleiden mussten. Eigene Referate, besondere Zeichnungen oder die Teilnahme an einer AG bleiben in der Regel deutlich länger im Gedächtnis als die passiv konsumierten Informationen, mit denen man von vielen Lehrerinnen und Lehrer überschüttet wurde. Selbsttun macht nicht nur Spaß, sondern bleibt auch viel länger in der Erinnerung haften.

Wenn Schülerinnen und Schüler bei diesem Training ihrer Bibliothekskompetenz also das Rückgabedatum stempeln, beim Einsortieren der Bücher helfen oder eine Liste mit Bücherwünschen produzieren, ist das qualitativ besseres Lernen als jeder Vortrag des Trainers oder der Trainerin über das richtige Einsortieren von Büchern oder die Notwendigkeit des Einhaltens von Leihfristen. Kurzfristig ist der Aufwand höher – man selbst erledigt das alles sehr viel schneller – und die eigene Geduld wird ehrlicherweise schon strapaziert. Je mehr man jedoch Kinder und Jugendliche zu Eigenaktivitäten in der Schulbibliothek anregen kann, desto effektiver findet Lernen dort statt und desto enger werden sie an die Bibliothek gebunden.

Will sich die (Schul-)Bibliothek bei den Schülerinnen und Schülern bekannt machen, ihren Respekt gewinnen und zeigen, was alles passieren muss, bis die Kinder und Jugendlichen ein Buch ausleihen können, so eignet sich dieses Projekt hervorragend dafür. Es ist eine Kombination aus Eigenwerbung, Einbindung der Schülerinnen und Schüler und vertrauensbildender Maßnahme zugleich.

Da das Projekt über mehrere Tage verteilt stattfindet, kann es am besten im Rahmen von Projektwochen durchgeführt werden. Natürlich ist es aber auch möglich, die Einheiten auf mehrere Wochen zu verteilen. In diesem Fall sollte man jedoch einerseits mindestens zwei Schulstunden pro Woche zur Verfügung haben und andererseits alternative Aktivitäten bereithalten, die eventuell entstehende Leerläufe füllen können.

Lerngegenstand

Die Schülerinnen und Schüler lernen, welche wichtigen Bearbeitungsschritte in der (Schul-)Bibliothek notwendig sind, bis ein Buch von ihnen ausgeliehen werden kann. Sie bestellen, katalogisieren, systematisieren. Sie kleben die Etiketten auf und binden das Buch in Folie ein. Am Ende dürfen sie das Buch auch noch auf ihr eigenes Bibliothekskonto verbuchen. Es soll schon Kinder gegeben haben, die es vor lauter Respekt nicht wagten, sich hierfür auf den Stuhl der Bibliothekarin zu setzen.

Zielsetzung
Die Schülerinnen und Schüler sollen unter Anleitung der Trainerin/des Trainers nahezu sämtliche Arbeitsschritte der Buchbearbeitung bis zur Ausleihverbuchung kennenlernen.

Sie erweitern damit ihre Bibliothekskompetenz, bekommen jedoch auch mehr Respekt vor der Arbeit der Bibliothekarinnen und Bibliothekare und sind in der Regel sehr stolz darauf, „richtig" gearbeitet zu haben.

Das Einbinden der Bücher bringt auch den Kindern Erfolgserlebnisse, die vielleicht am Computer oder bei anderen, eher theoretischen Aufgaben im Projekt mehr Schwierigkeiten hatten.

Voraussetzungen
Benötigt werden Computerarbeitsplätze mit Internetzugang und die finanziellen Mittel für den Kauf einer ausreichenden Anzahl von Büchern. Es werden Kopien mit Screenshots des Katalogmoduls der eigenen Bibliothekssoftware (oder Kopien des beigefügten Arbeitsblatts) benötigt sowie Etiketten, Barcodes und Einbandfolie.

Die Bücher werden schon vorab bestellt, damit es keine Zeitverzögerung gibt. Mit den unten dargestellten Tricks kann man jedoch in vielen Fällen erreichen, dass die Schülerinnen und Schüler zumindest teilweise die Bücher auswählen, die man vorher schon bestellt hatte.

Methoden
In einem möglichst mehrtägigen Projekt, zum Beispiel während einer Projektwoche der Schule, werden in Gruppenarbeit die wichtigsten Tätigkeiten bei der Buchbearbeitung Schritt für Schritt nachvollzogen. Jede Aufgabe wird zunächst von der Trainerin oder dem Trainer erläutert und dann als Eigenaktivität praktisch umgesetzt.

Zeitbedarf
Je nach Alter, Gruppengröße und Vorbildung sechs- bis achtmal 45 Minuten.

b. Methodische Überlegungen

Einstieg
Zunächst bekommen die Schülerinnen und Schüler zwei Bücher gezeigt: eines, das für das Einstellen in der Bibliothek fertig bearbeitet wurde, und ein zweites Buch, das noch völlig unbearbeitet ist. Anhand dieser beiden Bücher kann mit den Klas-

sen gemeinsam erarbeitet werden, worin sie sich unterscheiden. Dabei sollte an der Tafel oder dem Flipchart eine Liste der Tätigkeiten entstehen, welche die Kinder dann anschließend im Projekt ausführen werden. Die Liste könnte ungefähr so aussehen:
- Auswahl
- Einkauf (Geld vorhanden?)
- Kontrolle bei Eingang (richtiges Buch?)
- Wohin im Regal? (Systematik)
- Etiketten (Signaturschild, evtl. Interessenkreis, Barcode)
- Eintrag im Katalog
- Folieneinband
- Endkontrolle

Arbeitsphase
1. Schritt:
Jede Gruppe erhält ein vorgegebenes Thema, zu dem sie auf buecher.de, buchhandel.de, buchkatalog.de oder vielleicht auch der Website Ihrer lokalen Buchhandlung ein Buch auswählt, das sie selbst gerne in der Bibliothek nutzen würde. Wählen Sie ein möglichst spezielles Thema, dann ergibt es sich leichter, dass die von Ihnen vorab bestellten Bücher auch von den Schülerinnen und Schülern ausgewählt werden.

Um dies sicherzustellen, können Sie zusätzlich zum Thema auch ein Erscheinungsjahr oder eine Autorin/einen Autor vorgeben. Außerdem muss im Katalog der Bibliothek recherchiert werden, ob es das Buch nicht schon gibt.

Die Erfahrung zeigt, dass die Gruppen reichlich Zeit brauchen, sich mit den Websites vertraut zu machen und die richtige Recherche nach Büchern zu starten. Im Ergebnis erhalten Sie von jeder Gruppe einen Ausdruck des ausgewählten Titels. Nun können Sie die Bücher, die Sie vorher anhand der Themenliste schon gekauft haben – oh Wunder, schon geliefert! – hervorholen. Sollte das nicht funktioniert haben, stehen andere, vergleichbare Titel bereit, die die Kinder bearbeiten können. Mit etwas Glück überschneiden sich die Wünsche der Klasse und die vorhandenen Bücher jedoch in weiten Teilen.

2. Schritt:
Im nächsten Schritt werden die Bücher von den Schülerinnen und Schülern der richtigen Systematikgruppe und/oder einem Interessenkreis zugeordnet. Die Systematik der (Schul-)Bibliothek muss vorab genau erklärt werden, und die Kinder sollen die Gelegenheit erhalten, ähnliche Medien am Regal oder im Katalog zu suchen, um der Lösung näher zu kommen. Es wird festgelegt, welches Signaturschild das Buch erhält.

3. Schritt:
Nach der ausführlichen Besprechung des Arbeitsblatts und der Klärung aller Fachbegriffe bearbeiten die Schülerinnen und Schüler die bereitgestellten Ausdrucke

und erstellen ein Katalogisat mit allen Angaben, die für eine korrekte Titelaufnahme notwendig sind. Sie machen sich auf die Suche nach der Auflagenbezeichnung, schreiben den Klappentext ab und setzen die Schlagworte und Verfassernamen an. Dieser Schritt wird die längste Zeit in Anspruch nehmen.

Die Anzahl der Felder, die ausgefüllt werden sollen, kann natürlich an das Alter und Niveau der Kinder angepasst werden. Für höhere Klassen oder stark technikaffine Jugendliche kann man auch ein Tabellen-Sheet entsprechend gestalten oder gar mit Microsoft Access eine spezielle Datenbank erstellen. Vor allem Letzteres bedeutet jedoch einen nicht ganz unerheblichen Aufwand in der Vorbereitung.

Am Ende sollten alle Schülerinnen und Schüler die vorhandenen Felder korrekt ausgefüllt haben – das „echte" Katalogisieren übernimmt zwischenzeitlich die Trainerin oder der Trainer.

4. Schritt:
Die Schülerinnen und Schüler bekleben das Buch mit allen notwendigen Etiketten und bringen den Eigentumsstempel an. Das Buch wird mit Folie eingebunden (es sollte unbedingt korrigierbare Folie zur Verfügung stehen!) und fertig bearbeitet. Danach erfolgt eine Endkontrolle.

5. Schritt:
Die Schülerinnen und Schüler dürfen sich der Reihe nach an den Arbeitsplatz des Bibliothekars oder der Bibliothekarin setzen und das Buch auf ein eigenes Bibliothekskonto verbuchen. Da in Gruppen gearbeitet wird und jede Gruppe nur einen Titel zur Verfügung hat, dürfen sich die anderen Kinder entweder das Buch selbst reservieren oder einen ganz anderen Titel auf das eigene Konto verbuchen.

Abschluss
Im Abschlussgespräch können die Schülerinnen und Schüler berichten, was sie im Projekt Neues über den Beruf der Bibliothekarin oder des Bibliothekars erfahren haben, welches die größten Schwierigkeiten waren und was für sie völlig neu und überraschend war. Sie geben dem Trainer oder der Trainerin eine Rückmeldung über das Erlernte und berichten, was ihnen im Projekt am meisten Spaß gemacht hat.

Matrix Alles selbst ausprobieren (Word-Dokument, Google Drive)

Arbeitsblatt Katalogisieren (Word-Dokument, Google Drive)

5.4 Matrix Bibliothekskompetenz: Alles selbst ausprobieren

UNTERRICHTSEINHEIT

Alles selbst ausprobieren – Bibliothekspraktikum „light"

Kompetenztraining	Bibliothekskompetenz
Zeitbedarf	6–8 x 45 Min.
Klassenstufe(n)	Ab Klassenstufe 5

KERN-LERNINHALT(E)
- Wichtige Arbeitsschritte in einer Bibliothek
- Einblicke in das Berufsbild des Bibliothekars

MATERIAL
- Internetfähige Computerarbeitsplätze
- Budget für den Bücherkauf
- Arbeitsblätter
- Materialien für die Buchbearbeitung

EINSTIEG	ARBEITSPHASE I	ARBEITSPHASE II	ERGEBNISSICHERUNG
30 MIN.	**45 MIN.**	**4 X 45 MIN.**	**15 MIN.**
· Auftragsklärung · Arbeitsschritte bei der Buchbearbeitung	· Buchauswahl	· Buchbearbeitung	· Abschlussgespräch
SCHÜLER/-INNEN	**SCHÜLER/-INNEN**	**SCHÜLER/-INNEN**	**SCHÜLER/-INNEN**
· beschreiben die Unterschiede zwischen bearbeiteten und unbearbeiteten Büchern · erstellen Liste der Tätigkeiten zur Buchbearbeitung	· wählen in einem Buchhandels-Portal Bücher aus, die sie gerne bestellen würden	· systematisieren · katalogisieren · etikettieren und stempeln · binden mit Folie ein · verbuchen ein Buch	· erzählen von ihren Erfahrungen während des Projekts
TRAINER/-IN	**TRAINER/-IN**	**TRAINER/-IN**	**TRAINER/-IN**
· stellt Fragen zu den Unterschieden zwischen bearbeiteten und nicht bearbeiteten Büchern	· gibt exakte Themen vor, zu denen Bücher gekauft werden · berät bei Buchauswahl · hilft bei Bedienung des Buchhandels-Portals	· erläutert nach und nach alle Arbeitsschritte · beantwortet Fragen · stellt Material und Ausdrucke zur Verfügung	· stellt Fragen zu den Erfahrungen der Schüler/-innen

ERGÄNZENDE INFORMATIONEN

Je jünger die Schüler/-innen sind, desto länger werden sie für Arbeitsphase II benötigen.

5.4 Bibliothekskompetenz: Alles selbst ausprobieren

Wir arbeiten in der Bibliothek: Katalogisieren

> Logo Ihrer
> (Schul-)Bibliothek

Titel

Autor (Nachname, Vorname)

Verfasserangabe (alle Namen, wie sie auf dem Titelblatt im Inneren des Buchs stehen)

Ort (des Verlags)

Verlag (Name)

Erscheinungsjahr

Umfangsangabe (Seitenzahl)

Reihe ; Nummer

ISBN-Nummer

5.4 Alles selbst ausprobieren – Bibliothekspraktikum „light"

Schlagworte (mindestens 3)

Signatur / Systematik-Nummer

Medienart

Klappentext

Spitze! Gut gemacht!

Bibliographie

ABB, ANDREAS: *Die besten kostenlosen Videoschnittprogramme* 2020. URL https://youtu.be/R_8ZMCAaSYM. – abgerufen am 09.06.2020. – YouTube.

ARD: *Tagesschau (Audio-Podcast)*. URL https://itunes.apple.com/podcast/id78518945. – abgerufen am 28.07.2020. – Apple Podcasts.

CHIP ONLINE: *Top 100 Screenrecorder Downloads aller Zeiten*. URL https://www.chip.de/download/tag_screenrecorder_Screenrecorder/gesamt-charts/. – abgerufen am 28.07.2020. – CHIP.

DANNENBERG, DETLEV; HAASE, JANA: In 10 Schritten zur Teaching Library – erfolgreiche Planung bibliothekspädagogischer Veranstaltungen und ihre Einbindung in Curricula. In: KRAUß-LEICHERT, U. (Hrsg.): *Teaching Library – eine Kernaufgabe für Bibliotheken*. 2. Auflage. Frankfurt am Main: Peter Lang, 2008 – ISBN 978-3-631-57762-2, S. 101–135.

DEUTSCHER BIBLIOTHEKSVERBAND E.V.: *Informationskompetenz – Vermittlungs-und Forschungsaktivitäten zur Informationskompetenz*. URL http://www.informationskompetenz.de/. – abgerufen am 28.07.2020. – Deutscher Bibliotheksverband e.V. (dbv).

DEUTSCHER BIBLIOTHEKSVERBAND E.V.: *Schulbibliotheken in Deutschland*. URL https://bibliotheksportal.de/ressourcen/bildung/bibliothek-und-schule/schulbibliotheken/. – abgerufen am 28.07.2020. – bibliotheksportal.de.

DEUTSCHLANDRADIO: *Die Nachrichten*. URL https://www.deutschlandfunk.de/die-nachrichten-nachlesen.1794.de.html. – abgerufen am 21.09.2020. – deutschlandradio.de.

DIGITALE INITIATIVE ZUR LESEFÖRDERUNG: *Leseolympiaden als Methode der Leseförderung*. URL https://www.lesefoerderung.de/freizeit/leseolympiaden/. – abgerufen am 28.07.2020. – lesefoerderung.de.

DOAJ: *Directory of Open Access Journals*. URL https://doaj.org/. – abgerufen am 28.07.2020.

EHMIG, SIMONE C.; SCHNOCK, DANIEL: *Vorlesen: Mehr als Vor-Lesen! Vorlesestudie 2019; Vorlesepraxis durch sprachanregende Aktivitäten in Familien vorbereiten und unterstützen; repräsentative Befragung von Eltern mit Kindern im Alter von 2 bis 8 Jahren*. URL https://www.stiftunglesen.de/download.php?type=documentpdf&id=2595. – abgerufen am 12.02.2020. – Stiftung Lesen.

FOKKEN, SILKE: *Leselust auf Finnisch: Wir haben keine Pflichtbücher, die jedes Kind lesen muss*. URL https://www.spiegel.de/lebenundlernen/schule/timo-parvela-erklaert-warum-finnlands-kinder-so-gut-und-gerne-lesen-a-1300581.html. – abgerufen am 12.01.2020. – DER SPIEGEL, Hamburg, Germany.

GYMNASIUM WALTHER VON DER VOGELWEIDE, BOZEN: *Bibliotheksblog des Gymnasiums W. V. D. Vogelweide, Bozen*. URL https://bibgymbz.wordpress.com/. – abgerufen am 28.07.2020. – Gymnasium W. V. D. Vogelweide Bozen.

HACHMANN, U.; HOFMANN, H. (Hrsg.): *Wenn Bibliothek Bildungspartner wird …: Leseförderung mit dem Spiralcurriculum in Schule und Vorschule*. URL https://bibliotheksportal.de/content/uploads/2017/11/spiralcurriculum1.pdf. – abgerufen am 26.11.2020. – Expertengruppe Bibliothek und Schule und Expertengruppe Kinder- und Jugendbibliotheken im Deutschen Bibliotheksverband e.V. (DBV).

IHK WIESBADEN: *Rechtliche Pflichten für Websites – Impressum, Datenschutz etc.* URL https://www.ihk-wiesbaden.de/recht/rechtsberatung/internetrecht-und-werbung/internetauftritt-rechtliche-anforderungen-und-pflichten-1255572. – abgerufen am 28.07.2020. – IHK Wiesbaden.

IONOS DIGITAL: *Einen eigenen Blog erstellen – Schritt für Schritt Anleitung*. URL https://www.ionos.de/digitalguide/hosting/blogs/blog-erstellen/. – abgerufen am 28.05.2020. – 1&1 IONOS SE.

KUMMROW, ECKHARD: *E-Books komplett*. URL https://www.yumpu.com/de/document/read/17088535/e-books-komplett-ekz. – abgerufen am 29.07.2020. – Yumpu.com.

MADISON COLLEGE LIBRARY: *CRAAP Test explained: evaluating your sources*. URL https://www.youtube.com/watch?v=_eXtYmjFSzU. – abgerufen am 19.05.2020. – YouTube.

MEDIENPÄDAGOGISCHER FORSCHUNGSVERBUND SÜDWEST: *JIM-Studie 2019: Jugend, Information, Medien; Basisuntersuchung zum Medienumgang 12- bis 19-Jähriger*. URL https://www.mpfs.de/filead min/files/Studien/JIM/2019/JIM_2019.pdf. – Landesanstalt für Kommunikation (LFK).

MELTYTECH, LLC.: *Shotcut – Home*. URL https://shotcut.org/. – abgerufen am 28.07.2020.

MENZEL, SONHILD: Spiralcurriculum: Ein Masterplan für die Leseerziehung. In: *BIS: das Magazin der Bibliotheken in Sachsen*, Sächsische Landesbibliothek – Staats- und Universitätsbibliothek Dresden (SLUB) (2015), Nr. 2, S. 114–117.

MICROSOFT: *Videos erstellen (Gilt für: Windows 10): Erstellen Sie ein Video in der Fotos-App, das eine Geschichte mit Musik, Text, Bewegung und 3D-Effekten erzählt*. URL https://support.microsoft.com/de-de/help/17205/windows-10-create-videos. – abgerufen am 28.07.2020. – Microsoft.

MINISTERIUM FÜR WISSENSCHAFT, FORSCHUNG UND KUNST BADEN-WÜRTTEMBERG (MWK): *Bibliothek & Schule*. URL http://www.bibliothek-und-schule.info. – abgerufen am 28.07.2020. – bibliothek-und-schule.info.

MOSELER, KERSTIN: *Corona: So werden die Menschen in Kanada informiert*. URL https://www.deincarl.de/redation/news/corona-so-werden-die-menschen-in-kanada-informiert/579/. – abgerufen am 16.06.2020. – Dein Carl.

OPPITZ, MARKUS: *Bildschirm abfilmen – so schnell geht's mit dem kostenlosen Captura 8.0*. URL https://youtu.be/3RkoSqTj3lU. – abgerufen am 09.06.2020. – YouTube.

PENNAC, DANIEL: *Wie ein Roman*. 3. Aufl. Köln: Kiepenheuer & Witsch, 2011 – ISBN 978-3-462-03390-8.

SCHOOL LIBRARY ASSOCIATION: *The School Librarian*. URL https://www.sla.org.uk/the-school-librarian. – abgerufen am 28.07.2020. – School Library Association.

STIFTUNG LESEN: *Netzwerk Vorlesen: Erfolgreich vorlesen*. URL https://www.netzwerkvorlesen.de/vorlesen-aber-wie/richtig-vorlesen. – abgerufen am 29.07.2020. – Stiftung Lesen.

STIFTUNG LESEN: *Vorlesestudie von Stiftung Lesen, DIE ZEIT und Deutsche Bahn Stiftung*. URL https://www.stiftunglesen.de/forschung/forschungsprojekte/vorlesestudie. – abgerufen am 28.08.2020. – stiftunglesen.de.

STROBL, MARTIN: *Geschichte der Menschenrechte: Trends in der internationalen Flüchtlingspolitik. Eine Betrachtung der Entwicklungen seit der Verabschiedung der GFK*. URL https://webapp.uibk.ac.at/ojs2/index.php/historia_scribere/article/view/2219. – historia scribere.

TWITTER: *Die Twitter Regeln*. URL https://help.twitter.com/de/rules-and-policies/twitter-rules. – abgerufen am 28.07.2020. – twitter.com.

UNIVERSITÄT HAMBURG/FAKULTÄT FÜR WIRTSCHAFTS- UND SOZIALWISSENSCHAFTEN: *Recherchetipp: Woran erkenne ich einen guten Zeitschriftenartikel?* URL https://www.wiso.uni-hamburg.de/bibliothek/ueber-die-bibliothek/neues-aus-der-bibliothek/nachricht18-025-recherchetipp44.html. – abgerufen am 19.05.2020. – www.wiso.uni-hamburg.de.

UNTERBERG, SWANTJE: *Pisa-Lehren: "Die Lust am Lesen wird Schülern ausgetrieben" – DER SPIEGEL – Panorama*. URL https://www.spiegel.de/lebenundlernen/schule/pisa-lehren-die-lust-am-lesen-wird-schuelern-ausgetrieben-a-1300060.html. – abgerufen am 18.02.2020. – DER SPIEGEL.

VERBRAUCHERZENTRALE: *Spam: E-Mail-Müll im Internet*. URL https://www.verbraucherzentrale.de/wissen/digitale-welt/phishingradar/spam-emailmuell-im-internet-10757. – abgerufen am 17.06.2020. – Verbraucherzentrale.

VERBRAUCHERZENTRALE: *Merkmale einer Phishing-Mail*. URL https://www.verbraucherzentrale.de/wissen/digitale-welt/phishingradar/merkmale-einer-phishingmail-6073. – abgerufen am 17.06.2020. – Verbraucherzentrale.

VODAFONE STIFTUNG DEUTSCHLAND GGMBH: *Studie zum Informationsverhalten in einer digitalen Welt*. URL https://www.vodafone-stiftung.de/studie-zum-informationsverhalten-in-einer-digitalen-welt/. – abgerufen am 28.07.2020. – Vodafone-Stiftung.

Völker, Melanie: *Wordpress – Website erstellen für Einsteiger*. Norderstedt: Books on Demand, 2020 – ISBN 978-3-7504-3774–6.

Zentrum für Schulqualität und Lehrerbildung (ZSL): *Tutorial Windows Movie Maker 2*. URL https://lehrerfortbildung-bw.de/st_digital/medienwerkstatt/multimedia/video/wmmtut/. – abgerufen am 26.11.2020. – Zentrum für Schulqualität und Lehrerbildung (ZSL).

Benutzungsordnung des Bibliothekssystems der Universität Heidelberg. URL https://www.ub.uni-heidelberg.de/allg/profil/jurbasics/ordnung.html. – abgerufen am 19.05.2020. – Universitätsbibliothek Heidelberg.

CRAAP Test. URL https://en.wikipedia.org/wiki/CRAAP_test. – abgerufen am 20.05.2020. – Wikipedia.

CORRECTIV – Recherchen für die Gesellschaft. URL https://correctiv.org/. – abgerufen am 28.07.2020. – Correctiv.org.

Could do better – School Librarians deliver their report card to Education Minister Nick Gibb. URL https://www.cilip.org.uk/news/474012/Could-do-better–School-Librarians-deliver-their-report-card-to-Education-Minister-Nick-Gibb.htm. – abgerufen am 16.02.2020. – UK library and information association (CILIP).

Find the right course for you. URL https://www.sla.org.uk/online-course. – abgerufen am 16.02.2020. – School Library Association.

Lehrpläne. URL https://www.bildungsserver.de/Lehrplaene-400-de.html. – abgerufen am 21.02.2020. – Deutscher Bildungsserver.

Medien in die Schule: UE1-c – Merkmale und Funktion von Nachrichtenformaten. URL https://www.medien-in-die-schule.de/unterrichtseinheiten/nachrichtensendungen-verstehen-und-selbst-erstellen/modul-1-verstehen-und-analysieren-von-nachrichtensendungen/ue1-c-merkmale-und-funktion-von-nachrichtenformaten/. – abgerufen am 19.06.2020. – Freiwillige Selbstkontrolle Multimedia-Diensteanbieter e.V. (FSM).

Mimikama: zuerst denken, dann klicken. URL https://www.mimikama.at/. – abgerufen am 28.07.2020. – ZDDK-Verein zur Aufklärung über Internetmissbrauch.

Ratgeber Cyber-Mobbing. URL https://www.klicksafe.de/fileadmin/media/documents/pdf/klicksafe_Materialien/Eltern_Allgemein/Elternratgeber_Cybermobbing.pdf. – abgerufen am 26.10.2020. – klicksafe.de c/o Landesanstalt für Medien NRW.

Stadt rät zur Vorsicht: Keine Notfallrettung ab Freitag. URL https://www.blitz-kurier.net/artikel/lokales/ingolstadt/politik/stadt-raet-zur-vorsicht-keine-notfallrettung-ab-freitag-50044936.html. – abgerufen am 22.06.2020. – Blitz Kurier.

Weiterführende Links und Literatur – Eine Auswahl

BOIE, KIRSTEN: *Schullesungen an Grundschulen*. In: Grundschule Deutsch Bd. 2008. Seelze, Friedrich Verlag, Nr. 17.

EMBACHER, REINHOLD: *Bibliofit: Methoden für die Schulbibliothek*. [Innsbruck]: Tiroler Bildungsservice, 2020.

FRANKE, FABIAN: *Standards der Informationskompetenz für Schülerinnen und Schüler*. URL urn:nbn:de:0290-opus-12803. – abgerufen am 23.08.2020. – 101. Deutscher Bibliothekartag in Hamburg 2012.

GERICK, JULIA: Computer- und informationsbezogene Kompetenzen von Mädchen und Jungen im zweiten internationalen Vergleich. In: *ICILS 2018 #Deutschland. Computer- und informationsbezogene Kompetenzen von Schülerinnen und Schülern im zweiten internationalen Vergleich und Kompetenzen im Bereich Computational Thinking*. Münster; New York: Waxmann, 2019, S. 271–300.

INITIATIVE KLICKSAFE IM CEF (CONNECTING EUROPE FACILITY): *Was ist Spam?* URL https://www.klicksafe.de/themen/kommunizieren/spam/was-ist-spam/. – abgerufen am 26.11.2020. – klicksafe.de.

JORDAN-BONIN, EVA VON JORDAN-BONIN; SÄCKEL, IRENE; SÜHL, HANKE: *Frankfurter Praxisbausteine für Schulbibliotheken: Leseförderung & Medienbildung*. URL http://www.schulmediothek.de/fileadmin/pdf/2013_SBCurriculumOHSUebersicht.pdf. – abgerufen am 28.07.2019. – Stadtbücherei Frankfurt am Main/Schulbibliothekarische Arbeitsstelle.

KELLER-LOIBL, KERSTIN: *Bibliothekspädagogik & Informationsdidaktik: Kompetenzerwerb in Kooperation von Hochschulausbildung und Bibliothekspraxis*. URL urn:nbn:de:0290-opus4-25302. – abgerufen am 23.08.2020. – 105. Deutscher Bibliothekartag in Leipzig 2016 = 6. Bibliothekskongress.

KIRMSE, RENATE: *Schulbibliothek*. Berlin: Walter de Gruyter, 2013 – ISBN 978-3-11-030128-1.

KRAUß-LEICHERT, UTE: *Teaching Library – eine Kernaufgabe für Bibliotheken*. Berlin: Peter Lang, 2008 – ISBN 978-3-631-57762-2.

LUCA, HELENA: „Immer mehr Studierende und Schüler": Konzepte zur Vermittlung von Informationskompetenz in Bibliotheken für große Gruppen. In: *Perspektive Bibliothek: PB; die Open Access-Zeitschrift der Münchner Bibliotheksreferendare*. Bd. 1 (2012), Nr. 1, S. 33–55.

RECKLING-FREITAG, KATHRIN: *Bibliothekspädagogische Arbeit*. Frankfurt am Main: Debus Pädagogik, 2017 – ISBN 978-3-95414-086-2.

Bibliofit: Kopiervorlagen. URL http://www.legimus.tsn.at/sdl/index.html#bibliofit.html. – abgerufen am 28.07.2019.

Elternratgeber SCHAU HIN! Was dein Kind mit Medien macht. URL https://www.schau-hin.info/. – Projektbüro SCHAU HIN!

Medienkompetenz in der Schule. URL https://www.medienkompetenzportal-nrw.de/handlungsfelder/schule.html. – abgerufen am 23.06.2020. – Landesanstalt für Medien NRW.

Stundenablauf „Fake News im Netz erkennen": Vorschläge für Unterrichtseinheiten. URL https://www.br.de/sogehtmedien/stimmt-das/luegen-erkennen/unterrichtsmaterial-un-wahrheiten-luegen-erkennen-stundenablauf-100.html. – abgerufen am 05.08.2020. – Bayerischer Rundfunk.

School Library Association. URL https://www.sla.org.uk/. – abgerufen am 23.06.2020. – School Library Association.

Teaching Library. URL https://bibliotheksportal.de/ressourcen/bildung/teaching-library/. – abgerufen am 17.02.2020. – Deutscher Bibliotheksverband e.V.

Digitale Werkzeuge – Eine Auswahl

Auditorix – Hören mit Qualität: Lerneinheiten. URL http://www.auditorix.de/index.php?id=71. – abgerufen am 05.08.2020. – Initiative Hören e.V.
Citationsy: Create citations, reference lists, and bibliographies. URL https://citationsy.com. – abgerufen am 05.08.2020. – Citationsy.
Citavi. URL https://www.citavi.com. – abgerufen am 05.08.2020. – citavi.com
Digitaler Werkzeugkasten – Apps und Tools für den Unterricht. URL https://magazin.sofatutor.com/lehrer/digitaler-werkzeugkasten-apps-und-tools-fuer-den-unterricht/. – sofatutor-Magazin Lehrer.
Directory of Open Access Journals. URL https://doaj.org. – abgerufen am 05.08.2020. – DOAJ.
Edit Word Art: [Online Word Cloud Art Creator]. URL https://wordart.com. – abgerufen am 05.08.2020. – wordart.com.
Educaplay. URL https://www.educaplay.com. – abgerufen am 05.08.2020. – ADR Formacion.
Die Fake Hunter. URL http://www.diefakehunter.de/. – abgerufen am 12.10.2020. – Büchereizentrale Schleswig-Holstein des Büchereivereins Schleswig-Holstein e.V.
Fake WhatsApp Chat Generator. URL http://www.fakewhats.com/generator. – abgerufen am 05.08.2020. – Fake WhatsApp.
Kahoot!: Learning Games; Make Learning Awesome! URL https://kahoot.com/. – abgerufen am 05.08.2020. – Kahoot!
KryptoKids – Das Abenteuerspiel zum Thema Datenschutz für Kinder ab 8 Jahren. URL https://www.krypto-kids.de/. – abgerufen am 12.10.2020. – Fachstelle für Jugendmedienkultur NRW.
Needpix – Library of Free Photos. URL https://www.needpix.com. – abgerufen am 05.08.2020. – needpix.com.
Shotcut – Home. URL https://shotcut.org/. – abgerufen am 05.08.2020. – Shotcut.
Tipps für die Produktion von Medien für die Lehre – Audiovisuelle Medien in der Lehre. URL https://wiki.htw-berlin.de/confluence/pages/viewpage.action?pageId=28248025. – abgerufen am 05.08.2020. – Hochschule für Technik und Wirtschaft Berlin, University of Applied Sciences.
Zotero. URL https://www.zotero.org. – abgerufen am 05.08.2020. – zotero.org.

Register

Arbeitsblatt V, VI, 33–34, 41, 78, 80, 86, 114, 132, 138–139, 154, 176–177, 182–184, 194–196, 201–202, 209, 221–222
Ausleihe 49, 71, 107, 114, 143, 176–177, 207–208, 220
Autorenlesung. *Siehe Lesung*

Bibliotheksangebote 143, 176, 182
Bibliotheksführung. *Siehe Führung*
Bibliothekskatalog. *Siehe OPAC*
Bibliothekskompetenz 175–176, 182–183, 188, 194, 200, 208, 214, 220–221
Bibliothekspraktikum 220
Brief 7–11, 152–154
Buchbearbeitung 220–221

Casting 49, 51

Drehbuch 143, 145

E-Book-App 214–215
E-Book-Reader 207–209, 214
E-Books 61–63, 113, 143, 194, 207–210, 214, 216
Eigenaktivität 4, 9, 99, 125, 138, 201, 209, 216, 220–221
E-Mails 152, 154
Exkursion 105–107
Exzerpieren 113

Facebook 123, 137, 139
Fake News. *Siehe Falschnachrichten*
Falschnachrichten 122, 124, 137
Feedback 8–11, 22, 71, 202, 214–216
Fernsehen 122–123
Flexibilität 4
Führung 106, 175, 177

Geistiges Eigentum 92, 94
Genres 20, 33–34, 40–42
Geschäftsmodelle 137
Google 77, 80, 137–139, 201
Gruppenarbeit 62, 79, 85–86, 99, 125, 132, 138–139, 145, 153–154, 176, 183, 189, 194, 201, 209, 221

Hörfunk 122–123

Impressum 79, 130–132
Informationskompetenz 1–2, 77, 84, 92, 98, 105, 193
Informationsquellen 77–79, 84–86, 93, 98, 100, 105, 113–115, 123, 125, 137, 139
Informationsrecherche 1, 4, 77–79, 84–87, 106–107, 113–115, 138–139, 193
Instagram 123, 154
Instant-Messaging 152, 154, 215
Internet 77–79, 84, 92, 100, 113, 130–131, 152–153, 201, 216
Internetkonzerne 137–139
Internetrecherche. *Siehe Informationsrecherche*
Internetseite. *Siehe Webseite*

JIM-Studie 137–138
Journalismus 122, 130
Jugendliteratur. *Siehe Literatur* 20

Katalogrecherche 193–194, 200–201
Kommunikation 70–71, 113, 152–155
Kritik 8–9, 10, 28, 49, 122, 124, 137

Lehrplan 5–6
Lektüre 26, 32–33, 40–41, 50, 69, 71, 182
Lernort Bibliothek 1–2
Leseförderung 1–2, 7, 20, 26, 32, 40, 49, 61–62, 68
Lesekompetenz 7–8, 20, 26, 32–33, 49, 61, 68, 207
Lesevorlieben 32–33, 40, 49–50
Lesung 68–71
Lexika 84–86, 100
Literatur 20, 26, 33, 40–41, 49, 68, 139, 182
Literaturrecherche. *Siehe Katalogrecherche*
Literaturverwaltungsprogramm 92–94, 99

Marketing 1, 49, 61–63
Medienkompetenz 113, 122, 130, 138, 143, 152, 216
Medienkritik 137
Medienteilhabe 143
Mobbing 152–154

Nachrichten 122–125, 137, 152
Netflix 122

Öffentliche Bibliothek 1, 6, 32, 105, 193–194, 196, 207
Öffentlichkeitsarbeit 61, 130, 133, 194
OPAC 41, 63, 85–86, 100, 114, 143, 175, 177–178, 182, 184, 193–196, 200–201, 208, 222

Pennac, Daniel 7
Phishing 153
Plagiarismus 5, 92–94
Präsentation V, VI, 77–80, 92–94, 98–100, 123–125, 138–139, 153, 208–209, 215–216
Printmedien 84, 113

Quellen. *Siehe Informationsquellen*
Quellenangabe 78–79, 92, 94, 98, 115, 125
Quiz VI, 85, 87, 99–100, 153–155

Rallye 182–183, 188
Referat 4, 77–79, 84, 92–94, 98–99, 106–107, 220

Sachbuch 42, 84–86, 114, 138, 177, 189
Safer Internet Day 152
Schwellenpädagogik 5
Screen-Recorder 143–144
Signaturetiketten 182, 188, 222
Smartphone 62, 93, 113, 152–153, 207, 214–216
Soziale Medien 122–123, 125
Spam 152–153

Spiralcurriculum V, VI
Sprache 20–22, 26–28, 49, 68, 154, 201
Suchmaschine 78–80, 201
Suchstrategie 78–79, 98
Systematik 176, 188–189, 222

Teacher Librarian V, 2
Teaching Library 1
Team 3–4, 5, 62, 84
Twitter 123, 137, 139, 154

Universitätsbibliothek 1–2, 105–107
Unterrichtsgespräch 10, 62, 79, 86, 93, 99–100, 106, 114, 123, 131–132, 145, 153, 194, 201, 209, 215

Vertrauenswürdigkeit 78, 85, 113–114, 122, 124, 137
Videoschnittsoftware 143–144
Video-Tutorial 143
Vorlesen 7–8, 9, 10, 20–21, 26–27, 183
Vorlesetechnik 8

Weblog 69, 71, 130–133, 143, 216
Webseite 77–80, 130, 133, 196
Wikipedia 77, 79, 85–86, 137, 143

YouTube 70, 115, 122–123, 137–139, 143–146

Zeitmanagement 41
Zeitschriften 84–86, 113–115
Zitieren 93–94, 125, 139
Zuhörer 7–11, 21, 27

www.ingramcontent.com/pod-product-compliance
Lightning Source LLC
Chambersburg PA
CBHW062137160426
43191CB00014B/2309